Wolfgang Amadeus Mozart
Così fan tutte

SERIE MUSIK
PIPER · SCHOTT
Band 8004

Zu diesem Buch

Così fan tutte oder Die Schule der Liebenden – so überschrieb Lorenzo da Ponte, der Textdichter von *Così fan tutte*, sein Libretto. Immer wieder ist seit der Uraufführung dieser Mozartoper im Jahre 1790 darüber gerätselt worden, warum der Komponist sich dieses »dummen« oder gar »unmoralischen« zu nennenden Textes annahm und so heiter vertonte. Beethoven und Wagner gehörten zu den Kritikern, die es Mozart fast verübelten, zu so einer zynischen Komödie Musik zu komponieren – eine strahlende Musik voller heiterer südlicher Grundstimmung mit zahllosen »schönen« Melodien.

Kurt Pahlen stellt dem italienischen Text die an deutschen Bühnen vielfach verwendete, hier teilweise neugestaltete Übertragung des Librettos gegenüber und begleitet das musikalische und das äußere wie innere dramatische Geschehen der Oper mit Hinweisen zu kompositorischer Struktur und Sinnzusammenhang. Eine kurze Inhaltsangabe und ein Abriß der Entstehungsgeschichte stellen das Werk in einen Zusammenhang mit dem Gesamtschaffen des Komponisten und seiner Biographie und bieten eine umfassende, reich illustrierte Einführung.

Kurt Pahlen, geboren 1907 in Wien, Dr. phil. (Musikwissenschaft), war in Buenos Aires Generalmusikdirektor der Filharmònica Metropolitana und Direktor des Teatro Colón sowie an der Universität Montevideo Gründer und Inhaber des Lehrstuhls für Musikgeschichte. Als Gastdirigent bedeutender Konzert- und Opernorchester, Gastprofessor vor allem südamerikanischer Universitäten und Verfasser von über 40 in zahlreiche Sprachen übersetzter Bücher mit breit gefächerter Thematik, erwarb er sich einen internationalen Ruf als Pionier des Musiklebens. Sein besonderes Engagement gilt mit jährlich mehr als 200 Vorträgen der einführenden Vermittlung des Opernrepertoires an ein breites Publikum.

Die Reihe Opern der Welt in der Serie Musik Piper Schott gibt einen umfassenden Überblick über die Standardwerke des Spielplans.

Wolfgang Amadeus Mozart

Così fan tutte

Textbuch (Italienisch – Deutsch)
Einführung und Kommentar
von Kurt Pahlen
unter Mitarbeit von Rosemarie König

Schott Mainz · Piper München

SERIE MUSIK
PIPER · SCHOTT
Band 8004

Teilweise Neugestaltung der deutschen Fassung nach dem italienischen Notentext auf der Grundlage der Übersetzung von Hermann Levi (1897) von Rosemarie König.

Der Abdruck der Notenbeispiele erfolgt mit Genehmigung von C. F. Peters Musikverlag Frankfurt/New York/London.

Abbildungen: Oskar Anrather, Salzburg: S. 276/77, 282, 288, 289, 368/69
PSF: 272, 286/87 (Steinmetz), 357 (Steinmetz)
Pressefoto Hausmann, Wien: S. 297
Sabine Toepffer: S. 270, 271, 275, 280/81, 283, 292/93, 295, 298/99, 348
Alle anderen Abbildungen: Archiv Kurt Pahlen

ISBN 3-7957-8004-7 (Schott)
ISBN 3-492-18004-3 (Piper)
Originalausgabe Juli 1983
2. Auflage 7.–10. Tausend April 1988

Umschlag: Federico Luci
Satz: Filmsatz Schröter GmbH, München
Druck und Bindung: Clausen & Bosse, Leck
Printed in Germany

Inhalt

Wolfgang Amadeus Mozart
(Silberstiftzeichnung von Doris Stock, 1789)

Zur Aufführung

TITEL

»Così fan tutte«
oder: Die Schule der Liebenden
(ossia: La Scola[1] degli amanti)

BEZEICHNUNG

Komische Oper in zwei Akten.
Dichtung von Lorenzo da Ponte.
(Deutsch in verschiedenen Fassungen und unter verschiedenen Titeln. Am wörtlichsten und sinngemäßesten: »So machen's alle Frauen«)
Nummer im Köchel-Verzeichnis der Werke Mozarts: 588
Uraufführung: 26. Januar 1790, Kaiserl.-Königl. National-Hoftheater (Burgtheater), Wien

PERSONENVERZEICHNIS

Fiordiligi (Sopran) und Dorabella (Mezzosopran, auch dramatischer Alt)	Schwestern aus Ferrara, in Neapel niedergelassen
Ferrando (Tenor)	Offizier, Verlobter Dorabellas
Guglielmo (Bariton)	Offizier, Verlobter Fiordiligis
Don Alfonso (Charakterbaß oder Bariton)	ein alter Philosoph
Despina (Sopran, Koloratursoubrette)	Kammerzofe der Damen

Wenig Chor: Soldaten, Schiffsleute, Diener.

[1] laut dem Wortlaut des Theaterzettels der Uraufführung (heutige Form: Scuola)

SCHAUPLÄTZE UND ZEIT

Neapel; Kaffeehausterrasse – Haus der Schwestern – Garten bei diesem Hause
Rokoko, etwa 1780

AUFBAU DES WERKES

Ouvertüre, dann 31 Musiknummern, die zumeist durch (Secco-) Rezitative verbunden sind, also jene raschen Dialogstellen, in denen das Orchester schweigt und die Stimmen lediglich durch Cembaloakkorde gestützt werden. (Diese Partien werden sinngemäß nur bei Aufführungen in italienischer Sprache gesungen; im Deutschen ist die Verwendung von Rezitativen sehr strittig, da sie zwar dem Duktus des Italienischen, nicht aber des Deutschen entsprechen. Viele Bühnen ziehen bei Aufführungen in deutscher Sprache Prosadialoge ohne jede Musik vor.)

ORCHESTERBESETZUNG

Doppeltes Holz, d. h. je 2 Flöten, Oboen, Klarinetten und Fagotte. 2 Hörner, 2 Trompeten. Pauke. Übliche Streicher: 1. und 2. Violinen, Bratschen, Violoncelli, Kontrabässe.

AUFFÜHRUNGSDAUER

Ohne Striche fast 3½ Stunden. Zumeist aber mit kleineren oder größeren Kürzungen, etwa 3 Stunden. (Einige der Kürzungen laut eigenen Angaben Mozarts.)

Zuallererst

Alle unsere bisherigen Opernbände beginnen mit dem vollständigen Libretto des Werkes. Wenn diese Norm jetzt ein Mal durchbrochen werden soll, so gibt es hierfür bestimmt einen triftigen Grund. Der Leser soll, bevor er das Textbuch liest – sei es als Vorbereitung auf das Stück oder während des Anhörens einer Rundfunkübertragung – auf dessen Eigentümlichkeiten, dessen Hintergründe hingewiesen werden. Er soll nicht Gefahr laufen, bei der Lektüre bitter enttäuscht zu werden, ja vielleicht sogar das Werk abzulehnen, bevor er noch eine einzige Note davon gehört hat, und in den Chor unzähliger Beurteiler aus fast zweihundert Jahren einzustimmen, denen schon einer der frühesten Biographen *Mozarts* – seiner Witwe *Konstanze* zweiter Gatte *Georg Nikolaus von Nissen* – beredten Ausdruck verliehen hat: »Wenn man den schlechten Text dieser Oper betrachtet, so muß man über die Fruchtbarkeit des Mozartschen Genies erstaunen, welches fähig war, ein so trockenes, einfältiges Sujet zu beleben und solche Schönheiten hervor zu bringen . . .«

Es galt während vieler Generationen als abgemacht: *Lorenzo da Pontes* Textbuch war schlecht, dumm, einfältig, unglaubwürdig, unwahrscheinlich, langweilig. Im Kapitel über die sehr eigenartig verlaufene Rezeptionsgeschichte von »Così fan tutte« von 1790 bis heute ist noch viel mehr darüber angeführt. Seltsamerweise aber galt manchem Beobachter nicht nur das Libretto als minderwertig, sondern sogar die Musik. Man höre und staune: kein Geringerer als *Richard Wagner* urteilte so. Denn er gestand, *Mozart* sei ihm nicht zuletzt auch deshalb »so innig lieb«, weil er es nicht vermochte hätte, zu »Così fan tutte« eine so geniale Musik zu schreiben wie zur »Hochzeit des Figaro«. Wie sehr, setzt er hinzu, hätte das die Musik entehrt! Hundert Jahre nach *Wagner* würde eine Befragung der Musikliebhaber und -sachverständigen über einen Vergleich zwischen diesen beiden Werken – beide italienische Opernlustspiele, beide mit Text von *Lorenzo da Ponte* und im zeitlichen Abstand von nur etwa vier Jahren in Wien uraufgeführt – wohl ganz anders ausfallen.

Hat sich auch in der Verehrung für »Figaro« nichts verändert,

Lorenzo da Ponte (1749–1838),
Verfasser des Librettos von »Così fan tutte«

so hat »Così fan tutte« einen gewaltigen Aufstieg, ja geradezu eine völlige Neubewertung erlebt.
Man ginge kaum fehl, nennte man »Così fan tutte« nicht nur eine verblüffend »moderne« Oper des 18. Jahrhunderts, sondern eine der »modernsten« im Lichte heutiger Psychologie. Das erklärt zugleich auch, daß Mit- und unmittelbare Nachwelt wenig oder nichts mit dem Werk anzufangen wußten. *Beethoven,* der *Mozart* über alles stellte, lehnte »Così fan tutte« ab: mit Frauenliebe und -treue trieb man keinen Scherz, das war ein zu hohes, zu großes Thema. *Wagner* war »Così fan tutte« zu unmoralisch –, und dieses Wort begleitet das Stück über anderthalb Jahrhunderte. *Wagner* als Moralist? Er, der im ersten Akt seiner »Walküre« Geschwisterliebe und Ehebruch geradezu als befreiende, erlösende Taten hinstellt, stößt sich an einem »Spiel mit der Liebe«, bei dem letzten Endes »nichts passiert«? Nein, der Grund liegt tiefer. Gerade eben spielen sollte man – wie *Beethoven* und *Wagner* es übereinstimmend empfinden – mit solchen Gefühlen und Situationen nicht. *Wagner* spielt nicht: Sieglindes und Siegmunds leidenschaftliche, wenn auch dem bürgerlichen Kanon zufolge verbotene Liebe ist Ernst, blutiger, tödlicher, aber unausweichlicher Ernst, ist Schicksalsmacht, ist elementare Urkraft, gegen die Regeln und Paragraphen sinnlos wirken. In »Così fan tutte« aber wird alles wie in einem Puppenspiel gelenkt, von einem Puppenspieler – Don Alfonso, dem »alten Philosophen« – ausgedacht und gesteuert. So lange, bis es aus Spiel in Ernst übergeht, in einen Ernst, den der Drahtzieher selbst kaum vorausbedacht haben dürfte. Da bricht das Spiel dann ab. Man mag es unglaubhaft, unwahrscheinlich nennen, mag sich darüber lustig machen, daß da zwei Mädchen Männer nicht wiedererkennen sollten, mit denen sie im langen Umgang völlig vertraut geworden waren, und dies nur, weil diese Männer in einer (noch dazu läppischen) Verkleidung daherkommen. Man mag es dumm finden, daß ihre eigene Zofe ihnen in (ebenso läppischen) Verkleidungen einen Arzt und einen Notar vorspielen kann, ohne erkannt zu werden. Aber wie unwichtig sind diese Tatsachen! Der Sinn, der sehr tiefe Sinn liegt anderswo. Verkleidungen gehören zum ständigen Rüstzeug der Lustspieloper, der italienischen vor allem. Es gibt kaum ein Werk dieser überaus fruchtbaren Gattung im 17. und 18. Jahrhundert, das derartiges nicht zur

Anwendung brächte. Dem Zuschauer wird ja nicht eingeredet, er »erlebe« etwas, sondern er wird bewußt im Glauben belassen, er assistiere einem Spiel, einem vergnüglichen Spiel. So dürfen die verkleideten Personen auch ruhig einmal ins Publikum blinzeln, dem Beschauer mit einem Auge zuzwinkern, ihn zum Mitwisser machen, fast zum Mitspieler – gegenüber den anderen Mitspielern, die es zu überlisten gilt.

Lorenzo da Pontes Textbuch zu »Così fan tutte« ist unzählige Male »unmoralisch« genannt worden. Es liegt uns ganz fern, es von diesem Vorwurf zu reinigen. Ganz im Gegenteil: es ist ein unmoralisches Libretto! Allerdings in einem anderen Sinne, als die Kritiker des 19. Jahrhunderts es gesehen haben. Es ist sogar noch mehr: es ist ein dämonisches, ein teuflisches Textbuch. Nicht durch das, was es aussagt (in übrigens zum guten Teil glänzenden italienischen Versen), sondern – durch das, was es verschweigt. Wie verlockend für einen Dramatiker unserer Zeit, eine Fortsetzung von »Così fan tutte« zu schreiben! Es würde ein grausames Drama, eine Tragödie der Zerfleischung und Selbstzerfleischung, so ganz im Sinne heutiger Dramatik. *Goethe* hat bekanntlich davon geträumt (und diesen Traum sogar begonnen, in die Wirklichkeit umzusetzen), einen zweiten Teil zur »Zauberflöte« zu ersinnen. Wie merkwürdig, daß ihm nicht einfiel, »Così fan tutte« über deren Ende bei *Lorenzo da Ponte* und *Mozart* hinaus weiterzudenken! Hätte er – oder ein anderer großer Denker und Dichter – es getan: die wahrhaft erschreckende Unmoral des Stückes wäre ungeschminkt zutage getreten. Das Theater ist keine »moralische Anstalt«, als die es *Schillers* Generation gesehen und empfunden hat. Sie ist auch kein Tribunal, um die »Bösen« zu richten, die das Leben zumeist verschont. Und unsere Zeit ist alles eher als eine »moralische« in einem früheren Sinn; sie ist wahrscheinlich eine Zeit, die, an einem Wendepunkt angelangt, auf allen Gebieten neue Maßstäbe zu setzen gewillt ist – oder am Untergang der alten zugrunde gehen wird.

So stehen also viele Dinge aus der Vergangenheit heute neu vor uns. Und unter ihnen auch »Così fan tutte«. Wir blicken tiefer, als frühere Generationen es taten. Wir erkennen, daß das »happy end«, das *da Ponte* und *Mozart* ihrer Komödie gaben, das »lieto fine« (wie es die italienische Oper nannte, bevor Hollywood den Begriff ins Amerikanische übernahm) hier reiner Hohn oder lächerliche Utopie ist. Wir erkennen aber auch, daß *Lorenzo da Pontes* Textbuch nicht einfach ein »schlechtes Libretto« ist, sondern ein zynisches, gemeines, doppel-, ja vielbödiges, sarkastisches, parodistisches, hinterhältiges Stück, bei dem man sich sogar fragen müßte, ob es nicht in gewissem Sinne als »Meisterwerk« betitelt werden könnte. Kein Dramatiker des 20. Jahrhunderts, dem es gefällt, seelische Abgründe aufzureißen, könnte es grausamer erfunden haben.

Das beginnt bei der so harmlos, so spielerisch eingefädelten Wette der Männer. Die beiden Liebhaber lassen sich auf diese ein, ohne deren fatale Doppelgleisigkeit zu erkennen: je besser sie spielen, desto sicherer verlieren sie die Wette! Aber nicht genug damit: sie verlieren nicht nur die Wette – wenn sie gut spielen –, sie verlieren auch ihre Bräute. Zwar tut *da Ponte,* als könne er im letzten Augenblick diese Folgerung verhüten: er bläst mit einem Trick das Spiel ab, das bereits entschieden ist. Er erwähnt von der Hauptsache kein Wort: daß nach diesem Spiel, das längst in Ernst übergegangen ist, nichts mehr so werden kann, wie es vorher war. Die Wette hat ein unverrückbares, nicht mehr rückgängig zu machendes Zeichen gesetzt. Wie einst *Belsazar* ist hier zumindest den vier Liebenden das Flammenzeichen an der Wand erschienen und kann nicht mehr ausgelöscht werden.

Das eigentliche Drama dieses Stoffes steht nur zum kleinsten Teil im Stück selbst. Es beginnt nach dem letzten Fallen des Vorhangs. Es wird sich nach der grotesken »Versöhnung« und der noch viel absurderen »Verzeihung«, die »edle«, »großmütige« Männer den armen gefallenen Frauen gewähren, in voller Bitterkeit ausleben müssen –, denn wir haben es ja, nach *Lorenzo da Pontes* und *Mozarts* Wunsch und Willen nicht mit abstrakten Figuren, nicht mit Symbolen, sondern mit Menschen aus Fleisch und Blut, aus Gefühlen und Leidenschaften zu tun – und wahrscheinlich nicht einmal mit besonders großartigen, überlegenen, weisen, übernatürlichen. Mit Menschen aus Fleisch und Blut: schon der Titel besagt es. »Così fan tutte« – so machen es alle. Nein, die oberflächliche Übersetzung ist falsch, ist irreleitend. Nicht alle! Nur die Frauen! Tutte: das ist das italienische Wort für »alle«, aber mit der weiblichen Endung »e«! Hieße es wenigstens »tutti«: es bezöge alle Menschen ein. Doch nein, die Attacke richtet sich nur gegen die Frauen: die sind wankelmütig, potentiell ungetreu schon von Natur aus, schwach, beeinflußbar. *Da Ponte* sagt es nicht: Männer sind stark, treu, prinzipienfest, ehrlich. *George Bernard Shaw* wird es ein Jahrhundert später, natürlich mit voller Ironie, behaupten, und in der Mitte des 20. Jahrhunderts entsteht dann daraus der »Klassiker« des Musicals: »My fair Lady«, ergötzlich, höchst unterhaltsam, boshaft, geistreich. Die Spitze kehrt sich dann – umgekehrt wie in »Così fan tutte« – gegen die Männer, deren Schwächen ausgiebig verhöhnt werden. Ist »My fair Lady« die Revanche für »Così fan tutte«?

Spaß beiseite. Beim Fallen des letzten Vorhangs von »Così fan tutte« steigen riesengroße Fragezeichen auf. Eigentlich sind es gar keine Fragen mehr, es sind Aussagen, bittere Feststellungen. In allen vier Personen des Liebesspiels, den beiden »Akteuren« Ferrando und Guglielmo, den beiden »passiven« Frauen Fiordiligi und Dorabella, sind untilgbare Zweifel erwacht, welcher der Partner nun der »richtige« sei: jener, der es vor dem Spiel war oder der es im Spiel wurde? Sicher viel eher der letztere, denn er konnte ja das Bild des ersteren verdrängen. Aber das »happy end« gibt jeder Person den ursprünglichen Partner zurück. Wie viele schwere Stunden stehen den Beteiligten bevor, wenn die Zweifel immer wieder auftauchen und durch keine Vernunft –, noch gar Gefühlsgründe zum Schweigen zu bringen sein werden! In den künftigen Ehen wird es keine gespannte Situation mehr geben können, in der den Männern der Vorwurf der Untreue nicht sehr locker auf den Lippen sitzen müßte: »Erinnere dich nur . . .!« Ein Druckmittel, wie eine »herrschende Klasse« – hier die Männerwelt – es sich nicht besser wünschen kann. Von einem Vorwurf der Frauen gegen die Männer ist natürlich keine Rede: die gibt es anscheinend in der Welt des Rokokos noch nicht. Die werden ihre Anklagen nur in Gedanken formulieren, nie aussprechen dürfen: »Du hast meiner Schwester eine so perfekte Liebesgeschichte vorgespielt, daß ich nun an Deine Liebe nicht mehr glauben kann . . .« Haben sie recht? Wer hat »recht« in diesem Spiel? Die moderne Dramatik liebt es, ihre Theaterstücke ohne entscheidenden Ausgang zu Ende zu führen. Auch »Così fan tutte« müßte so schließen. Ohne »happy end«, ohne Schlußgesang in strahlendem C-Dur, ohne aufgesetzte Versöhnung und Hochzeitsmahl und Vergebung und allem, was da auf der Bühne zu sehen sein mag. Es sollte schließen, wenn die Liebhaber wieder in ursprünglicher Gestalt zurückkommen. Ratlosigkeit, tiefste Beklemmung, vielleicht ein wenig Scham allerseits. Vorhang. Den Rest denkt jeder Beschauer, während er das Theater verläßt – und später.

Da Ponte, Rokokodichter und Hofpoet in Wien, beschließt sein Stück (das sehr zu Unrecht als »Lustspiel« oder »Buffo-Oper«, ja sogar »Komödie« bezeichnet wird) mit einem »So-tun-als-ob«: hier ist im Grunde gar nichts vorgefallen. Mehr aber hätte überhaupt nicht passieren können! Ob die Frauen zur körperlichen Hingabe an die sie bestürmenden Männer kommen oder nicht, ist ohne jede Bedeutung. Bereit waren sie dazu, wenn auch in der moralisch vertretbareren Form der »Eheschließung«. Wie anders hätte ein Autor des 18. Jahrhunderts die Liebesbereitschaft ausdrücken können? *Da Ponte* war ein unverbesserlicher Zyniker (es ist in den Bänden »Le nozze di Figaro« und »Don Giovanni« nachzulesen), ein Kumpan Casanovas, der ein Frauengenießer, aber nicht -verehrer war, ein »Lebenskenner«, der von Leben allerdings nur die untersten Sprossen wirklich kannte, ohne den Wunsch zu haben, einmal auf die Höhen zu steigen. *Da Ponte* war ein Spieler des Lebens, dem das Durchdenken einer solchen Wettsituation Freude machte. Teuflische Freude, dämonisches Vergnügen. Und natürlich: Professionelle Genugtuung, denn er schrieb ein »gut funktionierendes Theaterstück«.

Aber *Mozart*? Zu einer Oper gehören doch zwei: ein Librettist und ein Komponist (wenn das Schicksal nicht, wie bei *Wagner,* beide Talente in einem einzigen Menschen vereinigt). Wie hat *Mozart* sich zu diesem Stoff gestellt? Hatte er keine andere Wahl, als ihn zu akzeptieren, um den für ihn so dringend nötigen Auftrag zu retten? War der Stoff unlöslich mit diesem kaiserlichen Auftrag verbunden? Der wahrhaft undämonische, unteuflische *Mozart* – und »Così fan tutte«? Das hätte doch eigentlich schief gehen müssen? Es ging nicht schief, es wurde ein Meisterwerk hohen Ranges. Wenn auch mit Fragezeichen: *Mozarts* herrliche Musik drückt die Abgründe von *da Pontes* Text nicht immer aus. Seine Liebesmelodien sind keine »gespielten«, sondern echt empfundene Liebesmelodien. Er bleibt an mancher Stelle dem teuflischen Text gerade diese teuflische Komponente schuldig. Seine Musik verharmlost das nicht gerade harmlose Drama, das sich da abspielt: das Verdrängen einer Liebe durch eine andere. *Mozart* übergießt die unendliche, unrettbare Bitterkeit mit herrlicher Musik. Man muß sehr spitzfindig vorgehen, sehr intellektuell analysieren, um ein wenig Ironie in ihr zu finden. *Mozart* war kein Zyniker, kein Parodist, *da Pontes* Menschenverachtung ging ihm – glücklicherweise – gänzlich ab. Ihm einen solchen Stoff zur Vertonung zu übergeben, konnte nur auf einem Irrtum beruhen, einer völligen Verkennung seines Charakters und seiner Musik. (Dieses Libretto hätte *da Ponte* ein Vierteljahrhundert später *Rossini* geben sollen! Welche teuflische Musikkomödie wäre dabei herausgekommen!) Doch *Mozart* löste auch diese, ihm wahrscheinlich nur teilweise »liegende« Aufgabe glänzend, so glänzend wie alle – musikalischen! – Aufgaben seines kurzen Lebens.

Es schien uns notwendig, dem Hörer von »Così fan tutte« diese Gedanken nahezubringen, bevor er sich noch an das Textbuch macht, bevor der Vorhang aufgeht und »Così fan tutte« ihn anscheinend mit unmöglichen, läppischen, unglaubwürdigen Situationen überrascht und vielleicht abstößt. Wir haben keinerlei Veranlassung, den Weg zahlloser »Bearbeiter« zu beschreiten, die gemeint haben, dem Werk durch Veränderungen des Textes, ja durch Umdichtungen zu einem Sinn verhelfen zu müssen. Wir haben lediglich die deutsche Fassung des Titels richtiggestellt: Sie darf nicht »So machen es alle« lauten, denn das verfälscht die Aussage, die *da Ponte* machen wollte: »So machen's Frauen«, muß es sinngemäß heißen oder »So machen's alle Frauen«. Im übrigen hoffen wir, daß der Leser aus den vorstehenden Seiten neue, richtige Einstellungen zum Werk gewinnen kann, es in anderen Dimensionen sehen wird, als sie durch die Lektüre des Textes allein vermittelt werden könnten. »Così fan tutte« wird dadurch aus einem – eher technisch guten – »Lustspiel« zu einem Problemstück. Das zu zeigen ist unsere Absicht, denn wir zweifeln nicht, daß es die Absicht *Lorenzo da Pontes* war und daß selbst der naive *Mozart* einiges davon geahnt haben muß. Man mißverstehe das Wort »naiv« nicht: es ist höchste Anerkennung seines gottbegnadeten Künstlertums, das aus tiefster Intuition stammte und dem spekulative Betrachtungen sehr ferne lagen.

Kompletter Text
mit
musikalischen Erläuterungen

Das Vorspiel ist in zwei Abschnitte gegliedert (wie viele Ouvertüren Mozarts und seiner Zeit): eine langsamere Einleitung und ein sehr schneller Hauptteil, dessen wirbelnder Charakter vielleicht die turbulente Handlung des Werkes vorwegnimmt oder sinfonisch zusammenfaßt. Wäre es so –, was bedeutet dann die langsame Einleitung? Sie ist nicht langsam und feierlich, sondern nur ruhiger als der dahinjagende Hauptteil: vielleicht bedeutet dieses Andante, mit zwei starken Schlägen eingeleitet, einen Hinweis auf den ernsteren Charakter, den die Handlung auch hat? Die Akkorde: der männliche Entschluß zur Eroberung; die sofort anschließende kurze und liebliche Melodie (in den Oboen): die Lyrik des weiblichen Herzens? Wahrscheinlich soll man bei Opern der Rokokozeit keine tonmalerische Deutung versuchen und sich daran erinnern, daß diese Ouvertüren (nicht nur bei Rossini, der ja den Abschluß der Epoche bildet) austauschbar waren, des öfteren sogar aus einem heiteren Werk in ein ernstes, von einem tragischen in ein komisches übertragen werden konnten. Nun, das trifft bei den größeren Opern Mozarts bestimmt nicht zu, aber eine Deutung jeder einzelnen Streicher- oder Bläserfigur in ihnen führt zu keinem positiven Resultat. Es sind musikalische Meisterstücke, aber sie müssen nicht, in einem späteren Sinne – wie etwa bei Wagner –, dramatisch-programmatische Bedeutung besitzen und aus jeder Melodie, jeder Floskel einen Bezug auf den Inhalt der Handlung erkennen lassen. Die Ouvertüre zu »Così fan tutte« ist ein perfektes, ein glänzendes Musikstück; sie versetzt das Publikum in Stimmung, »stimmt es ein« (wie man sagen könnte), macht es froh, lustig, fast übermütig –, denn so ist sie gehalten. Sie wirbelt dahin (wie es nachher die Handlung tun wird), klingt bezaubernd, leicht, duftig, elegant –, sind es Attribute gerade dieses Stückes oder einfach Mozarts? Manchmal liest man Vergleiche der »Così«-Ouvertüre mit anderen ihres Komponisten, vor allem wohl mit jener zum »Figaro«, und zumeist kommt diese besser davon als die (spätere) zu »Così«. Vergleiche bei nur ästhetisch zu wertenden Größen laufen immer Gefahr, ungerecht oder unsinnig zu sein. Vergleichende Menschen (auf welchem Gebiet auch immer) gehören nicht zu den angenehmsten Zeitgenossen. Die Ouvertüre zu »Così fan tutte« ist ein kleines, gewinnendes Meisterstück; sie ist kürzer, knapper als die des »Figaro«, ihre Themen sind vielleicht weniger melodisch ausgeprägt, aber sie sind ebenso

VORSPIEL

OUVERTURE

geistvoll, glänzend verarbeitet, wohlklingend wie jene. Die ruhigere Einleitung hat nur 14 Takte. Auf die in sich schon kontrastreichen ersten 8 Takte (mit dem angedeuteten Wechsel von stark und schwach, hart und weich, vielleicht männlich und weiblich) folgt eine musikalische Eigentümlichkeit, die besprochen werden muß.

Zweimal erklingt eine Tonfolge, der besondere Bedeutung zukommen wird, denn bei der Lösung des Konflikts, am Ende des Werkes, kehrt dieses Motiv wieder und trägt dann Worte, den Grund-Satz der Oper: Così fan tutte. Auf die Gefahr, anachronistisch zu wirken, könnte man sagen, es handle sich um ein »Leitmotiv«, beinahe schon im Sinne Wagners. Natürlich ist seine Anwendung ungeheuer einfach, fast primitiv, aber wir haben es mit einer Tonfolge zu tun, die etwas »Außermusikalisches« bedeutet, die sich vornimmt, unsere Gedanken zu leiten, gerade wie dies eben bei den späteren Leitmotiven (von Berlioz zu Wagner und darüber hinaus) der Fall sein wird. Dabei aber ist dieses Mozartsche »Leitmotiv« nichts anderes als eine Tausende von Malen gebrauchte Kadenzformel; sie steht in der Musik der »Klassik« (oder des Rokokos, was weitgehend dasselbe ist) wie bei Mozart selbst am Ende wahrhaft zahlloser Stücke oder innerhalb von diesen bei Abschlüssen von Teilen. Macht Mozart sich über diese längst zur stereotypen Formel gewordene Tonfolge lustig? Er bringt sie zweimal hintereinander: das erste Mal wie zögernd, beinahe fragend, als wolle er (oder jemand in seinem Stück) mit der These, alle Frauen seien untreu, eine Vermutung aufstellen; dann erfolgt die Antwort, und sie läßt in ihrer Festigkeit keinen Zweifel mehr aufkommen – volle lange Bläserakkorde bestätigen es –, daß es so ist: Alle Frauen sind untreu. Doch mit der letzten Note dieser Behauptung setzt das Presto ein, der zweite Teil der Ouvertüre; es annulliert sofort die Schwere, das Lastende dieser Behauptung, biegt den möglichen Ernst in Spiel um:

(Fortsetzung des Notenbeispiels S. 22)

(1)

Die Helle der Tonarten (weite Teile der Ouvertüre stehen in C-Dur, der Tonart der Klarheit, des Lichts) bleibt erhalten, die Holzbläser laufen lustig dahin, scheinen sich manchmal förmlich zu überstürzen – was besonders bei den Fagotten überaus komisch wirkt (und eine der Ironien des Stücks bedeuten könnte) – und deuten darauf hin, das Werk sei im Grunde eine launige Komödie. Aber Mozart wäre nicht er selbst, träte nicht auch in den heitersten Stücken beinahe unvermutet ein nachdenklicher, lyrischer Moment ein. Hier geschieht dies ganz einfach, indem das leichtfüssige Motiv plötzlich, ein wenig verändert nur, nach Moll transponiert wird –, fällt ein Schatten auf das Spiel, ist es ein Hinweis auf die schwierige seelische Lage der beiden Mädchen? Vielleicht ist es nur eine der stets gesuchten musikalischen Kontrastwirkungen und sonst nichts:

(Notenbeispiel S. 24)

(2)

Den Analytikern sei gesagt, daß auch diese Ouvertüre, wie jedes größere Tonstück jener Zeit, in Sonatenform geschrieben ist, also eine recht straffe innere Struktur besitzt. In ihr bildet der Anfang des Prestoteils den sogenannten »Hauptsatz«, die erwähnte lyrische Stelle (2) den »Seitensatz«, auf die »Exposition« der Themen folgt die »Durchführung«, auf diese die »Reprise«, in der die Themen wieder in ihrer ursprünglichen Gestalt aufgenommen werden, wobei der »Nebensatz« nun in die Tonart des »Hauptsatzes« versetzt wird (oder in dessen Paralleltonart) –, lauter Dinge, die der Laie nicht hören kann und gar nicht hören soll, so wie bei einem reizenden Lustschlößchen nicht der Grundriß und die Proportionen nachzumessen wichtig sind. Kurz vor Schluß der Ouvertüre kehrt das Leitmotiv wieder. Das Orchester stockt im rasenden Lauf und mitten in Fortissimo-Schlägen ertönt die Kadenzformel des »Così fan tutte« genau wie zu Beginn: einmal wie zögernd, beinahe als Frage, sodann kräftig und jeden Zweifel ausschließend, als Antwort. Eine kurze Coda schließt an, ein fröhlicher, wirbelnder Abschluß, C-Dur, kein Schatten trübt das strahlende Licht; Mozart war offenkundig glänzend gelaunt, als er dies schrieb. Die Ouvertüre wäre einfach ein ausgezeichnetes Musikstück, voll Geist, Witz und Charme, wenn nicht dieses seltsame Leitmotiv zweimal darin vorkäme, das zu denken gibt. Oder trifft das nur auf uns, Spätgeborene, die wir die Leichtigkeit des Rokokos und seiner Spiele nicht mehr in uns haben, zu? Wahrscheinlich.

Die Musik kommt aus dem hellen, klaren C-Dur der Ouvertüre; nun bleibt sie in einer lichten Tonart – G-Dur – und verändert mit dem Aufgehen des Vorhangs nur leicht ihren Rhythmus: schwebende Triolen (fast ein wenig wiegend, als schaukele ein Boot auf den Wellen: wir sind am Meer, am blauen Golf von Neapel) tragen eine liebliche Melodie, die zuerst von den Geigen gespielt, dann von der Tenorstimme Ferrandos aufgenommen wird:

(3)

Ferrandos Freund Guglielmo, der Bariton des Stücks, setzt mit der gleichen Melodie ein; natürlich, denn er verkündet das gleiche: die unwandelbare Treue seiner Geliebten. Alfonso, der »alte Philosoph« erwidert, wobei seine Stimme wohl absichtlich ruhig bleibt, er will den ausgebrochenen Streit nicht noch schüren. Doch die beiden jungen Offiziere sind zu aufgebracht, um sich schnell zu beruhigen. Geht es ihnen um die Treue der Bräute (wie sie vorgeben) oder um ihren eigenen Stolz, ihre Eitelkeit, die ein Betrogenwerden nie zulassen könnten?

Nun ereifern sie sich gar im Duett, setzen parallel laufende Melodien gegen Alfonsos offenkundige Zurückhaltung ein. Immer wilder wogen aber bald die Stimmen gegeneinander: die der beiden Offiziere stets vereint gegen die einzelne, vergebens beschwichtigende Alfonsos.

ERSTER AKT

ERSTE SZENE

Kaffeehaus

Ferrando, Don Alfonso und Guglielmo

Nr. 1. Terzett

Ferrando:

Nein, nein, Dorabella
vermöchte das nie,
so treu wie auch schön
schuf der Himmel ja sie.

Guglielmo:

Nein, nein, Fiordiligi
ist lauter wie Gold,
ist mein ohne Wanken,
getreu mir und hold.

Don Alfonso:

Ich hab' graue Haare,
ex cathedra sprech' ich,
doch sei nun dem Streiten
ein Ende gemacht.

Ferrando und Guglielmo:

Nein, Ihr wagt zu sagen,
sie seien uns untreu;
das müßt Ihr beweisen,
sonst nehmt Euch in acht.

Don Alfonso:

O laßt die Beweise!

Ferrando und Guglielmo (greifen zum Degen):

ATTO PRIMO

SCENA PRIMA

Bottega di caffè

Ferrando, Don Alfonso e Guglielmo

No. 1. Terzetto

Ferrando:

La mia Dorabella
Capace non è;
Fedel quanto bella
Il cielo la fè.

Guglielmo:

La mia Fiordiligi
Tradirmi non sa;
Uguale in lei credo
Costanze e beltà.

Don Alfonso:

Ho i crini già grigi,
Ex cathedra parlo,
Ma tali litigi
Finiscano quà.

Ferrando e Guglielmo:

No, detto ci avete
Che infide esser ponno;
Provar cel' dovete
Se avete onestà.

Don Alfonso:

Tai prove lasciamo.

Ferrando e Guglielmo (metton mano alla spada):

Ein hübsches tonmalerisches Detail ist bei der zweimaligen Erwähnung des Degens zu beobachten (»O fuori la spada«): da gibt es einen vehementen Lauf der tiefen Streicher aufwärts, so als ziehe jemand mit großer Entschlossenheit seinen Degen aus der Scheide.

Auch das anschließende Rezitativ muß die Erregung des vorangegangenen Musikstücks fortsetzen. Die Diktion ist so glänzend festgelegt (Mozart muß italienisch so gut wie deutsch gekonnt haben), daß sich ein natürlicher Redefluß entwickelt, in dem die Betonungen und Pointen so natürlich zur Geltung kommen, wie in einer sehr gut gesprochenen Prosa. Natürlich liegt im Rezitativ stets der Angelpunkt der Diskussionen über die Verdeutschung italienischer Opern: die deutsche Sprache weist von Natur aus einen Duktus mit weniger extremen Höhen und Tiefen, also eine gleichmäßigere Durchschnittshöhe der Sprache in jeder Stimme auf. Wollte man sehr genau sein, so müßte man bei Beibehaltung der Rezitative in deutschen Aufführungen diese Teile völlig neu »komponieren«, um sie deutschem Sprachduktus anzupassen –, ein unmögliches und sinnloses Begehren. Entweder lernen die deutschsprachigen Sänger italienisches Rezitativ mit aller gebotenen Wendigkeit zu interpretieren –, oder man ersetzt die Rezitative durch gesprochenen Dialog. Ob das gut und geraten sei, kann hier nicht diskutiert werden: es gibt feinhörige Zuschauer, die zwischen den Musiknummern und den dazwischengestreuten

Nein, nein, wir verlangen's,
sonst zieht Euren Degen,
die Freundschaft ist aus.
Don Alfonso:
Welch törichte Wünsche!
Ferrando und Guglielmo:
Der trifft mich sehr schmerzlich,
der flüstert, ganz leise,
verleumdend, ein Wörtchen,
Don Alfonso:
Das Übel entdecken
zu müssen, ist schrecklich,
Ferrando und Guglielmo:
das Unrecht ihr tut.
Don Alfonso:
da braucht's (wohl)[1] festen Mut.

Rezitativ

Guglielmo:
Zieht den Degen, bestimmet
unter uns Euren Gegner.
Don Alfonso (gelassen):
Nein, ich will nur den Frieden,
und Duelle fecht' ich
lieber bei Tisch aus.
Ferrando:
So schlaget Euch,
oder sagt sofort,
warum für untreu unsere Geliebten
Ihr zu halten beliebet.

No, no, le vogliamo:
O fuori la spada,
Rompiam l'amistà.
Don Alfonso:
O pazzo desire!
Ferrando e Guglielmo:
Sul vivo mi tocca
Chi lascia di bocca
Sortire un accento.

Don Alfonso:
Cercar di scoprire
Quel mal che trovato,
Ferrando e Guglielmo:
Che torto le fa.
Don Alfonso:
Meschini ci fa.

Recitativo

Guglielmo:
Fuor la spada: sciegliete
Qual di noi più vi piace.
Don Alfonso (placido):
Io son uomo di pace
E duelli non fo,
Se non a mensa.
Ferrando:
O battervi,
O dir subito
Perchè d'infedeltà le nostre amanti
Sospettate capaci.

[1] Die in Klammern hinzugefügten Worte kommen bei den zahlreichen Satzwiederholungen zur Geltung, wie die alte (vor allem die italienische) Oper sie verlangt; sie können in diesem Falle hinzugefügt werden oder ersetzen das vorangegangene Wort.

gesprochenen Rezitativen einen Bruch empfinden. Andererseits gibt es genug deutsche Spielopern und Operetten, bei denen solche Bedenken nie zur Sprache kommen.
Wichtig wäre vor allem, den Text dieser Passagen restlos verständlich zu machen, was bei den Musiknummern ohnedies stets mehr als fraglich bleibt. In den Rezitativen spielen sich zumeist die wichtigsten Augenblicke der dramatischen Handlung ab.

Die drei Freunde – im Augenblick entzweit – setzen zu einem neuen Terzett an. Dieses Mal führt Alfonso: er will den Offizieren zeigen, daß Frauentreue eine Chimäre sei, ein »Phönix aus Arabien«, von dem alle redeten, aber niemand wisse, wo er zu finden sei:

(Fortsetzung des Notenbeispiels S. 32)

Don Alfonso:
Heilige Einfalt, das!
Das ist zum Lachen!
Ferrando:
Schluß denn mit diesem
Scherz!
Ich schwör' beim Himmel...
Don Alfonso:
Und ich schwör' bei der Erde,
ich scherz' nicht, meine
Freunde;
nur möcht' ich gerne wissen,
zu welcher Art von Wesen
gehören Eure Schönen?
Sind's Mädchen so wie alle,
voll Blut und voll Leben,
essen sie wohl wie wir
und tragen Röcke?
Sind's vielleicht Engel, sind's
Frauen nur?
Ferrando und Guglielmo:
Ja, Frauen, doch sie sind so...
Don Alfonso:
Bei Frauen glaubt Ihr wirklich,
daß Ihr Treu' finden könnt?
Herrlich ist die Idee,
Ihr glaubt daran?

Nr. 2. Terzett
Don Alfonso:
Die gerühmte Frauentreue,
sie gleicht dem Phönix aus
Arabien.
Jeder sagt, er existiere,
doch wo ist er?
Das weiß man nicht!

Don Alfonso:
Cara semplicità, quanto mi
piaci!
Ferrando:
Cessate di scherzar,
O giuro al cielo...

Don Alfonso:
Ed io giuro alla terra.
Non scherzo, amici miei;
Solo saper vorrei
Che razza d'animali
Son queste vostre belle,
Se han comme tutti noi carne,
ossa e pelle,
Se mangian come noi,
se veston gonne,
Alfin, se dee, se donne son...

Ferrando e Guglielmo:
Son donne, ma son tali...
Don Alfonso:
E in donne pretendete
Di trovar fedeltà?
Quanto mi piaci mai,
semplicità!

No. 2. Terzetto
Don Alfonso:
È la fede delle femmine
Come l'araba fenice,
Che vi sia ciascun lo dice,
Dove sia nessun lo sa.

(4)

Wütend widersprechen die jungen Männer: Dorabella ist so ein Phönix! Fiordiligi ist es! Vergebens widerspricht Alfonso, sein letztes »nessun lo sa« (niemand weiß es) mit dem Silbe für Silbe gesetzten Abschluß seiner Rede erbittert die Gegner nur noch mehr.

Nun beschimpfen sie ihn, was wisse ein dummer Dichter, ein gealterter Philosoph von solchen Dingen des Lebens? Alfonso hingegen fragt, was sie berechtige, so fest an die Treue ihrer Bräute zu glauben? Die Argumente überstürzen sich, erwecken aber nicht mehr als den Spott Alfonsos. Er bietet Beweise an, findet aber, wie schon zuvor, kein Einverständnis.

Ferrando (feurig):
Phönix ist die Dorabella.
Guglielmo (feurig):
Phönix ist die Fiordiligi.
Don Alfonso:
's ist nicht diese,
's ist nicht jene,
's war nie so,
und 's wird nie sein.

Rezitativ

Ferrando:
Das ist Torheit der Dichter!
Guglielmo:
Und Albernheit der Alten!
Don Alfonso:
Laßt's gut sein und höret,
doch nicht in Wut sollt kommen ihr:
Wo habt Ihr den Beweis, daß die Geliebten
Euch immer werden lieben?
Was gibt Euch Sicherheit, daß beständig und treu ihre Herzen?
Ferrando:
Lange Erfahrung!
Guglielmo:
Edle Erziehung auch!

Ferrando (con fuoco):
La fenice è Dorabella.
Guglielmo (con fuoco):
La fenice è Fiordiligi.
Don Alfonso:
Non è questa, non è quella,
Non fu mai, non vi sarà.

Recitativo

Ferrando:
Scioccherie di poeti!
Guglielmo:
Scempiaggini di vecchi!
Don Alfonso:
Or bene, udite,
Ma senza andar in collera:
Qual prova avete voi, che ognor costanti
Vi sien le vostre amanti;
Chi vi fè sicurtà, che invariabili
Sono i lor cori?
Ferrando:
Lunga esperienza.
Guglielmo:
Nobil educazion.

Da schlägt er eine Wette vor, die sofort begeistert akzeptiert wird: eine Wette, das liegt jungen neapolitanischen Offizieren sicher näher als eine rationale »Beweisführung«. Sehr sparsam, aber trotz der wenigen Noten sicher tragend hat Mozart die stützenden Akkorde dieses Rezitativs gesetzt (und aller Rezitative dieses Werkes, die durchwegs seiner eigenen Feder entstammen, was nicht immer bei Rezitativen italienischer Opern der Fall war, und auch bei Mozart — in »Titus« – zu einer Ausnahme führen wird). Noch eine Besonderheit der Rezitative sei hier, gleich am Anfang, angesprochen: ein gewandter Cembalist – Continuospieler, wie ihn seine Zeit nannte – und Rezitativbegleiter (manchmal der Dirigent selbst) spielte mehr als die vorgeschriebenen Akkorde, improvisierte ein wenig, verzierte die einfachen Klänge und war durchaus in der Lage, diese manchmal ein wenig »trockenen« Stellen (die Italiener sprechen auch von »Secco-Rezitativen«) liebenswürdiger, abwechslungsreicher zu gestalten. Auch heute ist diese Praxis durchaus nicht verboten, die allerdings einen sehr guten Musiker erfordert.

Der Preis der Wette wird ausgemacht: hundert Zechinen, ein ansehnlicher Betrag. Die Spielregeln werden festgesetzt: alles

Ferrando:
Vornehmes Denken.
Guglielmo:
Gleichklang der Lebensart.
Ferrando:
Ihr Idealismus.
Guglielmo:
Ihre feste Entschlossenheit.
Ferrando:
Versprechen.
Guglielmo:
Gelübde.
Ferrando:
Heil'ge Schwüre.
Don Alfonso:
Tränen, Geseufz,
dann Schmeicheln,
eine Ohnmacht . . .
Erlaubt, das ist doch
lächerlich!
Ferrando:
Hört auf nun!
Wir lassen nicht verspotten
uns!
Don Alfonso:
Nur sachte!
Und wenn ich dann Beweise
Euch liefern kann, daß sie wie
alle andern . . .
Guglielmo:
Das kann nicht sein!
Ferrando:
Nein nie!
Don Alfonso:
So gilt's?
Ferrando:
Ja, es gilt!
Don Alfonso:
Hundert Zechinen.

Ferrando:
Pensar sublime.
Guglielmo:
Analogia d'umor.
Ferrando:
Disinteresse.
Guglielmo:
Immutabil carattere.
Ferrando:
Promesse.
Guglielmo:
Proteste.
Ferrando:
Giuramenti.
Don Alfonso:
Pianti, sospir, carezze,
svenimenti.
Lasciatemi un po' ridere!
Ferrando:
Cospetto!
Finite di deriderci!
Don Alfonso:
Piano, piano;
E se toccar con mano
Oggi vi
fo che come l'altre sono?
Guglielmo:
Non si può dar!
Ferrando:
Non è!
Don Alfonso:
Giochiam!
Ferrando:
Giochiamo!
Don Alfonso:
Cento zecchini.

muß so gemacht werden, wie Alfonso angibt, strengster »Gehorsam« ist nötig. Lachend gehen die jungen Männer auf alles ein; das wird unterhaltend! Sie sind sich völlig ihres Sieges gewiß. Was werden sie mit dem gewonnenen Geld anfangen?

Guglielmo:
Auch tausend,
wenn Ihr möchtet!
Don Alfonso:
Auf Ehre?
Ferrando:
Unser Wort darauf!
Don Alfonso:
Kein Zeichen, kein Wörtchen,
kein Wink denn,
und schwört, daß keiner wird
den Plan verraten seiner treu-
en Penelope.
Ferrando:
Wir schwören.
Don Alfonso:
Als Soldaten von Ehre?
Guglielmo:
Als Soldaten von Ehre.
Don Alfonso:
Und alles so zu machen,
wie ich's Euch sagen werd'?
Ferrando:
Alles.
Guglielmo:
Ja, ganz genau.
Don Alfonso:
Bravissimo!
Ferrando und Guglielmo:
Bravissimo,
Signor Don Alfonsetto.
Ferrando:
Auf Eure Kosten werden wir
uns vergnügen.
Guglielmo (zu Ferrando):
Doch die hundert Zechinen,
was tun damit?

Guglielmo:
E mille, se volete.

Don Alfonso:
Parola!
Ferrando:
Parolissima!
Don Alfonso:
E un cenno, un motto, un
gesto,
Giurate di non far di tutto
questo
Alle vostre Penelopi.
Ferrando:
Giuriamo.
Don Alfonso:
Da soldati d'onore?
Guglielmo:
Da soldati d'onore.
Don Alfonso:
E tutto quel farete
Ch'io vi dirò di far?
Ferrando:
Tutto.
Guglielmo:
Tuttissimo.
Don Alfonso:
Bravissimi!
Ferrando e Guglielmo:
Bravissimo,
Signor Don Alfonsetto.
Ferrando:
A spese vostre or ci diverti-
remo.
Guglielmo (a Ferrando):
E de' cento zecchini che fa-
remo?

Die nun erzielte völlige Übereinstimmung führt ins dritte Terzett. Die Autoren beginnen diese Oper wahrlich mit einem sehr ungewohnten dramatischen Aufbau: drei Terzette der gleichen drei Personen hintereinander. Dramaturgisch eine nicht zu überbietende Exposition des Werkes: Personen, Milieu, Charaktere der Männer, Sinn des Spiels (der Beweis der Treulosigkeit der Frauen), seine Durchführungsart (eine Wette) sind klargestellt. Und so beginnt, nach der Spannung der beiden ersten Terzette, dieses dritte in einer gelösteren Stimmung: Ferrando will seiner Geliebten eine »bella serenata« geben:

(5)

Guglielmo denkt an ein glänzendes Bankett für seine Braut. Froh und einträchtig fließen nun die drei Männerstimmen dahin, dem Liebesgott zu Ehren heben sie die Gläser. Das wird ein Spaß werden:

(Notenbeispiel S. 40)

Nr. 3. Terzett

Ferrando:
Eine schöne Serenade
Will ich meiner Göttin bringen.

Guglielmo:
Ich zu Ehren meiner Venus
geb' ein glänzend(es) Freudenmahl.

Don Alfonso:
Werd' ich auch miteingeladen?

Ferrando und Guglielmo:
Ja, Ihr seid dabei, Signor.

No. 3. Terzetto

Ferrando:
Una bella serenata
Far io voglio alla mia Dea.

Guglielmo:
In onor di Citerea
Un convito io voglio far.

Don Alfonso:
Sarò anch'io de' convitati?

Ferrando e Guglielmo:
Ci sarete, si, signor.

Allegro
Ferrando
sotto voce
E che brin - dis re - pli - ca - ti far vo -
Don Alfonso
sotto voce
E che brin - dis re - pli - ca - ti far vo -
Guglielmo
sotto voce
E che brin - dis re - pli - ca - ti far vo -
tr
tr
Fe.
glia - mo al Dio d'a - mor,
D.A.
glia - mo al Dio d'a - mor,
G.
glia - mo al Dio d'a - mor,
tr
f

(6)

Ferrando, Don Alfonso und Guglielmo:
Und mit vollem Gläserklange
feiern wir den Liebesgott.
(gehen ab)

Ferrando, Don Alfonso e Guglielmo:
E che brindis replicati
Far vogliamo al Dio d'amor.
(partono)

Die Musik und die Szene verändern ihren Charakter. Nach dem Kaffeehauslärm am Meer die Intimität eines Heims. A-Dur als Grundtonart, zweifellos inniger als die vorangegangenen Tonarten der Männerterzette (G-Dur, E-Dur, C-Dur), lyrischer, fraulicher: die Welt Fiordiligis und Dorabellas. Wieder schickt Mozart dem Gesang ein Ritornell mit der gleichen Melodie voraus, aber er weitet es zu einer Milieuschilderung: weiche Bläser, weiche Streicher, alles zart, ja zärtlich. Liebevoller könnte man eigentlich die Frauen, deren Untreue es zu beweisen gilt, gar nicht einführen. (Verrät Mozart, der Frauenfreund, sich hier?) Andante, ein ruhig gehendes Zeitmaß, ein dahinfließender Dreiachteltakt, ein vollendetes Bild zärtlich-verliebten Mädchentums:

(7)

Die beiden Bräute betrachten die Bilder ihrer Verlobten voll zärtlicher Innigkeit. Noch unterscheidet Mozart ihre Charaktere nicht, so wenig er es bei den Männern im vorangegangenen Bild getan hat: vorläufig steht gewissermaßen der männlichen Einheit die weibliche gegenüber: gleiche Gefühle, gleiche Gedanken, gleiche Ziele, gleiches Glück. Das Duett der Schwestern schließt mit einem rascheren Teil, Allegro, nun im resoluten Zweivierteltakt: in Parallelbewegung bei gleichen Rhythmen erweisen die Singstimmen ihre Übereinstimmung, sogar in einer kleinen eingelegten gemeinsamen Koloratur. Alles ist Gleichklang, Freude, frohe Lebenserwartung:

(Notenbeispiel S. 44)

ZWEITE SZENE
Garten am Meeresstrand
Fiordiligi und Dorabella, die jede ein Medaillon betrachten

Nr. 4. Duett

Fiordiligi:
O sieh doch nur, Schwester,
ob feinere Lippen,
ein edleres Angesicht
man jemals wohl fand.

Dorabella:
Betrachte dies Bildnis,
betrachte die
feurigen Augen,
sie stecken wie Blitze
die Herzen in Brand.

Fiordiligi:
Ihm spricht aus den Augen der
Krieger, der Geliebte.

Dorabella:
Es sprechen die Züge
so lockend und so drohend.

SCENA SECONDA
Giardino sulla spiaggia del mare
Fiordiligi e Dorabella, che guardano ciascùna un medaglione

No. 4. Duetto

Fiordiligi:
Ah, guarda, sorella,
Se bocca più bella,
Se aspetto più nobile
Si può ritrovar.

Dorabella:
Osserva tu un poco,
Osserva, che foco
Ha ne' sguardi,
Se fiamma, se dardi
Non sembran scoccar.

Fiordiligi:
Si vede un sembiante
Guerriero ed amante.

Dorabella:
Si vede una faccia
Che alletta e minaccia.

(8)

(Rezitativ, das oft um die ersten Abschnitte der Texte beider Damen gekürzt wird).

Fiordiligi und Dorabella:
Wie bin ich so selig!
Wenn jemals dies Herz von
dem Teuren sich wendet,
soll Amor mich strafen
mit endloser Pein.

Fiordiligi e Dorabella:
Felice son io![1]
Se questo mio core
Mai cangia desio,
Amore mi faccia
Vivendo penar.

Rezitativ

Fiordiligi:
Mir scheint, an diesem
Morgen möchte ich nichts
als lauter Unfug treiben.
Ich fühl' ein Feuer
und ein gewisses Prickeln in
den Adern,
und wenn Guglielmo käme,
würd' ich gerne ihm spielen ei-
nen Streich.

Dorabella:
Ich muß gestehen,
irgendein neues Feuer
regt sich in meiner Seele.
Ich möchte schwören,
daß wir fröhliche Hochzeit
bald begehen.

Fiordiligi:
Gib deine Hand mir,
ich will dir prophezeien.
Oh, dieses »S« hier, und da ein
»H«, verstehst du,
das heißt »schnelle Heirat«.

Recitativo

Fiordiligi:
Mi par, che stamattina
volentieri
Farei la pazzerella:
ho un certo foco,
Un certo pizzicor entro
le vene.
Quando Guglielmo viene,
se sapessi
Che burla gli vo far!

Dorabella:
Per dirti il vero,
Qualche cosa di nuovo
Anch'io nell'alma provo:
io giurerei,
Che lontane non siam dagli
Imenei.

Fiordiligi:
Dammi la mano:
io voglio astrologarti.
Uh, che bell'Emme!
E questo è un Pi: va bene:
Matrimonio presto.

[1] TV (Textvariante):
Dieser Vers lautet auch:
»Io sono felice!« bzw. »Felice io sono«

Zumeist wird das Rezitativ hier wieder aufgenommen (wozu dann leicht veränderte Akkorde notwendig sind). Die bis dahin reinen Dur-Harmonien trüben sich vorübergehend (durch einen f-Moll-Akkord) bei der Feststellung, daß die beiden Verlobten heute ihren anscheinend täglichen Besuch noch nicht gemacht haben. Die Damen glauben sie auftauchen zu sehen–, doch nein, es ist Alfonso (wieder eine »Trübung«, Ausdruck einer leichten Enttäuschung). Die Aufregung Fiordiligis und Dorabellas, szenisch durch den Verzweiflung mimenden Alfonso geschürt, ist echt und kommt musikalisch im Rezitativ durch gehäufte und dissonante Akkorde sowie starke Modulationen zum Ausdruck.

Schnell ballt sich Dramatik zusammen, die Mädchen lassen Alfonso kaum zu Worte kommen, dieser verstärkt die Spannung der Situation noch absichtlich.

Endlich kommen die ersten Worte aus seinem Munde hervor: »Barbaro fato!« Grausames Schicksal! Und ehe die Frauen noch etwas erwidern, fragen können, hat das Orchester eingesetzt und läßt Alfonso in eine kleine Arie ausbrechen (Allegro agitato, Alla breve-Takt, f-Moll), die ein Meisterstück der Verstellung darstellt; die Komödie hat begonnen. Das kurze Musikstück ist textlich glänzend, da es nichts aussagt und so die furchtbare Spannung der armen Mädchen, deren Gefühle durchaus echt

Dorabella:
Das würde mir gefallen.
Fiordiligi:
Ich hätte nichts dagegen.
Dorabella:
Doch was heißt das,
daß unsere Verlobten
noch immer nicht bei uns?
Es ist schon sechs Uhr.

Dorabella:
Affè che ci avrei gusto!
Fiordiligi:
Ed io non ci avrei rabbia.
Dorabella:
Ma che diavol vuol dir che i
nostri sposi
Ritardano a venir?
Son già le sei.

DRITTE SZENE

Die Vorigen und Don Alfonso

Fiordiligi:
Da sind sie!
Dorabella:
Nein, sie sind's nicht.
's ist Don Alfonso,
ihr alter Freund.
Fiordiligi:
Willkommen,
Signor Don Alfonso!
Don Alfonso:
Stets zu Diensten!
Dorabella:
Was gibt's? Warum allein
hier? Warum weint Ihr?
Um Himmelswillen sprecht,
was ist geschehen?
Mein Liebster . . .
Fiordiligi:
Mein Geliebter . . .
Don Alfonso:
Grausames Schicksal!

SCENA TERZA

Le suddette e Don Alfonso

Fiordiligi:
Eccoli!
Dorabella:
Non son essi:
è Don Alfonso,
L'amico lor.
Fiordiligi:
Ben venga
Il Signor Don Alfonso!
Don Alfonso:
Riverisco!
Dorabella:
Cos'è? Perchè qui solo?
Voi piangete?
Parlate, per pietà:
che cosa è nato?
L'amante . . .
Fiordiligi:
L'idol mio . . .
Don Alfonso:
Barbaro fato!

sind, noch unterstreicht, und Mozart sekundiert dem mit Freude:

(9)

Nun kann auch das unmittelbar folgende Rezitativ in der nicht verminderten Spannung fortfahren. Die Mädchen bedrängen Alfonso um Auskunft, doch der macht die Aufklärung des Falles bewußt aufregend, erklärt, man müsse sich mit Stärke waffnen –, Entsetzliches muß geschehen sein! Auf die atemlosen Fragen, ob die Verlobten tot seien, antwortet er nicht etwa mit einem klaren

Nr. 5. Arie

Don Alfonso:
Soll ich's tun?
Ich kann es nicht!
Stockend sprech' ich,
es will nicht gehn.
Auch die Worte hab' ich nicht,
diese stecken, bleiben stehn.
Was wollt Ihr tun,
was tu' ich?
Schlimm'res kann geschehn
nicht mehr,
ich bedaure Euch, sie mich,
Mitleid hab' ich gar zu sehr.

No. 5. Aria

Don Alfonso:
Vorrei dir, e cor non ho:
Balbettando il labbro va.
Fuor la voce uscir non può,
Ma mi resta mezza quà.
Che farete? Che farò?
Oh, che gran fatalità!
Dar di peggio non si può.
Ho di voi, di lor pietà!

Rezitativ

Fiordiligi:
Himmel, erbarmt Euch doch,
Signor Alfonso,
denn sonst tötet Ihr uns.
Don Alfonso:
Nun ist es nötig,
daß Ihr Mut zeigt, Ihr Mädchen.
Dorabella:
O Götter, welch Unglück
ist denn nur geschehn?
Gab's einen Unfall?
Ist der Liebste gestorben?

Recitativo

Fiordiligi:
Stelle! Per carità, Signor Alfonso,
Non ci fate morir.
Don Alfonso:
Convien armarvi,
Figlie mie, di costanza.
Dorabella:
Oh Dei! Qual male
È addivenuto mai,
qual caso rio?
Forse è morto il mio bene?

und immerhin beruhigenden »nein«, sondern mit dieser Formulierung: »Tot . . . (Pause) sind sie nicht . . .«, wobei allerdings die Pause nicht von Mozart komponiert ist, sondern sich traditionsgemäß durch die Zeiten zu erhalten scheint.

Als Fiordiligi und Dorabella endlich Auskunft erhalten, äußern sie den Wunsch, ihre Verlobten noch zum Abschied umarmen zu können. Alfonso hat alles vorbereitet, die Komödie nimmt ihren Fortgang.

Fiordiligi:
Ist tot der Meine?
Don Alfonso:
Tot sind sie nicht, doch sie sind wirklich fast tot.
Dorabella:
Verwundet?
Don Alfonso:
Nein.
Fiordiligi:
Sind denn krank sie?
Don Alfonso:
Auch nicht.
Fiordiligi:
Was ist nun also?
Don Alfonso:
Aufs Schlachtfeld rufen
sie des Königs Befehle.
Fiordiligi und Dorabella:
Weh mir, was hör' ich?
Fiordiligi:
Und müssen fort?
Don Alfonso:
Sogleich noch.
Dorabella:
Und gibt's kein Mittel,
sie zu hindern?
Don Alfonso:
Wohl kaum.
Fiordiligi:
Ganz ohne Abschied?
Don Alfonso:
Diese Armen, sie haben
den Mut nicht, Euch zu sehen,
doch wenn Ihr rufen solltet,
sind hier sie . . .
Dorabella:
Sie sind da?

Fiordiligi:
È morto il mio?
Don Alfonso:
Morti non son, ma poco men che morti.
Dorabella:
Feriti?
Don Alfonso:
No.
Fiordiligi:
Ammalati?
Don Alfonso:
Neppur.
Fiordiligi:
Che cosa, dunque?[1]
Don Alfonso:
Al marzial campo
Ordin regio li chiama.
Fiordiligi e Dorabella:
Ohimè, che sento!
Fiordiligi:
E partiran?
Don Alfonso:
Sul fatto.
Dorabella:
E non v'è modo
d'impedirlo?
Don Alfonso:
Non v'è.
Fiordiligi:
Nè un solo addio?
Don Alfonso:
Gl'infelici non hanno
Coraggio di vedervi;
Ma se voi lo bramate,
Son pronti.
Dorabella:
Dove son?

[1] Für »cosa« steht auch »caso«.

Beinahe wankend vor »Erschütterung« treten Ferrando und Guglielmo ein, mit stockenden Worten, mühsam wie in schwerer Erregung beginnt Guglielmo – der Komödiantischere der beiden, der schneller Entschlossene, der Kühnere – das folgende Quintett. Aber Mozart, der gewissermaßen augenzwinkernd bei der Komödie mitspielt, tut noch ein übriges: er, dem stets schöne, gefühlsechte, originelle Melodien zu Gebote stehen, gibt den sich verstellenden Männern nur sozusagen abgegriffene, hundertmal verwendete, fast nichtssagende Gesangsphrasen, als wolle er damit andeuten, wie unecht, wie (noch dazu reichlich plump) gespielt das alles ist:

(10)

Von Don Alfonsos kleiner Ariette (Nr. 5) und diesem Quintett (Nr. 6, Andante, Alla breve-Takt, Es-Dur – eine »martialische« Tonart, hier sicher als Anspielung auf den »Feldzug« der jungen Männer und somit parodistisch gemeint –) angefangen, bemächtigt sich die Ironie immer stärker des Werkes. Es kann nicht ausbleiben, daß auch der Gesang der Mädchen von dem hohlen Pathos der Komödie spielenden Männer manchmal ein wenig angesteckt wird. Aber es kann ebensowenig ausbleiben, daß Mozart im Verlauf eines Musikstücks wie diesem allmählich Feuer fängt, die Ironie beiseite läßt und wundervolle Musik schreibt. Das Stück wird immer melodiöser, immer kunstvoller verschlingen sich die Stimmen; parodistische Seitenbemerkungen (der Offiziere zu Alfonso) sowie dessen humorvolle Antwort mit dem lateinischen Zitat (»Finem lauda« –, was soviel bedeutet

Don Alfonso:
Ihr Freunde, herein nun!

Don Alfonso:
Amici, entrate.

VIERTE SZENE
Die Vorigen. Ferrando und Guglielmo (in Reisekleidung)

SCENA QUARTA
I suddetti. Ferrando e Guglielmo (in abito da viaggio)

Nr. 6. Quintett

Guglielmo:
Gott, ich fühle,
daß meine Füße
mich nicht weiter tragen
wollen.

Ferrando:
Meine Lippen sprechen sollen,
doch kein Wort bring' ich
hervor.

Don Alfonso:
In Momenten noch so
grauenvoll,
muß ein Held den Mut be-
wahren.

Fiordiligi und Dorabella:
Nun, da alles wir erfahren,
habt Ihr nichts zu überlegen,
seid nun mutig,
nehmt Euren Degen,
stoßt uns beiden ihn ins Herz.

Ferrando und Guglielmo:
Meine Liebste,
das Schicksal will es,
daß ich dich verlassen muß.

No. 6. Quintetto

Guglielmo:
Sento, o Dio, che questo piede
È restio nel girle avante.

Ferrando:
Il mio labbro palpitante
Non può detto pronunziar.

Don Alfonso:
Nei momenti i
più terribili
Sua virtù l'eroe palesa.

Fiordiligi e Dorabella:
Or che abbiam la nuova intesa,
A voi resta a fare il meno;
Fate core, a entrambe in seno
Immergeteci l'acciar.

Ferrando e Guglielmo:
Idol mio, la sorte incolpa
Se ti deggio abbandonar.

wie »Wartet das Ende ab, bevor ihr frohlockt!«) werden immer mehr von Mozarts Musizierlust zur Seite gedrückt, in einmütigem Wohlklang schließt das Quintett.

Hier wird oft ein größerer Strich gemacht, der dieses Rezitativ ebenso beiseite läßt wie ein Duettino (Nr. 7, Andante, Zweivierteltakt, B-Dur), in dem die Männer die Komödie – ohne Fortgang der Handlung – weiterführen, und dann erst erfolgt die Ankunft des Bootes, von dem die Männer abgeholt werden. Trotz dieser dramatisch wohl zu rechtfertigenden Auslassungen tut der Leser, der sich für die Aufführung vorbereitet (nicht jener, der dieses Buch zum Mitlesen bei der Aufführung selbst verwendet, also den Faden nicht verlieren will), gut daran, den nebenstehenden, gestrichenen Text durchzulesen. Er gehört in

Dorabella (zu Guglielmo):
Ach, nein, nein, du darfst
nicht scheiden!
Fiordiligi (zu Ferrando):
Nein, du darfst mich
nimmer meiden!
Dorabella:
Niemals könnt' ich's
überleben!
Fiordiligi:
Eher will ich selber sterben.
Ferrando (leise zu Don Alfonso):
Nun, was sagt Ihr?
Guglielmo (ebenso):
Seht Ihr das jetzt?
Don Alfonso (leise):
Wartet, Freunde,
erst am Ende gilt's zu lachen!
Alle:
Das Geschick zerschlägt so
schrecklich
aller Menschen süßes Hoffen.
Ach, wer, der so hart
getroffen,
könnt' sein Leben lieben
noch?

Rezitativ[2]

Guglielmo:
Weine nicht, meine Liebste!
Ferrando:
Nur nicht verzweifeln,
angebetetes Mädchen!
Don Alfonso:
Nein, lasset sie nur weinen.
Nur zu verständlich
sind ihr Schmerz, ihre Tränen.

Dorabella (a Guglielmo):
Ah, no, no, non partirai!
Fiordiligi (a Ferrando):
No, crudel, non tene andrai!
Dorabella:
Voglio pria cavarmi il core!
Fiordiligi:
Pria ti vo' morire ai piedi!
Ferrando (piano a Don Alfonso)
Cosa dici?
Guglielmo (c. s.):
Te n'avvedi?
Don Alfonso (piano):
Saldo, amico;
Finem lauda![1]
Tutti:
Il destin così defrauda
Le speranze de' mortali.
Ah, chi mai, fra tanti mali,
Chi mai può la vita amar?

Recitativo[2]

Guglielmo:
Non piangere, idol mio!
Ferrando:
Non disperarti,
Andorata mia sposa!
Don Alfonso:
Lasciate lor tal sfogo.
È troppo giusta
La cagion di quel pianto.

[1] lateinisch: lobe das Ende!
[2] Bleibt oft fort!

das Gedankengebäude, das da Ponte errichtet hat: die Vorspiegelung von Gefühlen, bei der die Männer immer schamloser übertreiben, aber damit auch die Mädchen in eine Stimmung steigern, in der ihre Schwüre und Selbstmordgedanken nicht mehr echt erscheinen.

Liest man Mozarts Partitur nach, so fragt man sich, ob man aus ihr die Ironie erkennen könnte, die über der Szene liegt: gewiß, da gibt es eine Duettstelle (in sentimentalen Terzenparallelen) der beiden Männer (»Non farmi, anima mia . . .), die kaum anders als parodistisch gemeint sein kann, aber man entdeckt wohl auch, daß der Witz und die oft beißende Satire dieses Stückes in erster Linie in der Charakterisierungs- und Schauspielkunst, in der stimmlichen Flexibilität und Ausdruckskraft der Darsteller liegt, vor allem der männlichen. Viele der ironisch gemeinten Stellen könnten auch ernst gesungen werden, da ihr Wortlaut wie ihr musikalischer Duktus es zuließe. Erst die Intention der Sänger macht diese Szene grotesk und komisch.

Fiordiligi:
Wer weiß, wann wir uns sehen!
Dorabella:
Wer weiß, ob du zurückkommst!
(Sie umarmen sich zärtlich.)
Fiordiligi:
Laß mich mit diesem Degen
den Tod mir geben,
wenn mir ein grausam
Schicksal
will entreißen den Liebsten . . .
Dorabella:
Ich sterb' vor Schmerz,
ich brauch' kein scharfes
Eisen.
Ferrando und Guglielmo:
O laß, du meine Geliebte,
die unselige Ahnung.
Bau' auf der Götter Segen,
sie werden schützen dich und
auch mein Leben.

Nr. 7. Duettino[2]
Ferrando und Guglielmo:
Das Schicksal, es beugt sich
dem Reize der Schönen,
und Amor beschützet
der Liebenden Ruhe
vor grausamen Sternen
wo immer sie stehn.
Erhebe dein Auge
in Hoffen, in Freude.
So glücklich woll'n beide
wir wieder uns sehn.

Fiordiligi:
Chi sa s'io più ti veggio![1]
Dorabella:
Chi sa se più ritorni!

(Si abbracciano teneramente.)
Fiordiligi:
Lasciami questo ferro: ei mi
dia morte
Se mai barbara sorte
In quel seno a me caro . . .

Dorabella:
Morrei di duol,
D'uopo non ho d'acciaro.

Ferrando e Guglielmo:
Non farmi, anima mia,
Quest'infausti presagi!
Proteggeran gli Dei
La pace del tuo cor
ne' giorni miei.

Nr. 7. Duettino[2]
Ferrando e Guglielmo:
Al fato dan legge
quegli occhi vezzosi;
Amor li protegge,
nè i loro riposi
le barbare stelle
ardiscon turbar.
Il ciglio sereno,
mio bene a me gira;
felice al tuo seno
io spero tornar.

[1] TV: Dieser Vers lautet auch:
Chi sa se più ti veggio!
[2] Bleibt oft fort.

An dieser Stelle – manchmal auch erst nach Alfonsos anerkennendem Satz für die Komödiantenkunst seiner jungen Freunde –, mit dem entfernten Trommelwirbel geht in vielen Aufführungen die Handlung nach dem »Sprung« oder »Strich« weiter. Nur noch wenige Takte Rezitativ:

(11)

mit der starken Modulation (von g-Moll chromatisch und über zwei Überleitungsakkorde nach D-Dur).

Dann werden frohe Klänge vernehmlich, ein Marsch, den zuerst das Orchester spielt (mit Flöten, Oboen, Fagotten, Trompeten, Pauken und Streichern), später ein gemischter vierstimmiger Chor singt. (Bei Aufführungen, die das Werk so sehr als möglich zu kürzen suchen, kann das Orchestervorspiel wegfallen):

(12)

Rezitativ

Don Alfonso (für sich):
Die Komödie ist lustig,
und beide spielen
vortrefflich ihre Rollen.
(Man hört eine Trommel.)
Ferrando:
O Himmel! Das ist
die traurige Trommel,
die von dir, du Geliebte,
mich hinwegreißt.
Don Alfonso:
Seht, Ihr Freunde,
das Boot schon
Fiordiligi:
O wehe!
Dorabella:
Ich sterbe!

Recitativo

Don Alfonso (da sè):
La commedia è graziosa
e tutti due
Tan ben la loro parte.
(Si sente un tamburo.)
Ferrando:
O cielo! Questo
È il tamburo funesto
Che a divider mi vien dal mio tesoro!
Don Alfonso:
Ecco amici la barca.
Fiordiligi:
Io manco!
Dorabella:
Io moro!

FÜNFTE SZENE

Am Ufer legt ein Boot an. Während des folgenden Marsches betritt ein Trupp Soldaten, begleitet von Männern und Frauen, die Bühne. Die Vorigen.

SCENA QUINTA

Arriva una barca alla sponda. Durante la marcia seguente, entra nella scena una truppa di soldati, accompagnati da uomini e donne. I suddetti.

Nr. 8. Chor

Soldaten:
Schönes Leben als Soldat!
Nirgends drücken ihn die Sorgen,
darbt er heute,
schwelgt er morgen
Bald zu Land,
bald auf dem Meer.
Zu Trompeten- und zu Pfeifenklang –

No. 8. Coro

Soldati:
Bella vita militar!
Ogni dì si cangia loco;
Oggi molto, doman poco,
Ora in terra ed or sul mar.
Il fragor di trombe e pifferi,
Lo sparar di schioppi e bombe
Forza accresce al braccio e all' anima

Ein hell klingendes, unproblematisches Stück, ohne sonderliche Eigenheiten (Maestoso, Alla breve-Takt, D-Dur): die Parodie geht hier offenkundig, wenn auch in feiner Weise weiter. Weder da Ponte noch gar Mozart glauben an »la bella vita militar«, das schöne Soldatenleben, und so schwankt das Stück zwischen Liebenswürdigkeit und »martialischen« Klängen, die Nachahmungen des Schlachtenlärms sind (sicher absichtlich) im Ton der zum Krieg aufrufenden Proklamationen gehalten.

Ein Rezitativ leitet zu einem der schönsten Musikstücke über. Es heißt, Abschied zu nehmen: Alfonso drängt zur Eile. Die Männer im Duett – gleicher Wortlaut, parallele Stimmen – und ebenso dann die Frauen sind auf dem Höhepunkt ihres Schmerzes angelangt: bei den Männern ist es »Spiel«, bei den Frauen – leicht übertriebene – Wirklichkeit.

knallen Flinten und
Kanonen –
kämpft der Held für Ehre
und Vaterland,
an den Sieg denkt er allein.
Schönes Leben als Soldat!

Rezitativ

Don Alfonso:
Nicht Zeit ist mehr, Ihr Freun-
de, Ihr müßt nun eilen
Wohin das Schicksal,
und auch die Pflicht Euch
führet.

Fiordiligi:
Mein Herz!

Dorabella:
Mein Allerliebster!

Ferrando:
Mein Schatz!

Guglielmo:
Mein Leben!

Fiordiligi:
Ach, einen Augenblick nur . . .

Don Alfonso:
Zu Eurem Regimente
ist schon fort Eure Barke.
Eilt nun zu diesen Freunden,
die dort warten,
die in leichterem Boote
auf das Schiff Euch nun
bringen.

Ferrando und Guglielmo:
Umarme mich, Geliebte!

Fiordiligi und Dorabella:
Sterben nur will ich!

Vaga sol di trionfar.
Bella vita militar!

Recitativo

Don Alfonso:
Non v'è più tempo, amici;
andar conviene
Ove il destino,
Anzi il dover v'invita.

Fiordiligi:
Mio cor!

Dorabella:
Idolo mio!

Ferrando:
Mio ben!

Guglielmo:
Mia vita!

Fiordiligi:
Ah, per un sol momento . . .

Don Alfonso:
Del vostro reggimento
Già è partita la barca;
Raggiungerla convien coi po-
chi amici
Che su legno più lieve
Attendendo vi stanno.

Ferrando e Guglielmo:
Abbracciami, idol mio!

Fiordiligi e Dorabella:
Muojo d'affanno!

Der letzte Akkord des Rezitativs (Septakkord von F-Dur), der die beiden Frauenstimmen stützt, geht völlig erwartungsgemäß in einen F-Dur-Dreiklang über, aber zugleich schiebt sich der Orchesterklang an die Stelle des Cembalos: ein Klangeffekt, der die Stimmung ausdrückt. Zwar parodieren Dichter und Komponist auch weiter noch, aber Mozarts lyrische Ader ist zu stark, und so wird aus dem durchaus übertrieben gemeinten Wunsch der Bräute, jeden Tag, ja zweimal im Tag Post ihrer Liebsten zu erhalten, ein prachtvolles Quintett (Andante, Viervierteltakt, F-Dur), mit der wohlklingenden Bläser-Streicher-Orchesterbesetzung von vorher. Stockend beginnen die Stimmen: die der Frauen aus übergroßer Bewegung, die der Männer in anpassungsfähiger Komödie. Dazu malt das Orchester in kurzen, rhythmischen Schlägen das erregte Pochen menschlicher Herzen (es ist einer der Lieblingsrhythmen Mozarts).

Bei der Bitte Fiordiligis, Guglielmo möge ihr treu bleiben, hält Mozart das abgehackte Stammeln der Stimmen nicht mehr aus, er zieht eine seiner großen, innigen Melodien, und von diesem Augenblick an geht das Stück vor Lyrik über, vor gesanglicher Schönheit und prachtvoller Polyphonie. Nur Alfonso webt, von den Frauen unbeachtet, einen ironischen Kontrapunkt hinein: »Io crepo se non rido« (Ich platze noch vor Lachen) . . .

Der frohe Chor über das Soldatenleben unterbricht die (in das Fahrwasser der ernsten Oper abgeglittene) Abschiedsszene: er wiederholt wörtlich das bei seinem Auftritt gesungene Musikstück (Nr. 12). Ferrando und Guglielmo haben sich endlich losgerissen und sind – man sieht ihren überströmenden Schmerz – in das Boot gestiegen. Gebrochen bleiben die beiden Mädchen zurück, von Alfonso mühsam getröstet, das Rezitativ erlaubt, wie immer, ein gutes Ausspielen der verschiedenen Gefühle: hier des (echten) Schmerzes Fiordiligis und Dorabellas und der komödiantischen Haltung Alfonsos.

Nr. 9. Quintett
(und Chor)

Fiordiligi (weinend):
Du schreibst mir alle Tage,
Schwöre mir, du mein Leben!
Dorabella (weinend):
Am Tage zweimal sollst du
schreiben, wenn du kannst.
Guglielmo:
Nicht zweifle du, mein Alles.
Ferrando:
Ja sicher, o Liebste.
Don Alfonso (für sich):
Ich platze noch vor Lachen!
Fiordiligi:
Denk' beständig an mich!
Dorabella:
Bleibe getreu mir!
Ferrando, Guglielmo, Fiordiligi und Dorabella:
Addio!
Ach, mir zerbricht mein
treues Herz, Geliebte(r),
Addio! Addio! Addio!
Chor:
Schönes Leben als Soldat! etc.
(Während der Chor das Eingangslied wiederholt, besteigen Ferrando und Guglielmo das Boot, das sich danach entfernt. Die Soldaten gehen ab, gefolgt von Männern und Frauen.)

No. 9. Quintetto
(e Coro)[1]

Fiordiligi (piangendo):
Di scrivermi ogni giorno
Giurami, vita mia!
Dorabella (piangendo):
Due volte ancora tu scrivimi,
se puoi.
Guglielmo:
Non dubitar, mio bene!
Ferrando:
Sii certa, o cara!
Don Alfonso (da sè):
Io crepo se non rido!
Fiordiligi:
Sii costante a me sol!
Dorabella:
Serbati fido!
Ferrando, Guglielmo, Fiordiligi e Dorabella:
Addio!
Mi si divide il cor,
bell'idol mio!
Addio! Addio! Addio!
Coro:
Belle vita militar etc.
(Mentre si ripete il coro, Ferrando e Guglielmo entrano nella barca che poi s'allontana. I Soldati partono, seguiti dagli uomini e dalle donne.)

[1] Im Autograph »Recitativo«.

Rasch geht das Rezitativ in eine feste Musiknummer über, und wieder in ein herrliches Stück poetischster Stimmungsmalerei: leise weben die Streicher in Terzen und ruhigem Fluß das Bild einer stillen Wasserfläche, über das eine Barke dahingleitet: so malt sich in der Phantasie der Bräute die Fahrt ihrer Geliebten. (Terzettino = kleines Terzett, Andante – die Termpobezeichnung, als adäquat zu betrachten, stammt nicht von Mozart selbst–, Alla breve-Takt, E-Dur, eine der Lieblingstonarten Mozarts für ruhige Stimmungen der Natur und der Seele).

SECHSTE SZENE
Fiordiligi, Dorabella und Don Alfonso

Rezitativ

Dorabella:
Sind sie weg?
Don Alfonso:
Weggefahren.
Fiordiligi:
O wie ist bitter
und so grausam die Trennung!
Don Alfonso:
Seid nur mutig,
Ihr meine lieben Mädchen.
Und seht nur, wie von ferne
mit der Hand die
Geliebten Euch noch winken.
Fiordiligi:
So fahr gut, mein Leben!
Dorabella:
So fahr gut!
Fiordiligi:
O Gott, seht nur, wie eilig
hinwegzieht diese Barke. Sie entschwindet,
schon sieht man sie nicht
mehr. Gebe der Himmel ihnen
glückliche Reise.
Dorabella:
Und er soll sie auch schützen
im Kampf vor allem Unglück.
Don Alfonso:
Euch bewahr er die Liebsten
Und mir die Freunde.

SCENA SESTA
Fiordiligi, Dorabella e Don Alfonso

Recitativo

Dorabella:
Dove son?
Don Alfonso:
Son partiti.
Fiordiligi:
Oh dipartenza
Crudelissima amara!
Don Alfonso:
Fate core,
Carissime figliuole;
Guardate: da lontano vi fan cenno
Con mano i cari sposi.
Fiordiligi:
Buon viaggio, mia vita!
Dorabella:
Buon viaggio!
Fiordiligi:
Oh Dei! Come veloce
Se ne va quella barca! Già sparisce!
Già non si vede più! Deh, faccia il cielo
Ch'abbia prospero corso!
Dorabella:
Faccia che al campo giunga
Con fortunati auspici!
Don Alfonso:
E a voi salvi gli amanti
E a me gli amici.

Alfonso ergänzt die beiden Frauenstimmen zum Terzett; wundervoll, wie jeder der drei Stimmen Gelegenheit gegeben wird, vorübergehend ein klein wenig führend hervorzutreten. Wieder eines der Stücke dieses Werkes, das ebensogut in einer völlig ernsten Oper stehen könnte: innig, von echtem Gefühl durchpulst (das höchstens in einigen Augenblicken Alfonsos leicht in Zweifel zu ziehen wäre), von herrlichem Belcanto getragen, jenem weichen Klang schöner Stimmen, der voll Wohllaut die Sinne des Hörers vom Dramatischen fort auf das rein Musikalische lenkt.

Kaum aber sind die beiden Damen mit dem sanften Ausklingen des Terzettinos von der Szene gegangen, kehrt mit einem kurzen Solo-Rezitativ Alfonsos die Komödie wieder. Er bewundert seine (vielleicht erstmalig erprobten) Schauspielkünste, empfindet das Benehmen der Mädchen übertrieben und gekünstelt, und zieht daraus den Schluß, sie seien um so leichter zu Fall zu bringen. Arme Freunde, die für Frauen hundert Goldstücke zu verspielen bereit sind! Unmerklich läßt Mozart Alfonsos Rezitativ in eine kleine orchesterbegleitete Musiknummer übergehen (Allegro moderato), die diese Gedankengänge bestätigt, wobei die Singstimme ausdrucksvoller und melodischer werden kann, als dies im Rezitativ möglich ist. Im Grunde aber bleibt dieses kurze Stück im Rahmen des Rezitativs: es wird durch den stereotypen Abschluß bewiesen.

Nr. 10. Terzettino
Fiordiligi, Dorabella und Don Alfonso:
Weht sanfter, ihr Winde,
Seid ruhig, ihr Wellen.
Seid freundlich und (seid) linde,
erweist Euch als Quellen
für zukünft'ges Glück.
(Fiordiligi und Dorabella gehen ab.)

No. 10. Terzettino
Fiordiligi, Dorabella e Don Alfonso:
Soave sia il vento,
Tranquilla sia l'onda
Ed ogni elemento
Benigno risponda
Ai nostri desir.
(Fiordiligi e Dorabella partono.)

SIEBTE SZENE

SCENA SETTIMA

Rezitativ
Don Alfonso:
Ich bin kein schlechter Komiker. Vortrefflich!
Am Treffpunkt woll'n die Freunde mich erwarten,
die für Mars und für Venus
äußerst tapfer sich schlagen.
Drum unverzüglich
will ich zu ihnen eilen.
Welch Getue,
welch übertriebener Jammer.
Um so besser für mich.
Sie werden leichter fallen!
Diese Sorte der Menschen
pflegt am schnellsten
ihre Meinung zu ändern.
O Allerärmste!
Um Frauen hundert Goldstükke zu wetten!
»Der pflügt im Meere,
der streut auf Sand den Samen aus,
der hofft zu fangen

Recitativo
Don Alfonso:
Non son cattivo comico;
va bene;
Al concertato loco i due campioni
Di Ciprigna, e di Marte
Mi staranno attendendo;
or senza indugio
Raggiungerli conviene.
Quante smorfie,
Quante buffonerie!
Tanto meglio per me,
Cadran più facilmente;
Questa razza di gente è la più presta
A cangiarsi d'umore.
Oh poverini!
Per femmina giocar
cento zecchini!
»Nel mare solca
E nell'arena semina
E il vago vento
Spera in rete accogliere

Nun wird, mit dem Rezitativ, das die Achte Szene einleitet, die letzte der Figuren eingeführt, die der Hörer noch nicht kennt: die listige, lustige Zofe Despina, berechnende, schlaue, keineswegs harmlose Dienerin der Schwestern. Sie hat zuerst eine längere Soloszene: da Ponte weiß Personen, Motive und dramatische Verknüpfungen glänzend einzuführen.

Windeswehn in seinem Netz,
der arglos seine Hoffnung
setzt auf ein Frauenherz.«

Chi fonda sue speranze
In cor di femmina.«

ACHTE SZENE

Zimmer mit mehreren Stühlen, einem Tischchen usw. Drei Türen: zwei an der Seite, eine in der Mitte.

SCENA OTTAVA

Camera con diverse sedie, un tavolino. Tre porte: due laterali, una di mezzo.

Rezitativ

Despina (rührt die Schokolade):

Welch ein verwünschtes
Leben
ist das der Kammerzofe!
Von frühmorgens bis abends
Arbeit und Schwitzen und viel
Plage, und dann
ist alles, was man tut, nur für
die andern.
Eine Stunde schon wart' ich
mit dem fertigen Frühstück,
und ich genieße
von ihrer Schokolade nur
die Düfte.
Ist mein Mund denn nicht
ebenso wie Eurer?
O ja, gnädige Damen,
für Euch sind die Getränke,
für mich die Düfte.
Doch nun will ich sie kosten.
(Sie probiert.)
Schmeckt das herrlich!
(Sie wischt sich den Mund.)
Wer kommt da?
O Himmel, meine Damen!

Recitativo

Despina (che sta frullando il cioccolatte):

Che vita maledetta
È il far la cameriera!
Dal mattino alla sera
Si fa, si suda, si lavora, e poi
Di tanto, che si fa,
nulla è per noi.
È mezz'ora che sbatto;
Il cioccolatte è fatto,
ed a me tocca
Restar ad odorarlo a secca
bocca?
Non è forse la mia
come la vostra?
O garbate Signore,
Che a voi dessi l'essenza,
e a me l'odore!
Per Bacco, vo' assaggiarlo.
(Lo assaggia.)
Com'è buono!
(Si pulisce la bocca.)
Vien gente!
Oh cielo, son le padrone!

Der Zusammenprall Despinas mit ihren Damen ist kurz. Fiordiligi ruft nach einem Dolch, Dorabella nach Gift, um sich umzubringen. Despina steht sprachlos. Auch Fiordiligi verstummt, um der Schwester die große komödiantische Szene zu erlauben. Aus dem (nur cembalobegleiteten) Rezitativ geht Dorabella in ein Accompagnato-Rezitativ über (Sprechgesang mit Orchesterbegleitung): harte, punktierte Rhythmen, rasende Streicherläufe – typische Rekurse der Opera seria, der ernsten Oper, des Dramma per musica – wirken hier vom ersten Augenblick an parodistisch. Mozart unterstreicht nach Möglichkeit den ans Groteske streifenden Text, den da Ponte hier Dorabella gegeben hat. Fenster zu! Im Dunkel will sie ihrer Verzweiflung leben. Sie »haßt das Tageslicht, die Luft, die sie atmet, sich selbst«. Und weist die ratlos, aber belustigt dabeistehende Despina aus dem Zimmer –, stets mit dem Pathos, das einer klassischen Heroine anstünde. (Es dauert auch nicht lange, bis da Ponte ihren Text ironisch mit klassischen Bildern befrachten wird.)

Noch verläuft ihr Ausbruch im Rezitativ, erlaubt ihr kurze, deutliche Phrasen zu Orchestereinwürfen, die zum Anheizen ihrer selbstzerstörerischen Stimmung, ihres Todesentschlusses dienen. Dann (Allegro agitato, Alla-breve-Takt, Es-Dur) bricht

NEUNTE SZENE

Die Vorige; Fiordiligi und Dorabella
(verzweifelt, treten ein. Despina bringt die Schokolade auf einem Tablett.)

Rezitativ

Despina:
Hier, allergnädigste Damen,
ist Ihr Frühstück.
(Dorabella wirft alles auf die Erde.)
O, mein Gott, welch Getue!
Fiordiligi und Dorabella (reißen sich alle beide den Schmuck ab):
Ah! Ah!
Despina:
Was ist geschehen?
Fiordiligi:
Wo ist ein Degen?
Dorabella:
Wo ist Gift hier im Haus?
Despina:
Ihr Damen, bitte!
Dorabella:
Entferne dich!
Du sollst sie niemals sehen,
meine unsel'ge Liebe!
Schließe schnell dieses Fenster; Tageslicht hass' ich,
hass' die Luft, die ich atme,
hasse mich selber.
Wer verlacht meinen Schmerz,
wer kann mich trösten?
Ach, fliehe, nun geh weg,
laß mich allein sein.

SCENA NONA

La suddetta; Fiordiligi e Dorabella
(ch'entrano disperatamente. Despina presenta il cioccolatte sopra una guantiera.)

Recitativo

Despina:
Madame, ecco la vostra
colazione.
(Dorabella gitta tutto a terra.)
Diamine, cosa fate?
Fiordiligi e Dorabella (Si cavano entrambe tutti gli ornamenti donneschi):
Ah! Ah!
Despina:
Che cosa è nato?
Fiordiligi:
Ov'è un acciaro?
Dorabella:
Un veleno, dov'è?
Despina:
Padrone, dico!
Dorabella:
Ah, scostati!
Paventa il tristo effetto
D'un disperato affetto!
Chiudi quelle finestre;
odio la luce,
Odio l'aria che spiro,
odio me stessa.
Chi schernisce il mio duol,
chi mi consola?
Deh, fuggi; per pietà,
lasciami sola!

ihre große Arie (Nr. 11) los (»Smanie implacabili« – Furchtbare Qualen oder Qualen und Raserei):

(13)

Hier stellt sich eine grundlegende, überaus wichtige Frage: wie soll diese Arie gesungen werden? Man könnte es durchaus ernst tun, als befänden wir uns in einer tragischen Oper: die Musik widerspricht dem keineswegs. Man kann ins andere Extrem gehen: die Arie von vornherein als Parodie anzulegen. Hier hat, mehr noch als der Dirigent, der Regisseur das letzte Wort. Aber Sätze wie »Esempio misero – d'amor funesto – darò all' Eumenidi, – se viva resto, – col suono orribile – de' miei sospir« sind hier bestimmt nicht ernst gemeint, die Anrufung der Eumeniden – der griechischen Rachegöttinnen – wirkt in diesem Zusammenhang komisch, nicht tragisch. Ein großartiges Gesangstück in jedem Fall!

Nr. 11. Arie

Dorabella:

Qualen und Raserei,
die mich erfassen,
nicht sollt die Seele ihr
jemals verlassen,
bis mir die Leiden
den Tod gebracht.
Wird meine Liebesqual
das Herz mir brechen,
dann sollt Ihr Furien
mich schrecklich rächen,
hört meinen Klageruf,
mein banges Flehn.

No. 11. Aria

Dorabella:

Smanie implacabili
Che m'agitate,
Entro[1] quest'anima
Più non cessate,
Finchè l'angoscia
Mi fa morir.
Esempio misero
D'amor funesto
Darò all'Eumenidi,
Se viva resto
Col suono orribile
De' miei sospir.

[1] TV: Für »entro« steht auch »dentro«.

Das folgende Rezitativ ist abwechslungsreich, ein rascher Dialog zwischen den beiden vorläufig »feindlichen« Lagern, den unglücklichen Schwestern und der zynischen Despina, die absolut keinen Grund zur Verzweiflung in der zeitweisen (oder dauernden) Entfernung der Verlobten sehen kann.

Rezitativ

Despina:
Signora Dorabella,
Signora Fiordiligi,
Sagt mir doch,
was ist geschehen?
Dorabella:
O, ein schreckliches Unglück!
Despina:
Erzählt es mir doch endlich!
Fiordiligi:
Neapel schon verlassen
haben die liebsten Freunde.
Despina (lachend):
Und nichts weiter?
Die kehr'n zurück.
Dorabella:
Wer weiß!
Despina:
Wieso, wer weiß?
Wohin denn sind sie?
Dorabella:
Aufs Schlachtfeld soll'n
sie ziehen!
Despina:
Desto besser für beide!
Denn beladen mit Lorbeer
kehr'n sie wieder.
Fiordiligi:
Doch sterben könnten sie!
Despina:
In diesem Falle,
desto besser für Euch.
Fiordiligi (erhebt sich zornig):
Du bist verrückt wohl?
Despina:
Die Wahrheit sag' ich nur:
Zwei Männer gehen,
und alle andern bleiben.

Recitativo

Despina:
Signora Dorabella,
Signora Fiordiligi,
Ditemi: che cosa è stato?
Dorabella:
Oh terribil disgrazia!
Despina:
Sbrigatevi in buon 'ora!
Fiordiligi:
Da Napoli partiti
Sono gli amanti nostri.
Despina (ridendo):
Non c'è altro?
Ritorneran.
Dorabella:
Chi sa!
Despina:
Come, chi sa?
Dove son iti?
Dorabella:
Al campo di battaglia!
Despina:
Tanto meglio per loro:
Li vedrete tornar carchi
d'alloro.
Fiordiligi:
Ma ponno anche perir!
Despina:
Allora poi
Tanto meglio per voi.
Fiordiligi (sorge arrabbiata):
Sciocca, che dici?
Despina:
La pura verità: due ne perdete,
Vi restan tutti gli altri.

Fiordiligi:
Ach, verlier' ich Guglielmo,
ich glaub', ich müßte sterben.
Dorabella:
Ach, verlier' ich Ferrando,
schein' ich begraben, auch
wenn ich doch noch lebe.
Despina:
Bravo! So scheint's, doch ist's
nicht wahr. Noch niemals
konnte ein Mädchen sterben
bloß aus Liebe.
Eines Mannes wegen!
Andere gibt's ja,
diese soll'n uns entschäd'gen.
Dorabella:
Nie können wir mehr lieben
je einen Mann, da als Verlob-
ten hatten
du Guglielmo, ich Ferrando.
Despina:
Was diese haben,
haben auch alle andern.
Man liebt ja heute einen
und morgen einen andern.
Der oder jener,
denn wert ist keiner etwas.
Doch sprechen wir nicht jetzt;
noch leben beide
und kehren bald zurück.
Jetzt sind sie ferne, und anstatt
mit unnützem Weinen
Zeit zu verlieren,
denkt daran,
Euch zu zerstreuen.
Fiordiligi:
Zu zerstreuen?

Fiordiligi:
Ah, perdendo Guglielmo,
Mi pare ch'io morrei!
Dorabella:
Ah, Ferrando, perdendo,
Mi par che viva a seppellirmi
andrei!
Despina:
Brave! Vi par, ma non è ver;
ancora[1]
Non vi fu donna che d'amor
sia morta.
Per un uomo morir!
Altri ve n'hanno
Che compensano il danno.
Dorabella:
E credi che potria
Altro uom amar chi s'ebbe
per amante
Un Guglielmo, un Ferrando?
Despina:
Han gli altri ancora
Tutto quello ch'han essi.
Un uom adesso amate,
Un altro n'amerete;
Uno val l'altro,
Perchè nessun val nulla.
Ma non parliam di ciò;
Sono ancor vivi
E vivi torneran,
Ma son lontani,
E più tosto che in vani
Pianti perdere il tempo,
Pensate a divertirvi.

Fiordiligi:
Divertirci?

[1] TV: Für »ancora« steht »finora«.

Despinas Spott über ihre naiven Damen, die bei Männern und gar noch Soldaten »Treue« suchten, führt zu ihrer sehr bekannten Arie (Nr. 12, Allegretto, Zweivierteltakt, F-Dur: »In uomini, in soldati?« Im Männerherz, im Soldaten . . .):

(14)

Despina:
Natürlich! Ist es nicht besser,
wieder ganz neu sich zu
verlieben, wie beide
es tun im Felde, die beiden
lieben Freunde?

Dorabella:
Nicht beleidigen sollst du edle
Seelen,
sie, deren Treu und Liebe al-
len Vorbild.

Despina:
Vorbei sind jene Zeiten,
wo den Kindern man Märchen
konnt' erzählen.

Nr. 12. Arie

Despina:
Im Männerherz, im Soldaten
erhofft Ihr Ehrlichkeit?
(lachend)
Laßt nicht hören das, habt die
Freundlichkeit!

Despina:
Sicuro! E, quel ch'è meglio,
Far all'amor come assassine,
e come
Faranno al campo i vostri
cari amanti.

Dorabella:
Non offender così quell'alme
belle,
Di fedeltà, d'intatto amore es-
empi.

Despina:
Via, via! Passaro i tempi
Da spacciar queste favole ai
bambini.

No. 12. Aria

Despina:
In uomini, in soldati
Sperare fedeltà?
(ridendo)
Non vi fate sentir, per carità!

Damit tritt sie in den Kreis der Hauptpersonen des Stücks, hebt sich aber charakterlich von ihren Mozartschen Vorgängerinnen, den »unterklassigen« Susanna (»Figaro») und Zerlina (»Don Giovanni«) ab, und wohl auch von den zahlreichen Zofen der italienischen Buffo-Oper, von Serpina (in Pergolesis »Serva padrona«) angefangen.

Die Arie weist zwei Teile auf: einen ersten, der sich noch zu keiner langen Melodie findet, sondern gewissermaßen eine Einleitung bildet, in der die Despina lächerlich erscheinende Frage nach der Männertreue aufgeworfen wird. Dann geht das Stück in einen deutlich abgehobenen zweiten Teil über, der im flüssigen Sechsachteltakt abrollt und Despinas »Philosophie« enthält:

(15)

Lautet Alfonsos Wahlspruch »Così fan tutte«, was sich nur auf den weiblichen Teil der Menschheit bezieht, so geht die zynische Despina weiter: Son tutti quanti! (Alle sind gleich –, das heißt: alle nichts wert, vor allem nicht die Männer). Daß Mozarts Musik bei so bösen Tendenzen doch immer liebenswürdig, schelmisch, fröhlich bleibt, liegt wohl mehr an seinem Naturell, als an da Pontes Text . . .

Aus gleichem Teig gemacht
sind alle Männer.
Zitterndes Espenlaub,
wechselnde Winde,
die sind beständiger,
voll Festigkeit.
Heuchelnder Tränenfluß,
täuschende Blicke,
schmeichelnde Worte und
falsche Liebkosung,
das ist bei allen
die Eigenheit.
Denn in uns lieben sie
nur ihr Vergnügen,
hernach verachten sie uns
statt zu lieben.
Sucht bei Barbaren nicht
Barmherzigkeit.
Mit gleicher Münze woll'n
wir sie bezahlen.
Laßt dieses Grausamsein
voll uns erwidern.
Liebt sie zum Zeitvertreib,
aus Eitelkeit.
(Alle gehen ab.)

Di pasta simile
Son tutti quanti;
Le fronde mobili,
L'aure incostanti
Han più degli uomini
Stabilità.
Mentite lagrime,
Fallaci sguardi,
Voci ingannevoli,
Vezzi bugiardi,
Son le primarie
Lor qualità.
In noi non amano
Che il lor diletto;
Poi ci dispregiano,
Neganci affetto,
Nè val da'barbari
Chieder pietà.
Paghiam, o femmine,
D'ugual moneta
Questa malefica
Razza indiscreta;
Amiam per comodo,
Per vanità!
(Tutte partono.)

Don Alfonso ist aufgetreten. Mit ironischen Gefühlen betrachtet er die Trauervorkehrungen im Hause. Die jungen Männer hat er zur Verkleidung geschickt. Er überlegt –, seine Worte werden nachdenklicher, längere Pausen seines Selbstgesprächs werden durch kleine ausdrucksvolle Passagen im Cembalo ausgedrückt, ein nicht allzu häufiger Vorgang im Rezitativ.

Despina macht ihm Sorgen, sie ist gefährlich schlau, sie könnte ihm einen Strich durch die Rechnung machen.

Es gibt ein Mittel, dieser Möglichkeit zu begegnen: sie zu kaufen.

Und schon klopft er an ihre Kammertür. Ihre ersten Worte sind schnippisch, doch eine Börse mit einigen Goldstücken stimmt sie um.

ZEHNTE SZENE
Don Alfonso, danach Despina

Rezitativ
Don Alfonso:
Welche Stille! Welch wehmutsvollen Anblick
Bieten nun diese Zimmer!
Arme Mädchen!
Sie haben nicht ganz unrecht:
Drum müssen wir sie trösten.
Während die zwei
leichtgläubigen Verlobten,
wie ich ihnen befohlen,
sich toll verkleiden,
bedenk' ich, was zu tun ist.
Eine fürcht' ich: Despina.
Diese Schlaue
durchschaut noch die Verkleidungen. Sie könnte
alles zunichte machen mir.
Laß sehen . . .
Ein kleines Mittel gibt es:
Geschenke braucht es eben,
ein paar Zechinen,
die tun bei einer Kammerzofe
Wunder.
Doch um sicher zu gehen,
wär' es nützlich,
sie etwas ins Geheimnis
einzuweihen.
Das ist ganz ausgezeichnet.
Dieses hier ist ihr Zimmer.
(klopft)
Despinetta!
Despina:
Wer klopft da?
Don Alfonso:
Oh!

SCENA DECIMA
Don Alfonso, poi Despina

Recitativo
Don Alfonso:
Che silenzio!
Che aspetto di tristezza
Spirano queste stanze!
Poverette!
Non han già tutto il torto:
Bisogna consolarle; infin che
vanno
I due creduli sposi,
Com'io loro commisi,
A mascherarsi,
Pensiam cosa può farsi.
Temo un po' per Despina;
quella furba
Potrebbe riconoscerli;
potrebbe
Rovesciarmi le macchine.
Vedremo
Se mai farà bisogno
Un regaletto a tempo;
un zecchinetto
Per una cameriera e un gran
scongiuro.
Ma per esser sicuro, si potria
Metterla in parte a parte del
secreto.
Eccellente è il progetto;
La sua camera è questa.
(batte)
Despinetta!
Despina:
Chi batte?
Don Alfonso:
Oh!

Despina: Ih!
(kommt heraus)
Don Alfonso:
Despina, Liebste, nun
brauche ich wohl dich.
Despina:
Aber ich brauch' Euch
gar nicht.
Don Alfonso:
Ich will Gutes dir tun.
Despina:
Ein junges Mädchen
und so ein Greis wie Ihr, was
gibt's da Gutes?
Don Alfonso (zeigt ihr ein Goldstück):
Sprich doch leise und schau'
hier!
Despina:
Soll das mein sein?
Don Alfonso:
Ja, wenn du mit mir gut bist.
Despina:
Und was verlangt Ihr?
Das Gold gefällt mir sehr gut.
Don Alfonso:
Du wirst es haben,
doch Gehorsam will ich.
Despina:
Und nichts weiter? Nun gut.
Don Alfonso:
Nimm hier und dann höre.
Weißt du, daß deine Damen
Ihre Liebsten verloren.
Despina:
Ich weiß.
Don Alfonso:
Alle die Tränen
und ihren großen Schmerz hast
du vernommen?

Despina: Ih!
(esce dalla sua stanza)
Don Alfonso:
Despina mia, di te
Bisogno avrei.
Despina:
Ed io niente di lei.
Don Alfonso:
Ti vo' fare del ben.
Despina:
A una fanciulla
Un vecchio come lei non può
far nulla.
Don Alfonso (mostrandole una moneta d'oro):
Parla piano ed osserva.
Despina:
Me la dona?
Don Alfonso:
Si, se meco sei buona.
Despina:
E che vorrebbe?
È l'oro il mio giulebbe.
Don Alfonso:
Ed oro avrai,
Ma ci vuol fedeltà.
Despina:
Non c'è altro? Son quà.
Don Alfonso:
Prendi ed ascolta.
Sai che le tue padrone
Han perduti gli amanti.
Despina:
Lo so.
Don Alfonso:
Tutti i lor pianti,
Tutti i deliri loro ancor
tu sai.

Es gelingt Alfonso, Despina zur Bundesgenossin zu bekommen.

Despina:
Natürlich.
Don Alfonso:
Nun gut, wenn du,
um ihnen Trost zu spenden,
um ihnen auch Zerstreuung
anzubieten,
irgendein Mittel fändest,
zwei netten jungen Männern
ihre Gunst zu verschaffen.
Diese möchten so gern . . .
doch du verstehst schon . . .
Die Belohnung für dich
sind zwanzig Scudi,
wenn du uns dabei hilfst.
Despina:
Nun, einverstanden,
dieser Vorschlag ist nicht übel.
Doch wie töricht sind diese . . .
also . . . so hört denn:
Sind's Jünglinge, und hübsch
auch, und dann vor allem,
haben sie volle Börsen,
die Herren Kandidaten?
Don Alfonso:
Sie haben alles, was du dir
denkst,
Was den Frauen kann ge-
fallen.
Willst du sie sehn?
Despina:
Sind sie denn hier?
Don Alfonso:
Gewiß.
Und sollen sie hierher?
Despina:
Ich sage ja.

Despina:
So tutto.
Don Alfonso:
Or ben: se mai
Per consolarle un poco
E trar, come diciam,
Chiodo per chiodo,
Tu ritrovassi il modo
Da meter in lor grazia
Due soggetti di garbo
Che vorrieno provar,
già mi capisci,
C'è una mancia per te
Di venti scudi,
Se li fai riuscir.
Despina:
Non mi dispiace
Questa proposizione.
Ma con quelle buffone . . .
basta, udite:
Son giovani? Son belli?
E, sopra tutto,
Hanno una buona borsa
I vostri concorrenti?
Don Alfonso:
Han tutto quello
Che piacer può alle donne di
giudizio.
Li vuoi veder?
Despina:
E dove son?
Don Alfonso:
Son lì;
Li posso far entrar?
Despina:
Direi di si.

Nun kann das Spiel beginnen. Die jungen Offiziere, nun als »Albaner« so verkleidet, daß nicht einmal Despina sie erkennt, betreten das Haus, in dem sie hundertmal geweilt und in dem sie sich nun vorgenommen haben, eine ganz besondere Aufgabe zu erfüllen:

(16)

Das Sextett (Nr. 13, Allegro, Viervierteltakt, C-Dur) nimmt seinen Anfang, zum ersten Mal im Werk sind alle sechs Solisten vereint. Ferrando und Guglielmo werden der »schönen Despinetta« vorgestellt, küssen ihr die Hand (was ihr gefällt), bitten um ihre Hilfe bei den Damen.

Despina schüttelt sich, halb vor Lachen über die Eindringlinge, die ihr mit Bärten und exotischen Kleidern komisch vorkommen, halb des Abenteuers wegen, das sie erwartet, und das sie erregend findet. Inzwischen freuen sich die drei Männer über die Wirksamkeit ihrer Kostümierung. Alle scheinen bester Laune.

ELFTE SZENE

Die Vorigen, Ferrando und Guglielmo; danach Fiordiligi und Dorabella

Don Alfonso läßt die verkleideten Liebhaber hereinkommen.

SCENA UNDECIMA

I suddetti, Ferrando e Guglielmo, poi Fiordiligi e Dorabella

Don Alfonso fa entrar gli amanti, che son travestiti.

Nr. 13. Sextett

Don Alfonso:
Hier der schönen Despinetta
stelle ich Euch vor,
Ihr Freunde;
nur bei ihr liegt's ganz allein,
bald zu trösten Euer Herz.

Ferrando und Guglielmo:
Bei der Hand, die ich dir
küsse,
bei den Augen voller Anmut,
lass' die Damen uns
empfangen,
uns bereiten keinen Schmerz.

No. 13. Sestetto

Don Alfonso:
Alla bella Despinetta
Vi presento, amici miei;
Non dipende che da lei
Consolar il vostro cor.

Ferrando e Guglielmo:
Per la man, che lieto io bacio,
Per quei rai di grazia pieni,
Fa che volga a me sereni
I begli occhi il mio tesor.

Despina (lachend, für sich):
Dieses Aussehn!
Diese Kleider!
Die Gestalten! Diese Bärte!
Da weiß ich nicht,
sind Walachen
oder Türken sie genannt.

Despina (ridendo, da sè):
Che sembianze! Che vestiti!
Che figure! Che mustacchi!

Io non so se son Valacchi

O se Turchi son costor.

Da werden die Stimmen der Damen vernehmbar, die Despina rufen. Alfonso zieht sich schnell zurück, um aus einem Versteck die folgende Szene zu beobachten. Die Musik schlägt nun ein noch rascheres Tempo an und geht in einen aufgeregten Dreivierteltakt über. Der Zorn der Schwestern ergießt sich über ihre Zofe: was tue sie da, mit solch seltsamen Leuten? Die sollten schleunigst das Haus verlassen. Die Musik ist energisch, läßt keinen Widerspruch zu.

Es ist eine echte Buffoszene: die indignierten Mädchen, die keine Fremden in ihrem Hause dulden wollen; die Fremden, die sich plötzlich als Verehrer, als Anbeter herausstellen; Despina, die sich in deren Verteidigerin verwandelt. Aber Mozart scheint ernst zu bleiben; der ersten Phrase, die die Männer nun, mit einer Oberstimme Despinas, an ihre eigenen Bräute richten, wohnt ein flehender Charakter inne, den man zwar durch Übertreibung ins Satirische umdeuten kann, der aber, ernsthaft gesungen, durchaus ernst genommen zu werden verdient. Komischer allerdings wird die Szene, wenn nun die beiden Schwestern mit etwas zu großen Worten und etwas zu großen, auch musikalischen,

Don Alfonso (leise zu Despina):
Sag', wie dir die Herr'n behagen?
Despina:
Oh, wie könnt Ihr fragen, fragen,
Die Visagen,
nicht zu sagen!
Zum Verlieben kaum gemacht!
Ferrando, Don Alfonso und Guglielmo (leise):
Die Verkleidung scheint zu glücken,
für uns ist's ein groß Entzücken,
denn wir werden nicht erkannt.
Fiordiligi und Dorabella (von drinnen):
He, Despina, hierher, Despina!
Despina:
Meine Damen!
Don Alfonso (zu Despina):
Sie sollen kommen.
Sei geschickt jetzt und ich versteck' mich hier.
(Er zieht sich zurück.)
Fiordiligi und Dorabella (kommen aus ihren Zimmern heraus):
Welch ein unverschämtes Mädchen,
was machst du mit diesen Leuten?
Schaffe gleich sie aus dem Hause,
oder du wirst es bereun.

Don Alfonso (piano, a Despina):
Che ti par di quell'aspetto?
Despina:
Per parlarvi schietto, schietto,
Hanno un muso
Fuor dell'uso,
Vero antidoto d'amor.
Ferrando, Don Alfonso e Guglielmo (sottovace):
Or la cosa è appien decisa;
Se costei non ci ravvisa,
Non c'è più nessun timor.
Fiordiligi e Dorabella (di dentro):
Ehi, Despina! Olà, Despina!
Despina:
Le padrone!
Don Alfonso (a Despina):
Ecco l'istante!
Fa con arte; io quì m'ascondo.
(Si ritira.)
Fiordiligi e Dorabella (Escono dalla loro stanza):
Ragazzaccia tracotante,
Che fai lì con simil gente?
Falli uscire immantinente,
O ti so pentir con lor.

Gebärden vor den fernen Verlobten jeden Verdacht auf Untreue durch die Anwesenheit der Männer in ihrem Hause weit von sich weisen. Das Tempo wird angezogen: nun brausen die Wasserfälle Fiordiligis und Dorabellas in Terzenparallelen molto allegro über die kleinlauteren Gesprächsteilnehmer hinweg. Scharfe Akzente im Orchester steigern die Erregung noch.

Die beiden Damen behalten die musikalische Führung, versichern immer wieder ihre Treue und Unschuld –, so sehr, daß Despina und Alfonso (dieser aus seinem Versteck) schon die Aufrichtigkeit dieser Beteuerungen in Zweifel ziehen.

Eine köstliche Szene mit durcheinander wogenden Stimmen, den auf- und abrasenden Läufen der Damen, den manchmal zweifachen Kontrapunkten durch die beiden Liebhaber einerseits, Alfonso–Despina andererseits, eines jener meisterlichen Ensembles, wie Mozart sie in den Finales der Oper »Figaros Hochzeit« erfand und wie sie bis zu den umwerfend komischen Vielpersonen-Szenen Rossinis unerreicht blieben.

Despina, Ferrando und Guglielmo (alle drei knien):
Meine Damen, o verzeihet.
Euren Liebreiz zu bewundern,
sind sie/wir hier und voll Verehrung
flehn sie/wir um ein freundlich Wort.

Fiordiligi und Dorabella:
Gute Götter! Dies zu hören!
Wollt Ihr uns denn so betören,
wer hat solches ausgedacht?

Despina, Ferrando und Guglielmo:
O besänftigt die Empörung!

Fiordiligi und Dorabella:
Ich verliere die Beherrschung!
Solche Dinge uns zu sagen
und so frech
und dreist zu sein.

Despina und Don Alfonso (für sich):
Ist ein wenig mir verdächtig
dieses Wüten (und) dieses Schrei'n.

Ferrando und Guglielmo (für sich): Welche Freude
könnt' sein so mächtig,
wie dies Wüten (und) dieses Schrei'n.

Fiordiligi und Dorabella (für sich):
Ach, verzeih', du mein Geliebter,
denn mein Herz bleibt ewig rein.
Ich verliere die Beherrschung.
Solche Dinge uns zu sagen
und so frech
und dreist zu sein.

Despina, Ferrando e Guglielmo (Tutti i tre s'inginocchiano):
Ah, madame, perdonate!
Al bel piè languir mirate
Due meschin, di vostro merto
Spasimanti adorator.

Fiordiligi e Dorabella:
Giusti numi! Cosa sento?
Dell'enorme tradimento,
Chi fu mai l'indegno autor?

Despina, Ferrando e Guglielmo:
Deh, calmate quello sdegno!

Fiordiligi e Dorabella:
Ah, che più non ho ritegno!
Tutta piena ho l'alma in petto
Di dispetto
E di terror!

Despina e Don Alfonso (da sè):
Mi dà un poco di sospetto
Quella rabbia e quel furor.

Ferrando e Guglielmo (da sè): Qual diletto
È a questo petto
Quella rabbia e quel furor!

Fiordiligi e Dorabella (da sè):
Ah, perdon, mio bel diletto;
Innocente è questo cor.
Ah, che più non ho ritegno!
Tutta piena ho l'alma in petto
Di dispetto
e di terror!

Köstlich ist auch die folgende Szene des Rezitativs. Don Alfonso hält den Zeitpunkt für gekommen, aus seinem Versteck hervorzutreten und den Verwunderten ob so viel Verwirrung zu spielen, solchen Lärmens, das die Nachbarschaft alarmieren müßte. Die empörten Mädchen geben den Grund an, der sie so entsetzlich dünkt: Männer in ihrem Hause! Nach dem »caso funesto«, der sich eben erst hier abgespielt! (Auch »funesto« ist wieder so ein überaus starkes Wort, das die Situation arg übertreibt: unheilvoll, tragisch – sicherlich etwas zu viel in diesem Fall und typisch für da Pontes meisterliche Zeichnung der Personen).

Noch ehe in diesem raschen und von seiten der Schwestern heftigen Wortwechsel eine Annäherung stattfinden kann, »erkennt« Alfonso in den »Fremden« seine »besten Freunde«: sie hier, woher, wieso, seit wann?

Das Cembalo tritt wieder einmal aus seinem schlicht begleitenden Akkordspiel heraus und wird reicher im Ausdruck: das zeigt, wie Mozart – trotz der immer knappen Zeit, die ihm zum Komponieren blieb – sich doch selbst für die oft ein wenig vernachlässigten Rezitative die Mühe einer deutlichen, auch psychologischen Vorstellung nahm, wenn es ihn interessierte. Die Szene ist grotesk: die »unmöglich« gekleideten »Fremden« und der distinguierte Don Alfonso umarmen einander immer wieder, sicherlich auch, um die Verwirrung der Mädchen auszukosten und selbst neue Kraft für das »Spiel« zu gewinnen.

Rezitativ

Don Alfonso (von der Tür):
Welch ein Lärmen, welch Toben hier,
und so große Verwirrung!
Ganz von Sinnen,
Ihr meine lieben Mädchen?
Wollt Ihr die Nachbarn ganz in Aufruhr bringen?
Was geschah denn?
Was habt Ihr?

Dorabella (zornig):
O Gott, so schaut doch,
Männer in unserm Hause.

Don Alfonso (ohne sie anzuschauen):
Was ist da dran?

Fiordiligi (erregt):
Was dran ist? An diesem Tag?
Nach dem traur'gen Ereignis?

Don Alfonso:
Himmel! Träum' ich oder wach' ich!
Ihr meine Freunde, meine teuersten Freunde!
Ihr hier? Wie nur? Warum?
Wann denn? Und weswegen?
Götter, wie ich mich freue!
(zu Ferrando und Guglielmo, leise)
Nun, so helft mir doch!

Ferrando:
Mein lieber Don Alfonso!

Guglielmo: Du alter Freund, du!
(Sie umarmen sich freundschaftlich.)

Don Alfonso:
Welch schöne Überraschung!

Despina:
Ihr kennt die Herren schon?

Recitativo

Don Alfonso (dalla porta):
Che susurro! Che strepito!
Che scompiglio è mai questo!
Siete pazze,
Care le mie ragazze?
Volete sollevar il vicinato?
Cosa avete? Ch'è nato?

Dorabella (con furore):
Oh ciel! Mirate:
Uomini in casa nostra.

Don Alfonso (senza guardarli):
Che male c'è?

Fiordiligi (con fuoco):
Che male? In questo giorno?
Dopo il caso funesto?

Don Alfonso:
Stelle! Sogno, o son desto!
Amici miei, miei dolcissimi amici!
Voi qui? Come? Perchè
Quando?
In qual modo?
Numi! Quanto ne godo!
(piano a Ferrando e Guglielmo)
Secondatemi!

Ferrando:
Amico Don Alfonso!

Guglielmo: Amico caro!
(Si abbracciano con trasporto.)

Don Alfonso:
Oh bella improvvisata!

Despina:
Li conoscete voi?

Wie sehr Mozart dieses Rezitativ durchdacht hat, wird auch klar, als er nun, bei der Liebeserklärung der »Fremden« fast unmerklich die Streicher einsetzen läßt, deren Ausdruck im folgenden immer mehr gesteigert wird. Auch die Stimmen der beiden jungen Männer verlassen die rasche Deklamation des Rezitativstils und werden ausdrucksvoll melodisch, geradezu pathetisch und dadurch (in dieser Situation) komisch.

Don Alfonso:	*Don Alfonso:*
Ob ich sie kenne?	Se li conosco?
Meine besten und liebsten Freunde,	Questi sono i più dolci amici
die ich auf Erden habe,	Ch'io mi abbia in questo mondo
und Eure soll'n sie werden.	E vostri ancor saranno.
Fiordiligi:	*Fiordiligi:*
Was woll'n sie hier im Hause?	E in casa mia che fanno?
Guglielmo:	*Guglielmo:*
Zu Euren Füßen,	Ai vostri piedi
Madame, liegen zwei unglückselge Verehrer!	Due rei, due delinquenti,
	ecco, Madame!
Die Lieb' ...	Amor ...
Dorabella: Götter, was hör' ich!	*Dorabella:* Numi, che sento!
Ferrando:	*Ferrando:*
Die Lieb', Gott Amor,	Amor, il nume
der so mächtig,	Si possente per voi,
hat uns hierher gewiesen.	qui ci conduce.
Guglielmo:	*Guglielmo:*
Schon der Glanz Eurer Augen,	Vista appena la luce
der hat uns angezogen durch sein Strahlen ...	Di vostre fulgidissime pupille, ...
Ferrando:	*Ferrando:*
... durch sein leuchtendes Funkeln ...	... che alle vive faville, ...
Guglielmo:	*Guglielmo:*
... wie den liebenden Falter in die Flamme ...	... farfallette amorose agonizzanti, ...
Ferrando:	*Ferrando:*
... so woll'n wir vor Euch flattern ...	... vi voliamo davanti ...
Guglielmo:	*Guglielmo:*
... rund um Euch und darüber ...	... ed ai lati ed a retro ...
Ferrando und Guglielmo:	*Ferrando e Guglielmo:*
... um Mitleid zu erflehen mit schwachen Worten.	... per implorar pietade in flebil metro.
Fiordiligi:	*Fiordiligi:*
Himmel! Wie kühn!	Stelle! Che ardir!

Doch die Empörung der Mädchen ist zu echt, um sofort zu schwinden. Zwar verliert Dorabella einen Augenblick den Kopf (»Sorella! che facciamo?« – Nun, Schwester, sag, was tun wir?), aber um so energischer ist Fiordiligi: der Übergang vom Secco-Rezitativ, in dem die Szene begonnen hatte, über die eigenartige Mischform bei Einbeziehung der Streicher nun zum energisch dramatischen Akkompagnato-Rezitativ Fiordiligis ist wieder eines der Meisterstücke der Partitur.

Hoheitsvoll – und doch ein wenig übertrieben – weist Fiordiligi die »Fremden« in ihre Schranken, also aus dem Hause. Sinnlos seien ihre Bemühungen: treu bis zum Tod seien sie den Verlobten, unter Lebensverachtung trotzten sie dem Schicksal! Wüßte der Hörer nicht, daß er »Così fan tutte« hört – und wohl auch schon, wie dieses Lustspiel enden wird –, er glaubte sich in eine »Medea« oder »Iphigenie« verschlagen.

Und diesen Eindruck krönen da Ponte und Mozart nun vollends mit der Arie, die Fiordiligi nun in wildem Heldenmut, in unmenschlicher Selbstaufopferung der Welt kundtun wird – wie großartig und eigentlich urkomisch zugleich!

(Fortsetzung des Notenbeispiels S. 100)

Dorabella:
Nun, Schwester, sag',
was tun wir?

Fiordiligi:
Ihr Verweg'nen!
Entfernt Euch!
Hinweg aus diesem Hause!
(Despina zieht sich verängstigt zurück.)
Entweiht nicht länger
durch solche Reden und vermess'ne Worte
unser Herz, unsre Ohren und
unser Denken.
Es ist umsonst, was Ihr versucht. Ihr könnt nicht
unser Herz je verführ'n.
Die heil'gen Eide,
welche wir schon geschworen,
nur unsern Liebsten
halten wir sie getreu,
fest bis zum Tode.
Wir verachten das Leben und
auch das Schicksal.

Nr. 14. Arie

Fiordiligi:
Wie ein Felsen, der ohne Wanken,
nicht im Winde und Sturm wird schwanken,
so stark bleibt mein Herze immer
in der Liebe und seiner Treu'.

Dorabella:
Sorella, che facciamo?

Fiordiligi:
Temerari! Sortite!
Fuori di questo loco!

(Despina sorte impaurita.)

E non profani
L'alito infausto degli infami detti
Nostro cor, nostro orecchio e
nostri affetti!
Invan per voi, per gli altri,
invan si cerca
Le nostre alme sedur;
l'intatta fede
Che per noi già si diede ai cari amanti,
Saprem loro serbar infino a morte
A dispetto del mondo e della sorte.

No. 14. Aria

Fiordiligi:
Come scoglio immoto resta
Contra i venti e la tempesta,

Così ognor quest'alma è forte
Nella fede e nell'amor.

(17)

Mozart packt in diese »Felsenarie« (Fiordiligi vergleicht ihre Liebe dem Felsen, der Sturm und Brandung widersteht) ungeheure stimmliche Schwierigkeiten, Koloraturen, weiteste Intervallsprünge (von fast zwei Oktaven!), Spitzentöne, einen Stimmumfang von 2¼ Oktaven, einen dramatischen Feueratem, der die höchsten Anforderungen aus »Don Giovanni« zum mindesten erreicht. Das Tempo wird zweimal gesteigert: Vom Andante maestoso des Arienbeginns (diese Bezeichnung trifft wahrhaft zu: wie eine Königin, die in tiefster Seele beleidigt wurde, tritt Fiordiligi den frechen Männern entgegen) geht ihr Gesang in Allegro über, das – wie eine »stretta« typisch italienischer Opern – durch die Angabe Più Allegro bis zum donnernden Schluß immer weiter an Wucht und Hoheit gewinnt.

Mit uns ward die Treu'
geboren,
die, erkoren,
Freude spendet;
nur der Tod die Treue endet,
die ein liebend Herz bewegt.
Männer, achtet,
nicht verachtet
dieses Beispiel edler Liebe,
und bezähmet Eure Triebe,
ehret unsern (den) heil'gen
Eid.

(Sie wollen weggehen, Ferrando ruft sie zurück, Guglielmo die andere.)

Con noi nacque quella face
Che ci piace,
E ci consola,
E potrà la morte sola
Far che cangi affetto il cor.

Rispettate,
Anime ingrate,
Quest'esempio di costanza
E una barbara speranza
Non vi renda audaci ancor!

(Van per partire. Ferrando la richiama, Guglielmo richiama l'altra.)

Es ist schwer, nach einem solchen Stück fortzufahren (wie gut, daß solche Opern Szenenapplaus nicht nur zulassen, sondern geradezu fordern, was eine heilsame Atempause gerade bei solchen Fällen schafft –, wenn auch der Regisseur vielleicht anderer Meinung sein mag, da er diesen fulminanten Abgang der beiden Damen nicht nützen kann).

Die drei Männer bestürmen die Mädchen um ihr Bleiben, Guglielmo versteigt sich zu einer überaus blumigen Liebeserklärung. (Es ist zu beachten, daß hier noch keine Individualisierung eintritt, weder der Bewerber noch der Umworbenen: beide Männer machen sozusagen beiden Damen den Hof; erst später wird, fast wie natürlich – und von da Ponte sehr wohl gelenkt – Ferrando sich Fiordiligi, Guglielmo Dorabella zuwenden.)

Das Rezitativ lag im Bereich der Parodie, doch bei der folgenden Arie (Andantino, Zweivierteltakt, G-Dur) ist es Mozart vorerst kaum um Ironie zu tun: Guglielmo beginnt eine Romanze, die zwar nicht aus echtem Liebesgefühl stammen mag, aber doch

Rezitativ

Ferrando:
Ach, nicht verlaßt mich!
Guglielmo:
Ach, Grausame, verweilet!
(zu Don Alfonso)
Nun, was meint Ihr?
Don Alfonso:
Nicht so eilig.
Ich bitte Euch, Ihr Mädchen,
laßt mich nicht gar so jämmerlich dastehen.
Dorabella (empört):
Was fällt Euch ein, Alfonso?
Don Alfonso:
Eh gar nichts . . .
doch ich meine . . .
nur ein klein wenig Güte . . .
Zwei Kavaliere stehn vor Euch
und meine guten Freunde.
Fiordiligi:
Himmel, soll'n wir sie uns anhör'n?
Guglielmo:
Nur unsre Leiden, und dann mitleidig sein.
Diese himmlische Schönheit Eurer Augen
hat Wunden uns geschlagen,
die nur noch heilen können
im Balsam Eurer Liebe.
Nur eine Weile eröffnet uns, Ihr Schönen,
Euer Herz, laßt es sprechen.
Zu Euren Füßen
vergehn in Sehnsucht die treuesten Bewundrer.

Recitativo

Ferrando:
Ah, non partite!
Guglielmo:
Ah, barbara, restate!
(a Don Alfonso)
Che vi pare?
Don Alfonso:
Aspettate.
Per carità, ragazze:
Non mi fate più far trista figura.
Dorabella (con fuoco):
E che pretendereste?
Don Alfonso:
Eh, nulla! Ma mi pare . . .
Che un pochin di dolcezza . . .
Alfin son galantuomini
E sono amici miei.
Fiordiligi:
Come!
E udire dovrei . . .?
Guglielmo:
Le nostre pene e sentirne pietà!
La celeste beltà degli occhi vostri
La piaga aprì nei nostri,
Cui rimediar può solo
Il balsamo d'amore:
Un solo instante il core aprite, o belle,
A sue dolci facelle; a voi davanti
Spirar vedrete i più fedeli amanti.

eben die angenehmen Regungen eines jungen Lebemannes angesichts einer schönen Frau sehr melodiös ausdrückt. Das »Ritornell« (Orchestereinleitung zu einem Gesangsstück, das später die gleiche Melodie wiederholt) deutet den vor allem liebenswürdigen, galanten Charakter an:

(18)

(In Mozarts ursprünglicher Partitur stand hier eine andere Arie – »Rivolgete a lui lo sguardo« –, doch tauschte der Komponist diese, anscheinend auf Wunsch des Sängers Benucci, des ersten Guglielmo, noch vor der Premiere gegen die hier abgedruckte aus.) Je weiter die Arie aber fortschreitet, je mehr Guglielmo sich an der Situation berauscht, desto übermütiger wird er, und desto mehr gleitet sein Gesang in die Persiflage; als die Damen empört den Saal verlassen, bricht sein Spott offen hervor, er kann sich vor Lachen nicht mehr zurückhalten – die Arie hat gar keinen eigentlichen Schluß, sie geht in der tollen Freude der jungen Männer geradezu unter.

Nr. 15. Arie

Guglielmo:

O seid nicht so spröde
und blickt nicht so schnöde,
o wendet die Augen
ein wenig uns zu.
Ihr macht uns zu Fröhlichen,
wollt Ihr uns beglücken.
Dann werdet Ihr selig sein
und voller Entzücken.
Betrachtet,
beachtet,
auf alles wohl achtet:
Wir sind wackre Kerle,
so schön wie die Perle.
Und jeder kann sehen,
gekonnt ist's, nicht Zufall,
wir können schön gehen;
die Augen, der Kniefall,
betrachtet die Füße, nicht verachtet die Augen,
beachtet die Nase, auf alles wohl achtet.
Und hier diese Bärte
müßt Ihr sehen unbedingt.
Triumph ist's für mich und dich, Gefährte der Lieb',

(Fiordiligi und Dorabella gehen ab.)

(lachend)

Triumph sind, Gefährte,
die Bärte.

No. 15. Aria

Guglielmo:

Non siate ritrosi,
Occhietti vezzosi;
Due lampi amorosi
Vibrate un pò quà.
Felici rendeteci;
Amate con noi,
E noi felicissime
Faremo anche voi.
Guardate,
Toccate,
Il tutto osservate:
Siam due cari matti,
Siam forti e ben fatti,
E come ognun vede,
Sia merto, sia caso,
Abbiamo bel piede,
Bell'occhio, bel naso,
Guardate bel piede, osservate bell'occhio,
Toccate bel naso, il tutto osservate:
E questi mustacchi
Chiamare si possono
Trionfi degli uomini,
Pennacchi d'amor.

(Fiordiligi e Dorabelle partono.)

(ridendo)

Trionfi, penacchi, mustacchi!

Das unmittelbar folgende Terzett (Molto Allegro, Dreivierteltakt, ebenfalls G-Dur) ist ein lustiges Musikstück voll schalkhaften Übermuts der Offiziere, die bereits glauben, ihren Sieg feiern zu können (oder lachen sie ein wenig auch über das pathetische Gehabe ihrer Bräute?) und Ermahnungen Don Alfonsos, der Angst äußert, das laute Lachen könne die Mädchen aufmerksam und so das, noch längst nicht entschiedene, Spiel zunichte machen.

Das Ganze ist ein überaus heiteres, froh dahinjagendes Stück, dessen verschiedene Rhythmen – die jungen Männer zumeist gemeinsam gegen einen anderen, entgegengesetzten Don Alfonsos – das Bild einer echten Buffoszene vermitteln:

(Fortsetzung des Notenbeispiels S. 108)

ZWÖLFTE SZENE
Ferrando, Guglielmo und Don Alfonso

Nr. 16. Terzett
Ferrando und Guglielmo
(Kaum allein mit Don Alfonso, lachen sie.)

Don Alfonso:
Und ihr könnt lachen?
Ferrando und Guglielmo:
Sicher, wir lachen.
Don Alfonso:
Nun, und weswegen?
Ferrando und Guglielmo:
Ihr seid verlegen.
Don Alfonso:
So lacht doch leiser.
Ferrando und Guglielmo:
Ich lach' mich heiser.
Don Alfonso:
Wenn sie euch hören
und hierher noch kehren,
so ist ganz verraten
der große Spaß.
Ferrando und Guglielmo:
Wer da nicht lachen will,
Don Alfonso:
O lacht nur nicht so viel!
Ferrando und Guglielmo:
Da schweig ein andrer still!
Don Alfonso:
Denn ach, das ganze Spiel ...
Ferrando und Guglielmo:
Ha, ha, ha, ha ...
Don Alfonso:
... kehret in Trauer sich,
das fürcht' ich sehr.

SCENA DODICESIMA
Ferrando, Guglielmo e Don Alfonso

No. 16. Terzetto
Ferrando e Guglielmo
Appena soli con Don Alfonso, ridono.)

Don Alfonso:
E voi ridete?
Ferrando e Guglielmo:
Certo, ridiamo.
Don Alfonso:
Ma cosa avete?
Ferrando e Guglielmo:
Già lo sappiamo.
Don Alfonso:
Ridete piano.
Ferrando e Guglielmo:
Parlate in vano.
Don Alfonso:
Se vi sentissero,
Se vi scoprissero,
Si guasterebbe
Tutto l'affar.
Ferrando e Guglielmo:
Ah, che dal ridere
Don Alfonso:
Mi fa da ridere
Ferrando e Guglielmo:
L'alma dividere ...
Don Alfonso:
Questo lor ridere,
Ferrando e Guglielmo:
Ah, ah, ah, ah,
Don Alfonso:
Ma so che in piangere
Dee terminar.

(19)

Endlich beruhigen sich die jungen Offiziere. Das Rezitativ der drei Männer wird manchmal ein wenig gekürzt. Es bringt textlich den Vorschlag der Offiziere, Don Alfonso gegen Zahlung einer Abstandssumme aus der für ihn offensichtlich verlorenen Wette zu entlassen, und Alfonsos Ermahnung, das Spiel, wie ausgemacht, während eines ganzen Tages fortzusetzen: noch vor dem Abend werde er Grund zum Lachen haben, nicht mehr die Offiziere. Sein nächster »Befehl«: im Garten wird die nächste »Schlacht« geschlagen werden.

Ferrando und Guglielmo:
schon fehlt der Atem mir,
ich kann nicht mehr.

Rezitativ

Don Alfonso:
Kann man nun wohl erfahren,
was das Lachen bedeutet?
Guglielmo:
He, Ihr, hört einmal,
glaubt Ihr nicht, daß wir gute
Gründe haben,
um zu lachen, Verehrter?
Ferrando (scherzend):
Wieviel wollt Ihr bezahlen,
die Wette zu vergessen?
Guglielmo (scherzend):
Die Hälfte uns genügt.
Ferrando:
Bezahlt uns einfach
vierundzwanzig Zechinen.
Don Alfonso:
Ihr armen Unschuldsengel!
Kommt her zu mir, ich werde
Euch beide Augen öffnen.

Ferrando e Guglielmo:
Ah, che le viscere
Sento scoppiar!

Recitativo

Don Alfonso:
Si può sapere un poco
La cagion di quel riso?
Guglielmo:
Oh[1] cospettaccio!
Non vi pare che abbiam giusta
ragione,
Il mio caro padrone?
Ferrando (scherzando):
Quanto pagar volete
E a monte è la sommessa?
Guglielmo (scherzando):
Pagate la metà.
Ferrando:
Pagate solo
Ventiquattro zecchini.
Don Alfonso:
Poveri innocentini!
Venite quà, vi voglio
Porre il ditino in bocca.

[1] TV: Für »Oh« steht auch »Eh«.

Und dann, mit einem jener übergangslosen Sprünge, die Mozart so liebt, folgt auf das übermütige Rezitativ voll Witz und Laune eine der herrlichsten lyrischen Arien, die er je schrieb. Er legt sie in den Mund Ferrandos (der deutlich der gefühlvollere und innigere der jungen Männer ist) und breitet (Andante cantabile, Dreiachteltakt, A-Dur)) eine von ihm fast stets bevorzugte Tonart für Herzenswärme und tiefes Liebesgefühl –, eine Melodie von überirdischer Schönheit aus, die es mit den schönsten Tenorarien seiner Opern (Belmonte, Don Ottavio, »Bildnisarie« Taminos) wohl aufnehmen kann:

(Notenbeispiel S. 112)

Guglielmo:
Ihr gebt noch immer
die Wette nicht verlor'n?
Don Alfonso:
Noch vor dem Abend
sprechen wir uns.
Ferrando:
Ganz wann Ihr möchtet.
Don Alfonso:
Inzwischen,
bis morgen nur, müßt Ihr
schweigen und auch gehorchen.
Guglielmo:
Wir sind Soldaten
und lieben den Gehorsam.
Don Alfonso:
Nun also, so geht voraus schon
und erwartet mich dort im
Kleinen Garten,
dann geb' ich Euch die weiteren Befehle.
Guglielmo:
Und gibt's heut nichts zu
essen?
Ferrando:
Wozu essen?
Ist die Schlacht erst geschlagen,
wird die Mahlzeit noch besser
uns behagen.

Guglielmo:
E avete ancora
Coraggio di fiatar?
Don Alfonso:
Avanti sera
Ci parlerem.
Ferrando:
Quando volete.
Don Alfonso:
Intanto
Silenzio e ubbidienza
Fino a doman mattina.

Guglielmo:
Siamo soldati
E amiam la disciplina.
Don Alfonso:
Or bene: andate un poco
Ad attendermi entrambi in
giardinetto;
Colà vi manderò gli ordini
miei.
Guglielmo:
Ed oggi non si mangia?

Ferrando:
Cosa serve?
A battaglia finita
Fia la cena per noi più saporita.

(20)

Ferrando ist auf einmal nicht mehr der übermütige Junge, der sich voll Eifer in ein Spiel gestürzt hat: er ist der Liebende, der über die Treue seiner Geliebten glücklich ist. Wie wundervoll erfüllt weiß Mozart diese Stimmung in Musik auszudrücken!

Soll auf diese traumhafte Stimmung ein sozusagen alltäglicher Dialog folgen, ein fast routinemäßiges Rezitativ? Nicht wenige Aufführungen lassen dieses beiseite. Es ist nicht so wichtig zu erfahren, welche neuen Ränke nun zur Anwendung kommen sollen, um die Mädchen zu verführen, und daß der nächste Schritt in dieser Richtung Despinas Werk sein wird. Andererseits soll man auch über so gefühlvollen Musikstücken, wie es die vorangegangene Arie des Ferrando und das unmittelbar anschließende Duett der beiden Frauenstimmen sein wird, nicht vergessen, daß wir uns in einer Lustspieloper, einer musikalischen Komödie befinden, deren oberstes Gebot Lächeln und Lachen, Spiel und Ironie ist, und in der Gefühlsergüsse nur am Rande, als Kontrast gewissermaßen, Platz finden können. Und so hängt es letzten Endes von den Ausführenden ab, ob sie hier das Stück aus der Lyrik in die Komödie zurückholen wollen. Da

Nr. 17. Arie

Ferrando:
Ein Hauch sel'ger Liebe
beruhigt mein Herze,
ist Balsam dem Schmerze,
der wohnt in der Brust.
Wess' Herz ist erfüllet
von Hoffnung auf Liebe,
dem bieten die Triebe
die süßeste Lust.
(Ferrando und Guglielmo gehen ab.)

No. 17. Aria

Ferrando:
Un'aura amorosa
Del nostro tesoro
Un dolce ristoro
Al cor porgerà.
Al cor che, nudrito
Da speme d'amore,
D'un'esca migliore
Bisogno non ha.
(Ferrando e Guglielmo partono.)

DREIZEHNTE SZENE

Don Alfonso allein, danach Despina

Rezitativ

Don Alfonso:
Das wäre ja zu lächerlich!
Es gibt so wenig standhafte
Frauen auf der Erde
Und hier gäb' es gleich zwei . . .
Das ist nicht möglich.
(Despina tritt ein.)
Komm, komm zu mir, mein Mädchen, und gib mir Auskunft, sag', wo sind sie, und was machen deine Damen.

SCENA TREDICESIMA

Don Alfonso solo, poi Despina

Recitativo

Don Alfonso:
Oh, la saria da ridere! Sì poche
Son le donne costanti in questo mondo
E quì ve ne son due?
Non sarà nulla.
(Entra Despina.)
Vieni, vieni, fanciulla, e dimmi un poco
Dove sono e che fan le tue padrone.

Ponte und Mozart wollten es: eigentlich sollte das ausschlaggebend sein . . .

Despina:
Die beiden armen Mädchen,
die gingen in den Garten,
um ihr Leid um die Liebsten,
ach, die verlor'nen,
dort den Mücken zu klagen.
Don Alfonso:
Und wie denn, glaubst du,
geht das Spiel wohl zu End?
Können wir hoffen, daß vernünftig sie werden?
Despina:
Ich tät es anders;
wo sie nur immer weinen,
da würd' ich lachen.
zu verzweifeln, zu sterben,
weil ein Liebhaber fortgeht!
Das ist ja reiner Wahnsinn!
's gibt vielleicht ihrer zwei,
wenn einer abhaut.
Don Alfonso:
Bravo! Das nenn' ich Einsicht!
(für sich)
Ich muß ihr etwas
schmeicheln.
Despina:
Naturgesetze sagen,
und nicht allein nur Einsicht
was ist die Lieb,
Genuß, Zeitvertreib, Laune,
Spaß auch, und Unterhaltung,
kleine Spielchen, Freude
auch. Wird sie uns lästig,
dann ist es keine Liebe,
wenn sie, statt zu erfreuen, uns
zur Qual wird.

Despina:
Le povere buffone [1]
Stanno nel giardinetto
A lagnarsi [2] coll'aria e colle mosche
D'aver perso gli amanti.
Don Alfonso:
E come credi
Che l'affar finirà?
Vogliam sperare
Che faranno giudizio?
Despina:
Io lo farei;
E dove piangon esse io
riderei.
Disperarsi, strozzarsi
Perchè parte un amante!
Guardate che pazzia!
Se ne pigliano due,
s'uno va via.
Don Alfonso:
Brava! Questa è prudenza.
(da sè)
Bisogna impuntigliarla.

Despina:
È legge di natura
E non prudenza sola.
Amor cos'è?
Piacer, comodo, gusto,
Gioja, divertimento,
Passatempo, allegria;
non è più amore
Se incomodo diventa,
Se invece di piacer nuoce e
tormenta.

[1] TV: Anstelle von »buffone« auch »padrone«.
[2] Für »lagnarsi« steht »sognarsi«.

Don Alfonso:
Was tun wir mit den
Dummen?
Despina:
Diese Dummen,
die werden's noch begreifen.
Gut wär's, sie merkten schon,
wie ganz verliebt die Fremden
sind.
Don Alfonso:
Sie wissen's.
Despina:
Bald werden sie's erwidern.
Wir helfen nur ein wenig,
der Teufel macht das übrige.
Don Alfonso:
Wie machst du, daß beide jetzt
zurückkommen,
nachdem sie eben fort sind,
daß sie sie anhören,
und verführen sich noch
lassen,
sie, deine lieben Tierchen.
Despina:
Das laßt nur mich
ruhig machen, und mit Voll-
dampf will betreiben ich's.
Ja, wenn mit Volldampf eine
Sach' ich betreibe,
dann kann sie schwerlich
schiefgehn. Hab' tausend
Männer
geführt an ihrer Nase,
da wird's auch bei zwei Mäd-
chen gehn. Sind reich sie,
die beiden Herren Bärte?
Don Alfonso:
Außerordentlich!
Despina:
Sind sie hier?

Don Alfonso:
Ma intanto quelle pazze . . .
Despina:
Quelle pazze
Faranno a modo nostro.
È buon che sappiano
D'essere amate da color
Don Alfonso:
Lo sanno.
Despina:
Dunque riameranno.
Diglielo si suol dire
E lascia fare al diavolo.
Don Alfonso:
E come far vuoi perchè
ritornino
Or che partiti sono,
e che li sentano
E tentare si lascino
queste tue bestioline?
Despina:
A me lasciate
La briga di condur tutta la
macchina.
Quando Despina macchina
una cosa
Non può mancar d'effetto;
ho già menati
Mill'uomini pel naso:
Saprò menar due femmine.
Son ricchi
I due monsieurs mustacchi?
Don Alfonso:
Son ricchissimi.
Despina:
Dove son?

Das Finale setzt ein. Als solches bezeichnet die Oper des 18. Jahrhunderts ein längeres, zusammenhängendes – also nicht mehr durch Rezitative aufgelockertes – Musikstück, das zumeist in einige Abschnitte verschiedenen Charakters – in Melodie, Rhythmus, Tempo, Tonart usw. – gegliedert sein kann. In diesen Finales liegt der Keim für die künftigen »durchkomponierten« Opern, welche die Zweiteilung zwischen »Musiknummern« und Rezitativen nicht mehr beibehalten.

Im Garten ihres Hauses ergehen sich Fiordiligi und Dorabella, wehmütig der Liebsten gedenkend und ihr grausames Geschick beklagend (Andante, Zweivierteltakt, D-Dur). Wieder ein lyrisches Stimmungsstück von bezaubernder Anmut, in dem Ironie und Parodie vorübergehend schweigen:

(Notenbeispiel S. 120)

Don Alfonso:
Auf der Straße
sie erwarten mich längst
schon!
Despina:
So geht auf der Stelle.
Und dann führt Eure Freunde
durch diese kleine Tür zu mir.
Im Zimmer
will ich gleich sie erwarten.
Und wenn sie alles machen,
was ich von ihnen will, so können beide,
noch vor dem Morgen, singen
ihr Viktoria.
Sie haben ihr Vergnügen und
ich die Gloria.
(Gehen ab.)

Don Alfonso:
Sulla strada
Attendandomi stanno.

Despina:
Ite, e sul fatto
Per la picciola porta
A me riconduceteli; v'aspetto
Nella camera mia.
Purchè tutto facciate
Quel ch'io v'ordinerò, pria di
domani
I vostri amici canteran vittoria
Ed essi avranno il gusto, ed io
la gloria.

(Partono.)

VIERZEHNTE SZENE

Hübscher Garten. An jeder Seite eine Gartenbank.
Fiordiligi, Dorabella

SCENA QUATTORDICESIMA

Giardinetto gentile. Due sofa d'erba ai lati.
Fiordiligi, Dorabella

(21)

Hier gäbe es auch instrumentale Details hervorzuheben: der weich eingesetzte Hörnerklang (vielleicht als Echo des fernen Schlachtfeldes, auf dem sie die Geliebten wähnen), die lieblichen Flötenläufe (die möglicherweise die milde Stimmung des Gartens am Meer spiegeln). Streng genommen widerspricht Mozarts ruhevolle Melodik hier dem Inhalt und Sinn der Worte. Er malt nicht den gegenwärtigen Seelenaufruhr, nicht »tormenta« (Stürme), sondern das einstige Glück, den früheren Frieden an der Seite der Liebsten.

Nr. 18. Finale

Fiordiligi und Dorabella:
Ach, wie bald ist mir entschwunden
meines Lebens holder Frieden!
Ach, wie träg' schleichen die Stunden,
hingewelkt ist jede Lust.
Wie so rasch entflohn die Tage,
eh der Teure mußte scheiden;
keinen Kummer, keine Klage
kannte da noch meine Brust.

No. 18. Finale

Fiordiligi e Dorabella:
Ah, che tutta in un momento
Si cangiò la sorte mia!
Ah, che un mar pien di tormento
È la vita omai per me!
Finchè meco il caro bene
Mi lasciar le ingrate stelle,
Non sapea cos'eran pene,
Non sapea languir cos'è.

Heftige Schreie unterbrechen das Idyll, sie werden von sforzato-Schlägen im Orchester unterstrichen:

(22)

Die jungen Männer haben eine neue Szene ihres »Spiels« begonnen. War die »Vergiftung« Despinas Idee? Sie stößt hart an die Grenzen des guten Geschmacks (nach moderner Auffassung), gehört aber zu den Rekursen der alten Oper; müßte man sie nicht auch als »Beinahe-Erpressung« bezeichnen: dürfte ein Mensch, und sei er noch so abweisend, in einem solchen Fall unbeteiligt bleiben? Doch nicht um moralische oder gar juristische Bedenken geht es hier, sondern um eine musikalische (und, mit ihr verbunden, dramatische) Analyse des Werkes.

FÜNFZEHNTE SZENE

Die Vorigen; Ferrando, Guglielmo, Don Alfonso; danach Despina

Ferrando und Guglielmo (hinter der Szene):
Ja, sterben will ich, sterben
mögen sie drüber lachen.

Don Alfonso (ebenso):
Laßt nur nicht ab vom Werben,
noch läßt sich alles machen.

Fiordiligi und Dorabella:
Götter, welch furchtbar Angstgeschrei.

Ferrando und Guglielmo:
O, lasset mich!

Don Alfonso:
Nein, jetzt wartet.

(Ferrando und Guglielmo, jeder mit einem Fläschchen, treten ein, gefolgt von Don Alfonso.)

Ferrando und Guglielmo:
Arsen jetzt soll befreien mich
von soviel Grausamkeit!

(Sie trinken und werfen die Fläschchen weg. Während sie sich umdrehen, sehen die beiden Frauen sie.)

Fiordiligi und Dorabella
Gift haben sie genommen?

Don Alfonso:
Und sind davon benommen.
In wenig Augenblicken,
verrinnt ihr Leben hier.

Fiordiligi und Dorabella:
Die grause Tat,
so fürchterlich,
das Blut erstarrt in mir.

SCENA QUINDICESIMA

Le suddette; Ferrando, Guglielmo, Don Alfonso; poi Despina

Ferrando e Guglielmo (di dentro):
Si mora, si, si mora
Onde appagar le ingrate.

Don Alfonso (c. s.):
C'è una speranza ancora;
Non fate, oh Dei, non fate!

Fiordiligi e Dorabella:
Stelle, che grida orribili!

Ferrando e Guglielmo:
Lasciatemi!

Don Alfonso:
Aspettate!

(Ferrando e Guglielmo, portando ciascuno un boccetta, entrano seguiti da Don Alfonso.)

Ferrando e Guglielmo:
L'arsenico mi liberi
Di tanta crudeltà!

(Bevono e gittan via la boccetta, nel voltarsì vedono le due donne.)

Fiordiligi e Dorabella:
Stelle, un velen fu quello?

Don Alfonso:
Veleno buono e bello,
Che ad essi in pochi istanti
La vita toglierà!

Fiordiligi e Dorabella:
Il tragico spettacolo
Gelare il cor mi fa.

Wieder stehen die Männer und die Damen einander hier als »Gruppen« gegenüber: den Rufen Ferrandos und Guglielmos antworten die geängstigten Schreie Fiordiligis und Dorabellas, manchmal von einer Phrase Don Alfonsos getrennt. Dann wird ein Quintett daraus: alle einigen sich auf einen gemeinsamen Text, der neugierige Spannung ausdrückt und den die Musik glänzend wiederzugeben weiß. Die Liebhaber entziehen sich allem weiteren durch »Ohnmacht«. Alfonso mahnt die Schwestern wenigstens zu Mitleid, doch diese schreien um Hilfe.

Aus dem Hause antwortet Despina. Gleich darauf erscheint sie, gemeinsam mit Alfonso spielt sie nun die abgekartete Komödie, ermahnt ihre Damen zu ein wenig Mitgefühl, glaubt noch einen letzten Rest von Leben in den »Selbstmördern« zu entdecken und erklärt sich bereit, sofort mit Don Alfonso auf die Suche nach einem Arzt zu gehen.

Ferrando und Guglielmo:
Grausame, seht das tatet Ihr.
Uns hat verschmähtes Lieben
in bittern Tod getrieben.
Habt Mitleid jetzt mit uns.
Alle:
Nacht wird's vor meinen Blicken
von den verwirrten Sinnen.
Schauder durchbebt mich,
durchschüttelt mich,
macht mir die Kraft verrinnen.
Das Wort – ich fühl' es ersterben –
ich bring' kein Wort hervor.
(Ferrando und Guglielmo fallen auf die Bänke.)
Don Alfonso:
Seht, wie so blaß die Ärmsten,
bleich sind schon ihre Wangen,
ums Leben müßt Ihr bangen,
so fühlt Barmherzigkeit.
Fiordiligi und Dorabella:
Leute, Leute, herbei,
Ihr Leute!
Hört uns denn niemand heute?
Despina!
Despina (hinter der Szene):
Ja, wer ruft mich?
Fiordiligi und Dorabella:
Despina!
Despina (tritt ein):
Ach, was seh' ich!
Sind sie schon tot, die Armen?
Es fehlt nicht viel dazu.
Don Alfonso:
Ach, welch ein großes Unglück!

Ferrando e Guglielmo:
Barbare, avvicinatevi;
D'un disperato affetto
Mirate il triste effetto
E abbiate almen pietà.
Tutti:
Ah, che del sole il raggio
Fosco per me diventa!
Tremo, le fibre e l'anima
Par che mancar si senta,
Nè può la lingua o il labbro
Accenti articolar!
(Ferrando e Guglielmo cadono sopra i banchi d'erba.)
Don Alfonso:
Giacchè a morir vicini
Sono quei meschinelli,
Pietade almeno a quelli
Cercate di mostrar.
Fiordiligi e Dorabella:
Gente, accorrete, gente!
Nessuno o Dio, ci sente!
Despina!
Despina (di dentro):
Chi mi chiama?
Fiordiligi e Dorabella:
Despina!
Despina (entrando):
Cosa vedo!
Morti i meschini io credo
O prossimi a spirar!
Don Alfonso:
Ah, che purtroppo è vero!
Furenti, disperati,

Die Musik verläuft hier ohne wesentliche Eigenbedeutung, sie unterstreicht nur die ausdrucksvolle Deklamation, die Mozart hier anscheinend gut verständlich halten wollte. Zu den Seufzern der beiden Schwestern bildet die Melodielinie der beiden jungen Männer, die sich in ihrer »Ohnmacht« des Lachens kaum noch erwehren können, einen vergnüglichen Kontrapunkt; so entsteht eine Art von Quartett, aus dem – von den Damen ungehört – Ferrandos Koloraturen übermütig hervorstechen.

Laute Seufzer der »Vergifteten« locken die Damen ein wenig näher. Ein immer noch leises, wie zaghaftes Orchester ohne ausgesprochene Melodiebildung drückt die Unentschlossenheit der Schwestern aus, läßt auch den hier sehr bezeichnenden Text verständlich werden. Fiordiligi ist zwar die schroffere, absolutere der beiden, aber vielleicht doch die mitfühlendere. Dorabella hingegen bemerkt, daß die »Fremden« gar nicht so reizlos sind, wie sie bisher dachte . . . Beider Stimmen vereinen sich, um die schleunige Ankunft der Hilfe zu erflehen. Das erregt nicht nur die Aufmerksamkeit, sondern auch das Mißfallen der »Ohnmächtigen«, die ihre Bräute auffallend zugänglicher finden als

Verzweifelt umgekommen,
sie haben Gift genommen!
O Liebe höchster Art.

Despina:
Sollen sie ganz verlassen sein,
das wäre unverzeihlich,
so helfet ihnen eilig.

Fiordiligi, Dorabella und Don Alfonso:
Was können wir denn tun?

Despina:
Noch fühl' ich etwas Leben.
Ihr solltet mit den Händen
den Kopf nur etwas heben.
(zu Don Alfonso)
Zum Arzt eilt Ihr mit mir nun,
ein Gegenmittel brauchen wir,
das holen wir geschwind.

(Despina und Don Alfonso gehen ab.)

Fiordiligi und Dorabella:
Ist hier noch viel zu hoffen?

Ferrando und Guglielmo (beiseite):
So schön ist dieses Lustspiel
wie man noch nie eins sah!

Fiordiligi und Dorabella:
Schwer hat uns Leid getroffen,
wie man noch nie es sah.

Ferrando und Guglielmo:
Ah!

Fiordiligi und Dorabella (stehen weit weg von den Liebhabern):
Sie seufzen, diese Armen.

Fiordiligi:
Nun, was tun wir?

Dorabella:
Nun, was meinst du?

Si sono avvelenati!
Oh, amore singolar!

Despina:
Abbandonar i miseri
Saria per voi vergogna.
Soccorrerli bisogna.

Fiordiligi, Dorabella e Don Alfonso:
Cosa possiam mai far?

Despina:
Di vita ancor dan segno;
Con le pietose mani
Fate un po' lor sostegno.
(a Don Alfonso)
E voi con me correte:
Un medico, un antidoto
Voliamo a ricercar.

(Despina e Don Alfonso partono.)

Fiordiligi e Dorabella:
Dei, che cimento è questo!

Ferrando e Guglielmo (da sè):
Più bella commediola
Non si potea trovar!

Fiordiligi e Dorabella:
Evento più funesto
Non si potea trovar!

Ferrando e Guglielmo:
Ah!

Fiordiligi e Dorabella (stanno lontano dagli amanti):
Sospiran gli infelici!

Fiordiligi:
Che facciamo?

Dorabella:
Tu che dici?

zuvor und als ihnen recht erscheint. Das ergibt noch einige wohlklingende Quartett-Passagen, die zuletzt wie ratlos ausklingen – in c-Moll, einer »düsteren« Tonart, die Mozart hier zweifellos ironisch anwendet.

Fiordiligi:	*Fiordiligi:*
Sterben lassen, sie verlassen, ja, das wäre Grausamkeit!	In momenti Sì dolenti Chi potriali abbandonar?
Dorabella (kommt ein wenig näher):	*Dorabella (accostandosi un poco):*
Gar nicht übel die Gestalten!	Che figure interessanti!
Fiordiligi (ebenso):	*Fiordiligi (c. s.):*
Müssen wir so fern uns halten?	Possiam farci un poco avanti.
Dorabella:	*Dorabella:*
Ach, wie kalt ist schon die Wange.	Ha freddissima la testa.
Fiordiligi:	*Fiordiligi:*
Kalt, ja kalt, mir wird so bange!	Fredda fredda è ancora questa.
Dorabella:	*Dorabella:*
Schlägt der Puls noch?	Ed il polso?
Fiordiligi:	*Fiordiligi:*
Er ist zu Ende.	Io non gliel' sento.
Dorabella:	*Dorabella:*
Kaum noch fühl'n ihn meine Hände.	Questo batte lento lento.
Fiordiligi und Dorabella:	*Fiordiligi e Dorabella:*
Wird nicht rasch die Hilfe kommen, ist das Ende wohl gekommen.	Ah, se tarda ancor l'aita, Speme più non v'è di vita!
Ferrando und Guglielmo (leise):	*Ferrando e Guglielmo (sotto-voce):*
Wie so freundlich (und)[1] wie so zärtlich, ach, wie in Mitleid sie erwarmen.	Più domestiche e trattabili Sono entrambe diventate;
Fiordiligi und Dorabella:	*Fiordiligi e Dorabella:*
Allerärmste! Müßt Ihr sterben, bittre Tränen wein' ich dann.	Poverini! La lor morte Mi farebbe lagrimar.
Ferrando und Guglielmo:	*Ferrando e Guglielmo:*
Wer weiß denn, ob dies Erbarmen nicht zu Liebe werden kann?	Sta a veder che lor pietade Va in amore a terminar.

[1] Eingeschoben nur bei Guglielmo.

Da kommt Don Alfonso herbeigeeilt und verkündet das Nahen des Arztes (Allegro, Dreivierteltakt, G-Dur):

(23)

SECHZEHNTE SZENE

Die Vorigen; Despina als Arzt verkleidet, Don Alfonso

Don Alfonso:

Da kommt der Medikus,
Ihr schönen Damen!

SCENA SECICESIMA

I suddetti; Despina travestita da medico, Don Alfonso

Don Alfonso:

Eccovi il medico,
Signore belle!

Und gleich darauf tritt dieser Arzt würdevoll vor die Damen hin. Die jungen Männer erkennen ihn: es ist die verkleidete Despina. Die begrüßt die Anwesenden auf »lateinisch« (oder dem, was sie dafür hält), brüstet sich mit ihren Sprachkenntnissen, beschließt aber auf Verlangen Alfonsos, sich der Landessprache zu bedienen. Und vor allem gelte es, die Vergifteten zu untersuchen. Despina spielt ihre Rolle gut, fragt nach der Art des Giftes, der Dosis sowie dem Motiv der Tat.

Die Komödie wird zur Farce. Das rein Musikalische tritt ein wenig zurück, das Interesse des Beschauers gilt hier vor allem dem Szenischen. In immer dem gleichen Rhythmus (der erregtes Herzklopfen und Sorge ausdrückt) blicken die Damen (und zum Schein auch Alfonso) gespannt auf den »Medikus«, der nun immer sicherer wird: keine Angst, bei ihm sind die Vergifteten in bester Hand!

Ferrando und Guglielmo (zueinander):
Despina ist das ja!
Welch eine Teuflin!
Despina:
»Salvete, amabiles,
Bones puelles!«
Fiordiligi und Dorabella:
Er spricht in Sprachen,
die wir nicht kennen.
Despina:
Wie Ihr befehlt, jawohl,
so soll's geschehen.
Griechisch, Arabisch und
Türkisch, Wandalisch auch
Schwedisch, Tartarisch,
das alles kann ich.
Don Alfonso:
So viele Sprachen
für Euch behaltet.
Und Eures Amtes hier,
endlich nun waltet.
Sie haben Gift im Leib.
Was kann man tun?
Fiordiligi und Dorabella:
Herr Doktor, bitte,
Was kann man tun?
Despina (fühlt jedem den Puls und die Stirn):
Sagt pro secundo erst,
die Rationes,
sodann pro primo mir
die Portiones,
ob trocknes, ob flüssiges,
ob wenig, ob vieles,

Ferrando e Guglielmo (fra loro):
Despina in maschera!
Che trista pelle!
Despina:
»Salvete, amabiles
Bones puelles!«[1]
Fiordiligi e Dorabella:
Parla un linguaggio
Che non sappiamo.
Despina:
Come comandano,
Dunque, parliamo.
So il greco e l'arabo,
So il turco el il vandalo;
Lo svevo e il tartaro
So ancor parlar.
Don Alfonso:
Tanti linguaggi
Per se conservi;
Quei miserabili
Per ora osservi:
Preso hanno il tossico;
Che si può far?
Fiordiligi e Dorabella:
Signor dottore,
Che si può far?
Despina ((toccando il polso e la fronte all'uno ed all'altro):
Saper bisognami
Pria la cagione
E quinci l'indole
Della pozione:
Se calda o frigida,
Se poca o molta,

[1] Fälschlich für:
»Salvete, amabiles bonae puellae.«
lateinisch:
»Seid gegrüßt, Ihr liebenswürdigen guten Mädchen«.

Die Selbstsicherheit Despinas drückt sich, nach dem raschen Parlando des Anfangs, nun in immer längeren Notenwerten aus, während sie einen großen Magneten aus ihrer Arzttasche holt. Mit gewichtigen Worten erklärt sie dessen Bedeutung (die dem damaligen Publikum sicher viel Spaß machte, da die »magnetischen« Behandlungen des Dr. Franz Anton Mesmer Tagesgespräch und Gegenstand volkstümlicher Neugier waren):

(Fortsetzung des Notenbeispiels S. 136)

ob schnell sie's nahmen,
darauf kommt's an.
Fiordiligi, Dorabella und Don Alfonso:
Es war Arsenikum,
was sie getrunken,
und kraftlos sind sie hier niedergesunken,
und nur die Liebe
war Grund dafür.
Despina:
Kein Grund zu Sorgen,
ich will's besorgen,
hier eine Probe
von meiner Macht.
Fiordiligi und Dorabella:
Mit einem Eisen
will er sie heilen.
Despina:
Hier ein Magnetstein,
den ich empfangen
aus Doktor Mesmers Hand.
Der seinen Ursprung hat
in Alemagna
und so berühmt dann ward
in Frankreich auch.
(Sie berührt mit einem Stück Magneteisen den Kopf der angeblichen Kranken und streicht sanft den Körper entlang.)

Se in una volta
Ovvero in più.
Fiordiligi, Dorabella e Don Alfonso:
Preso han l'arsenico,
Signor dottore;
Qui dentro il bebbero.
La causa è amore
Ed in un sorso
Sel mandar giù.
Despina:
Non vi affannate,
Non vi turbate;
Ecco una prova
Di mia virtù.
Fiordiligi e Dorabella:
Egli ha di un ferro
La man fornita.
Despina:
Questo è quel pezzo
Di calamita:
Pietra mesmerica,
ch'ebbe l'origine
Nell'Alemagna,
Che poi sì celebre
Là in Francia fù.
(Tocca con un pezzo di calamita la testa ai finti infermi e striscia dolcemente i loro corpi per lungo.)

(24)

Das Orchester wiederholt mit Trillern und Wichtigtuerei Despinas »gelehrte« Erklärung.

Dann allgemeines Erstaunen: die »Vergifteten« beginnen sich zu regen, der vorher geklopfte Rhythmus kehrt wieder, noch wagt niemand zu jubeln. Der »Arzt« verlangt Hilfestellung von den ziemlich ratlosen Mädchen, und diese willigen, überraschend schnell, ein.

Der »Arzt« gibt sehr bestimmt seine Anweisungen, die Damen und Alfonso wissen ihm im rhythmischen Gleichklang Lob und Anerkennung. (Zum Ausdruck »vale un Perù« sei bemerkt, daß dies eine Goldmünze war, die in den spanischen Kolonien Amerikas – im damals peruanischen, heute bolivianischen Potosì – geprägt wurde und zum Symbol von »hohem Wert« aufstieg; einen Perù wert sein, das bedeutet Goldeswert besitzen –, die Wendung wird sogar heute noch, vor allem in spanischer Sprache gebraucht).

Fiordiligi, Dorabella und
Don Alfonso:
Ach, sie bewegen sich,
winden sich, regen sich,
und Blicke, Augen
und Sinn beleben sich.
Despina:
Haltet den Kranken
die Köpfe hoch.
Fiordiligi und Dorabella:
Wir sind bereit schon!
Despina:
Ihr sollt sie halten.
Nur mutig! Bald frei sie sind
von Todsgewalten.
Fiordiligi, Dorabella und
Don Alfonso:
Ja, sie erholen sich,
seht nur, sie regen sich.
O so ein Medikus
Ist Goldes wert!

Fiordiligi, Dorabella e
Don Alfonso:
Come si muovono,
Torcono, scuotono!
In terra il cranio
Presto percuotono.
Despina:
Ah, lor la fronte
Tenete sù.
Fiordiligi e Dorabella:
Eccoci pronte!
Despina:
Tenete forte.
Corraggio! Or liberi
Siete da morte.
Fiordiligi, Dorabella e
Don Alfonso:
Attorno guardano,
Forze riprendono.
Ah, questo medico
Vale un Perù!

Die jungen Männer versuchen sich zu erheben. Die Musik beginnt mit einem gänzlich neuen Abschnitt: Andante, Viervierteltakt, B-Dur. Das »Erwachen« der »Vergifteten« wird geschildert: sie glauben im Paradies zu sein, glauben Göttinnen vor sich zu sehen: Pallas Athene, Aphrodite. Mozart gibt ihnen dazu schwebende Klänge, aber in der Instrumentation auch geheimnisvolle Farben (die vorher gebrauchen hellen Töne von Flöten und Oboen weichen hier Klarinetten und Fagotten) und eine gut getroffene träumerische Stimmung.

Langsam scheinen sie die Mädchen zu erkennen und richten nun ihre Liebesworte von neuem an sie. Schnell suchen Despina und Alfonso dies noch als Rest der Vergiftung oder der magnetischen Heilung hinzustellen. Die Damen protestieren, wenn auch nicht mit der früheren Vehemenz. Aus dieser Situation entwickelt sich nun ein langes Sextett, das bis zum Ende des ersten Aktes führen wird. Zuerst in fast völligem Piano: die Mädchen in leisem Unwillen, Despina mit Alfonso sie beruhigend, die beiden jungen Männer in heimlicher und köstlicher Unterhaltung über das Groteske der Situation. Das Orchester arbeitet immer noch mit dem gleichen, wie stockenden Motiv, das sich zu keiner längeren Melodie findet.

Die etwas lange Szene wird oftmals ein wenig gekürzt, nicht zum Nachteil des Werkes. Einmal kommt es zu einem Crescendo des Orchesters, das erreichte Forte weicht aber sofort wieder dem andauernden Piano.

Doch es hat genügt, hat gewirkt wie eine Ermahnung an die Offiziere, endlich mit ihren Verführungsversuchen fortzufahren: »Per pietà, bell' idol mio . . .«, so singen sie zweistimmig –, jeder zu der Frau, die ihm in den letzten Szenen nähergekommen ist. Aber selbst diese wahrhaftig nicht sehr glaubwürdige Liebeserklärung läßt die Frauen gestehen, sie fühlten ihre Widerstandskraft wanken.

<table>
<tr><td>Ferrando und Guglielmo (stehen auf):
Wo bin ich?
An welchem Ort denn?
Wer ist das?
Und wer sind diese?
Bin ich schon im Paradiese?
Bist du Pallas, bist Aphrodite?</td><td>Ferrando e Guglielmo (sorgendo in piedi):
Dove son? Che loco è questo?
Chi è colui? Color chi sono?
Son di Giove innanzi al trono?
Sei tu Palla o Citerea?</td></tr>
<tr><td>(Ferrando zu Fiordiligi und Guglielmo zu Dorabella)
Nein, du bist es, Heißgeliebte!
Dein Gesichtchen,
süß Gedichtchen!
Deine Hand, die gut ich kenne,
ja, du bist's, mein einzig Schatz.</td><td>(Ferrando a Fiordiligi e Guglielmo a Dorabella)
No, tu sei l'alma mia Dea!
Ti ravviso
Al dolce viso
E alla man ch'or ben conosco
E che sola è il mio tesor.</td></tr>
<tr><td>(Sie umarmen zärtlich die Geliebten und küssen ihnen die Hände.)</td><td>(Abbracciano le amanti teneramente e bacian loro la mano.)</td></tr>
<tr><td>Despina und Don Alfonso:
Das ist Nachwirkung (deutlich Wirkung) des Giftes,
doch wird's bald vorübersein.</td><td>Despina e Don Alfonso:
Son effetti ancor del tosco;
Non abbiate alcun timor.</td></tr>
<tr><td>Fiordiligi und Dorabella:
Das kann sein,
doch solch Benehmen
ist beleidigend für uns.</td><td>Fiordiligi e Dorabella:
Sarà ver, ma tante smorfie
Fanno torto al nostro onor.</td></tr>
<tr><td>Ferrando und Guglielmo (für sich):
Ich ersticke fast vor Lachen noch
über solche Schelmerei'n.
(zu Fiordiligi und Dorabella)
Hab Erbarmen, o du Schöne!
Schau mich an mit frohem Blicke.</td><td>Ferrando e Guglielmo (da sè):
Dalla voglia ch'ho di ridere
Il polmon mi scoppia or or.
(a Fiordiligi e Dorabella)
Per pietà, bell'idol mio!
Volgi a me le luci liete.</td></tr>
<tr><td>Fiordiligi und Dorabella:
Schwer wird's hier zu widerstehen!</td><td>Fiordiligi e Dorabella:
Più resister non poss'io!</td></tr>
</table>

Im Sextett geht's weiter, wobei nun Fiordiligi einige auffallende stimmliche Effekte erhält – Koloraturen und Spitzentöne –, will sie sich selbst Mut machen, um fest bleiben zu können? dann schlägt die Musik um –, so plötzlich, wie dies bei Mozart oft vorkommt und wohl seinem Gefühl für wirksame Kontraste entspricht: nun Allegro, Alla breve, D-Dur.

Vereint fordern die Männer nun Küsse, Ferrando von Fiordiligi, Guglielmo von Dorabella. Despina und Alfonso unterstützen dieses Verlangen, gewissermaßen um den »Genesenden« zu helfen. Doch die Mädchen sind dazu nicht bereit, auch sie drücken sich im Duo aus, in parallelen Terzen, als Beweis ihrer völligen Einmütigkeit. Die anderen vier Personen unterdrücken, mit kurzen, manchmal wie atemlosen Phrasen ihr Lachen. Sie sind sich der Komik der Situation bewußt, aber über die nunmehr wieder schroffe Ablehnung der Mädchen nicht klar: echt, übertrieben oder sogar falsch? So als wollten sie ihre Haltung nun noch einmütiger ausdrücken, singen Fiordiligi und Dorabella nun einige Einwürfe sogar in völligem Unisono.

Nach Brauch der alten Oper wird nun jede Phrase mehrmals wiederholt: die Männer bestehen auf den Küssen, Alfonso und Despina auf dem Zureden, die Mädchen auf der Zurückweisung: das Sextett wird immer lebhafter, Fiordiligi und Ferrando singen bewegte Koloraturen, auch dieses Ensemble ist ein musikalisches Meisterstück.

Wie üblich steigert Mozart das Tempo gegen Schluß, im Presto jagen die letzten Minuten des Aktes in einer der italienischen Oper typischen Stretta dahin. Jeder drückt seine eigenen Gedanken aus, der Text wird völlig Nebensache, die Wirkung ist mitreißend.

Despina und Don Alfonso:
In Minuten wird sich zeigen,
wie die Kraft des Magnetismus
wandelt ihren Paroxysmus
in den früheren Humor.
Ferrando und Guglielmo:
O ein Kuß von deinem Munde
mache, daß ich ganz gesunde.
Fiordiligi und Dorabella:
Himmel, ein Kuß noch?
Despina:
Helfet ihnen,
zeiget ihnen beßre Mienen.
Fiordiligi und Dorabella:
Ah, zu groß ist dies Verlangen
von so ehrenvollen Bräuten.
Ihr beleidigt unsre Treue,
Ihr beleidigt unser Herz.
Despina, Ferrando, Don Alfonso und Guglielmo (jeder für sich):
Solche Spiele kann's im
Leben ganz gewiß nicht noch
einmal geben.
Despina und Don Alfonso (für sich):
Doch, was mich am meisten
lachen macht,
ist dies Zürnen (und) diese
Wut.
Ferrando und Guglielmo (für sich):
Doch ist vorgetäuscht,
ist Wahrheit
dieses Zürnen (und)
diese Wut.
Fiordiligi und Dorabella:
Nun, Ihr Kranken,
die Gift (dann) tranken,
geht zum Teufel, geht von
hinnen,

Despina e Don Alfonso:
In poch'ore, lo vedrete,
Per virtù del magnetismo
Finirà quel parossismo,
Torneranno al primo umor.
Ferrando e Guglielmo:
Dammi un bacio, o mio tesoro;
Un sol bacio, o qui mi moro.
Fiordiligi e Dorabella:
Stelle, un bacio?
Despina:
Secondate
Per effetto di bontate.
Fiordiligi e Dorabella:
Ah, che troppo si richiede
Da una fida onesta amante!
Oltraggiate è la mia fede,
Oltraggiato è questo cor!
Despina, Ferrando, Don Alfonso e Guglielmo (ognuno da sè):
Un quadretto più giocondo
Non si vide in tutto il mondo.
Despina e Don Alfonso (da sè):
Quel che più mi fa da ridere
È quell'ira e quel furor.
Ferrando e Guglielmo (da sè):
Ma non so se finta o vera
Sie quell'ira e quel furor.
Fiordiligi e Dorabella:
Disperati,
Attossicati,
Ite al diavol quanti siete;
Tardi inver vi pentirete

solch ein (so) frevelhaft
Beginnen
wachsen läßt noch meine Wut.
Ferrando und Guglielmo (für sich):
Ich will nicht, daß solch ein
Feuer
enden könnt in Liebesglut.
Despina und Don Alfonso (für sich):
Denn wohl weiß ich, solch ein
Feuer
wandelt sich in Liebesglut.

Se più cresce il mio furor!

Ferrando e Guglielmo (da sè):
Nè vorrei che tanto foco
Terminasse in quel d'amor.

Despina e Don Alfonso (da sè):
Ch'io ben so che tanto foco
Cangerassi in quel d'amor.

Der zweite Akt beginnt – was in Italiens Lustspieloper gelegentlich vorkommt – mit einem Rezitativ. In ihrem Hause sind die beiden Schwestern mit ihrer Zofe in einem hitzigen Streitgespräch entbrannt. Es geht, natürlich, um das Thema des Tages: die Einstellung zur Liebe, worüber Despina mit ihren Damen so uneins wie nur möglich ist. (In diesem längeren Rezitativ werden gelegentlich Kürzungen angebracht.) Despina verwendet ihre ganze Beredsamkeit darauf, die Moralauffassungen der Schwestern zu untergraben, sie zu einem vergnügteren Lebenswandel zu überreden, zum »Spiel mit den Männern«, wie sie selbst es mit großem Vergnügen praktiziert.

Da Ponte hat nicht wenige gute Pointen in den Text gestreut, aber Mozart weiß mit ihnen hier musikalisch nichts anzufangen. Sein Rezitativ ist abwechslungsreich, moduliert durch die Tonarten, deklamiert gut und oft witzig, ist verständlich (was für den Fortgang der Handlung stets wichtig ist und in den geschlossenen Musiknummern undurchführbar, besonders wenn, wie hier, oft verschiedene Texte zur gleichen Zeit gesungen werden.)

ZWEITER AKT

ERSTE SZENE

Zimmer

Fiordiligi, Dorabella und Despina

Rezitativ

Despina:
Nun zweifellos, was seid Ihr
für zwei seltsame Mädchen!

Fiordiligi:
Zum Donnerwetter!
Was willst du noch verlangen?

Despina:
Für mich gar nichts.

Fiordiligi:
Und für wen denn?

Despina:
Für Euch.

Dorabella:
Für uns?

Despina:
Für Euch.
Ihr seid doch Frauen, ja?

Fiordiligi:
Und was heißt das?

Despina:
Nun, dann heißt das,
als Frauen auch zu handeln.

Dorabella:
Und wie?

Despina:
»En bagatelle« die Liebe
nehmen.
Die Gelegenheiten
gleich beim Schopfe gepackt;
zu Zeiten untreu,

ATTO SECONDO

SCENA PRIMA

Camera

Fiordiligi, Dorabella e Despina

Recitativo

Despina:
Andate là, che siete
Due bizzarre ragazze!

Fiordiligi:
Oh cospettaccio!
Cosa pretenderesti?

Despina:
Per me nulla.

Fiordiligi:
Per chi dunque?

Despina:
Per voi.

Dorabella:
Per noi?

Despina:
Per voi.
Siete voi donne o no?

Fiordiligi:
E per questo?

Despina:
E per questo
Dovete far da donne.

Dorabella:
Cioè?

Despina:
Trattar l'amore en bagatelle.
Le occasioni belle
Non negliger giammai; cangiar
a tempo,
A tempo esser costanti,

zu Zeiten wieder treu sein.
Mit Anmut kokettieren,
allen Ärger vermeiden,
der nicht ausbleibt,
wenn Männern wir vertrauen,
die Feigen essen, doch Äpfel
nicht verschmähen.

Fiordiligi:
Welch Teufelin. Du magst so
etwas tun, wenn du Lust hast.

Despina:
Ich tu's schon lange,
doch ich möcht', daß auch Ihr
zum Ruhme aller Frauen
ein wenig Gleiches tätet.
Zum Exempel:
die beiden Bräutigame
sind auf Kriegszug gegangen;
und drum sollt Ihr nun auch
ganz militärisch handeln:
Rekrutieren.

Dorabella:
Bewahre uns der Himmel.

Despina:
Nun, wir sind noch auf Erden,
nicht im Himmel!
Vertrauet meiner Hilfe.
Diese fremden
Kavaliere verehren Euch.
So lasset Euch verehr'n.
's sind reiche, schöne,
vornehme, edle Männer,
das hat Euch ja
selbst gesagt Don Alfonso.
Die beiden gingen gar für
Euch in den Tod.
Das sind Verdienste,
die man nicht darf verachten
als junge schöne Frau'n,
die ohne Liebe,

Coquetizzar con grazia,
Prevenir la disgrazia sì comune
A chi si fida in uomo,
Mangiar il fico,
e non gittare il pomo.

Fiordiligi:
Che diavolo! Tal cose
Falle tu, se n'hai voglia.

Despina:
Io già le faccio.
Ma vorrei che anche voi
Per gloria del bel sesso
Faceste un po' lo stesso;
per esempio:
I vostri Ganimedi
Son andati alla guerra; infin
che tornano,
Fate alla militare:
reclutate.

Dorabella:
Il cielo ce ne guardi.

Despina:
Eh, che noi siamo in terra e
non in cielo!
Fidatevi al mio zelo.
Giacchè questi
Forrestieri v'adorano,
Lasciatevi adorar.
Son ricchi, belli,
Nobili, generosi, come fede
Fece a voi Don Alfonso;
avean coraggio
Di morire per voi;
questi son merti

Che sprezzar non si denno
Da giovani qual voi,
belle e galanti,

doch niemals ohne Liebsten
leben können.
(für sich)
Mir scheint, sie fangen Feuer.

Fiordiligi:
Potztausend, du erteilst uns
ja wahrlich schöne Lehren.
Kannst du tatsächlich glauben,
wir wollten unsern Ruf so
gefährden,
und unseren Verlobten
solches Leid und Enttäu-
schung je bereiten?

Despina:
Wißt Ihr denn, ob Ihr ihnen
gar so weh damit tätet?

Dorabella:
Wär's nicht schlimm schon,
wenn die Freunde erführen,
es würden fremde Männer
hier im Hause gesehn.

Despina:
Auch dafür weiß ich
ein todsicheres Mittelchen:
Ich streue das Gerücht aus,
daß ihr Besuch mir gilt.

Dorabella:
Wer soll das glauben?

Despina:
Warum nicht? Warum darf
denn nicht eine Kammerzofe
gleich zwei Geliebte haben?
Bitte vertraut mir doch.

Fiordiligi:
Nein, nein, denn deine
Fremden
sind mir allzu verwegen.
Sie hatten doch die Keckheit,
von uns Küsse zu fordern.

Che pon star senza amor,
non senza amanti.
(da sè)
Par che ci trovin gusto.

Fiordiligi:
Per Bacco, ci faresti
Far delle belle cose;
Credi tu che vogliamo
Favola diventar degli oziosi?
Ai nostri cari sposi
Credi tu che vogliam dar tal
tormento?

Despina:
E chi dice che abbiate
A far loro alcun torto?

Dorabella:
Non ti pare
Che sia torto bastante
Se noto si facesse
Che trattiamo costor?

Despina:
Anche per questo
C'è un mezzo sicurissimo:
Io voglio sparger fama
Che vengono da me.

Dorabella:
Chi vuoi che il creda?

Despina:
Oh bella! Non ha forse
Merto una cameriera
D'aver due cicisbei? Di me fi-
datevi.

Fiordiligi:
No, no; son troppo audaci
Questi tuoi forestieri.
Non ebber la baldanza
Fin di chieder dei baci?

Zuletzt mündet das Rezitativ in die Arie, in der Despina ihre Erfahrungen zusammenfaßt und dem weiblichen Geschlecht Ratschläge in dessen dauerndem Kampf gegen die Männer gibt: Andante, Sechsachtelakt, G-Dur, im zweiten Teil Allegretto, bei gleicher Tonart und gleichem Takt, wenn auch verändertem Rhythmus. Da Pontes Text ist zynisch und frivol, doch Mozarts Musik bleibt graziös und liebenswürdig. Man hat (besonders in diesem Werk) bei ihm immer wieder das Gefühl, er zwinkere dem Hörer lustig zu, als wolle er ihm sagen: es ist gar nicht so arg, sie sind gar nicht so schlimm, wie sie tun. Der erste Teil der Arie weist den Rhythmus einer Sicilienne auf:

(Notenbeispiel S. 152)

Despina (für sich):
Welch ein Unglück!
(laut)
Doch ich kann Euch versichern,
alles, was sie auch taten,
war nur Wirkung des Giftes,
das sie nahmen:
Konvulsionen, Delirien,
Verwirrung, totaler Unsinn;
doch jetzt sind sie wieder äußerst taktvoll,
ganz manierlich, bescheiden
und sehr freundlich.
So ruft sie doch nur her.
Dorabella:
Und dann?
Despina:
Und dann?
Dann läuft es ganz von selber.
(für sich)
Ich wußte, daß sie umfallen.
Fiordiligi:
Was sollen wir denn tun?
Despina:
Das, was Ihr möchtet.
Seid Ihr lebende Wesen,
oder was seid Ihr?

Despina (da sè):
Che disgrazia!
(forte)
Io posso assicurarvi
Che le cose che han fatto
Furo effetto del tossico che han preso:
Convulsioni, deliri,
Follie, vaneggiamenti;
Ma or vedrete come son discreti,
Manierosi, modesti e mansueti.
Lasciateli venir.
Dorabella:
E poi?
Despina:
E poi?
Caspita, fate voi.
(da sè)
L'ho detto che cadrebbero.
Fiordiligi:
Cosa dobbiamo far?
Despina:
Quel che volete.
Siete d'ossa e di carne,
O cosa siete?

(25)

Im zweiten Teil könnte man bei der lebhafteren Melodie und der durchlaufenden »m-ta-ta«-Begleitung an einen Walzer denken. (Je zwei Walzer-Einheiten auf jeden Sechsachteltakt: 1, 2, 3 – 4, 5, 6) Despina benützt mit Charme die Gelegenheit, sich anmutig in Szene zu setzen, das kokette Spiel, das sie mit den Männern treibt bis zum (leicht übertriebenen) Gefühl, sie als »Königin« zu beherrschen, charmant zu schildern. Alles ohne auch nur einen Augenblick ordinär zu werden; das läge Mozarts Musik überhaupt nicht –, aber ebensowenig dem reizenden Text da Pontes. Ein Moment läßt (vor allem den Musiker!) besonders aufhorchen: Mozarts Chromatik auf das Wort »lügen«: ähnliches hat er schon im »Figaro« gemacht. Ein bezauberndes Stück voll Witz und Laune!

(Fortsetzung des Notenbeispiels S. 154)

Nr. 19. Arie

Despina:
Schon ein fünfzehnjähr'ges Mädchen
muß verstehen alle Künste.
Darf bei Männern sein nicht die Dümmste,
weiß, wie die man schlau hintergeht.
Sie muß kennen kleine Kniffe,
die verliebt die Männer machen,
täuschend weinen, täuschend lachen,
wenn ihr's zu Gesicht nur steht.

Wird sie bewundert
sogar von Hundert,
ihre Pupillen
sprechen mit vielen,
macht Hoffnung allen,
daß sie gefallen,
vor dem verbergen sich,
und jenen merken sich,
mit viel Vergnügen
weiß sie zu lügen.
So bin ich Herrin

No. 19. Aria

Despina:
Una donna a quindici anni

Dee saper ogni gran moda,
Dove il diavolo ha la coda,

Cosa è bene e mal cos'è.

Dee saper le maliziette
Che innamorano gli amanti,
Finger riso, finger pianti,
Inventar i bei perchè.

Dee in un momento
Dar retta a cento,
Colle pupille
Parlar con mille
Dar speme a tutti,
Sien belli, o brutti,
Saper nascondersi
Senza confondersi,
Senza arrossire
Saper mentire
E, qual regina

(26)

Die Wirkung von Despinas »Lektion« wird im nun folgenden Rezitativ spürbar; die Schwestern sind unsicher geworden, auf Dorabella haben die Worte der Zofe Eindruck gemacht. Fiordiligi wirft ihr vor, ihr Gewissen gar zu leicht zu beruhigen. Wieso? verteidigt sich die leichtsinnigere der Schwestern, die Zofe habe ja nicht dazu geraten, etwas Böses zu tun: lediglich ein wenig zu spielen, die Dinge nicht so ernst zu nehmen, die Männer an der Nase herumzuführen. Und die Leute? Die würden ja glauben, die Fremden seien Besucher Despinas . . . Wichtig sei nur, vorsichtig zu bleiben, damit nicht irgendeine unbedachte Verwirrung, ein Unglück geschehen könne. Das hört sich schon ganz anders an, als es beim Abschied der Verlobten geklungen.

auf hohem Throne,
strafe, belohne,
so wie ich will.
(für sich)
Sollt Euch gefallen
diese Doktrina,
Eure Despina
kennt sich da aus.
(geht ab)

Dall'alto soglio,
Col posso e voglio
Farsi ubbidir.
(da sè)
Par ch'abbian gusto
Di tal dottrina;
Viva Despina
Che sa servir.
(parte)

ZWEITE SZENE

Fiordiligi und Dorabella

SCENA SECONDA

Fiordiligi e Dorabella

Rezitativ

Fiordiligi:
Was, Schwester,
soll man sagen?
Dorabella:
Ich bin erschrocken
über solche Gedanken
dieses Mädchens.
Fiordiligi:
Doch glaube mir,
es ist Torheit.
Du denkst doch nicht im Ernste,
ihren Rat zu befolgen?
Dorabella:
Oh, sicher wär das möglich,
wenn auch du es so möchtest.
Fiordiligi:
Keinesfalls möcht' ich's.
Ich verstehe es richtig:
Hältst du es nicht für schändlich,
wenn zwei Mädchen,
sag besser: zwei Verlobte,
nun solche Dinge täten?

Recitativo

Fiordiligi:
Sorella, cosa dici?
Dorabella:
Io son stordita
Dallo spirto infernal
di tal ragazza.
Fiordiligi:
Ma credimi: è una pazza.
Ti par che siamo in caso
Di seguir suoi consigli?
Dorabella:
Oh certo, se tu pigli
Pel rovescio il negozio.
Fiordiligi:
Anzi io lo piglio
Per il suo vero dritto:
Non credi tu delitto
Per due giovani omai promesse spose
Il far di queste cose?

Dorabella:
Sagt denn nicht jene
daß wir nichts Schlimmes tun?
Fiordiligi:
Die Leute reden,
das ist ja schlimm genug!
Dorabella:
Doch wird es heißen,
sie kämen zu Despina!
Fiordiligi:
O allzu schnell und leicht
bist du beruhigt.
Was werden unsre Verlobten
sagen?
Dorabella:
Gar nichts;
denn, wenn sie nichts erfahren,
dann ist alles erledigt,
oder wenn sie's erfahren,
werden wir sagen,
sie kämen nur zu ihr.
Fiordiligi:
Doch unsre Herzen?
Dorabella:
Die bleiben, wie sie waren;
man sucht sich Unterhaltung,
um nicht zu sterben
vor lauter Langeweile,
dadurch bricht man nicht
Treue,
liebe Schwester.
Fiordiligi:
Das ist wahr.
Dorabella: Also?
Fiordiligi:
Tu nur, was du willst:
Aber ich will nicht schuld sein,
wenn ein Unglück hereinbricht.

Dorabella:
Ella non dice
Che facciamo alcun mal.
Fiordiligi:
È mal che basta
Il far parlar di noi!
Dorabella:
Quando si dice
Che vengon per Despina!
Fiordiligi:
Oh, tu sei troppo larga di
coscienza!
E che diranno gli sposi nostri?
Dorabella:
Nulla;
O non sapran l'affare,
Ed è tutto finito,
O sapran qualche cosa,
E allor diremo
Che vennero per lei.
Fiordiligi:
Ma i nostri cori?
Dorabella:
Restano quel che sono;
Per divertirsi un poco,
e non morire
Della malinconia.
Non si manca di fè,
Sorella mia.
Fiordiligi:
Questo è ver.
Dorabella: Dunque?
Fiordiligi:
Dunque fa un po' tu:
Ma non voglio aver colpa
Se poi nasce un imbroglio.

*Zum Spaß – wirklich nur ganz zum Spaß – wollen sie sich einmal vorstellen, sie würden Despinas »Ratschläge« befolgen ...
In diesem Falle: »Welchen willst du für dich von den Verliebten?« will Dorabella von ihrer zurückhaltenderen Schwester wissen. Fiordiligi überläßt die Wahl Dorabella. Die erklärt ohne Umschweife, sich schon entschieden zu haben:*

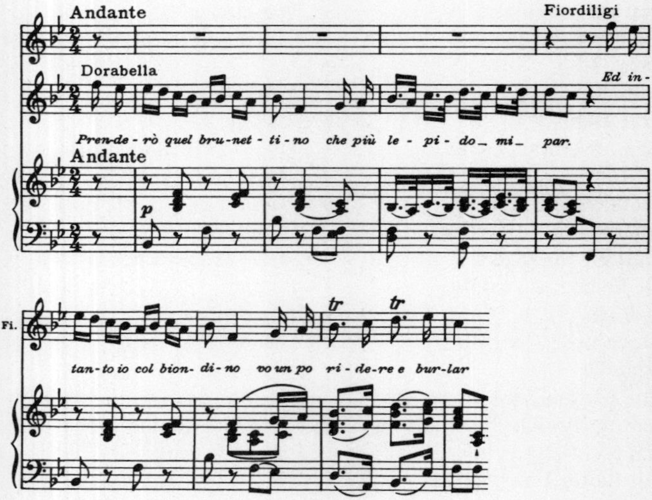

(27)

Nun wird, nachdem sie schon in der »Vergiftungsszene« des ersten Akts sozusagen de facto eingeführt wurde, die Zuteilung der Männer auch mit Worten und bewußt wahrgemacht: Dorabella entschied sich für Guglielmo, Fiordiligi wendet sich also – und gar nicht ungern – Ferrando zu. Das ist eine äußerst wichtige Entscheidung –, ganz abgesehen vom rein theatralischen Standpunkt, der einer solchen Paarung ein klein wenig mehr Wahrscheinlichkeit zubilligen könnte als der umgekehrten. Denn wenn sie einander auch alle vier gut kennen, so ist doch die

Dorabella:
Welch Unglück könnt' es geben,
wenn achtsam nur wir sind.
Doch noch was andres,
nur um Klarheit zu haben,
welchen willst du für dich von den Verliebten?
Fiordiligi:
Entscheide du, lieb Schwester.
Dorabella:
Ich hab' entschieden.

Nr. 20. Duett
Dorabella:
Lass' den Braunen mich erwählen,
der es froh und lustig meint.
Fiordiligi:
Auf den Blonden will
ich zählen,
der zu lachen,
scherzen scheint.
Dorabella
Klagt er mir sein geheimes
(heimlich) Sehnen,
geh' ich scherzend darauf ein.
Fiordiligi:
Seufzet er, so seufz' ich
Tränen,
will zum Spaß sein Echo sein.
Dorabella:
Er sagt mir:
»Für dich zu sterben!«
Fiordiligi:
Er sagt mir:
»Um dich zu werben!«

Dorabella:
Che imbroglio nascer deve
Con tanta precauzion?
Per altro, ascolta,
Per intenderci bene:
Qual vuoi scieglier per te de' due Narcisi?

Fiordiligi:
Decidi tu, sorella.
Dorabella:
Io già decisi.

No. 20. Duetto
Dorabella:
Prenderò quel brunettino,
Che più lepido mi par.

Fiordiligi:
Ed io intanto col biondino
Vo' un po' ridere e burlar.

Dorabella:
Scherzosetta, ai dolci detti
Io di quel risponderò.

Fiordiligi:
Sospirando, i sospiretti
Io dell'altro imiterò.

Dorabella:
Mi dirà:
Ben mio, mi moro!
Fiordiligi:
Mi dirà:
Mio bel tesoro!

Vertrautheit zwischen jedem der Mädchen und ihrem Geliebten als so eng anzusehen, daß die Täuschung durch Verkleidung und falsche Bärte recht wenig Glaubwürdigkeit besitzt. Wichtiger aber als diese Begründung (die ohnedies nur äußerst vage und relativ bleibt) ist die – lebenswichtige – Frage, ob Guglielmo nicht wirklich besser zur ähnlich gearteten Dorabella, Ferrando besser zu der »wahlverwandteren« Fiordiligi passe. Nun, von diesen schwerwiegenden Gedanken steht nichts im freundlichen Duett (Andante, Zweivierteltakt, B-Dur), in dem die Mädchen freundlich und unbeschwert den Fall ihrer Wahl »durchspielen«. Bezeichnend, daß hier Dorabella die »führende« ist, doch ergehen sich beide, in wachsender Lustigkeit, in koketten Phrasen, unternehmungslustigen Koloraturen und froher Aussicht auf einen noch nie versuchten Spaß.

Alfonso unterbricht ihr Gedankenspiel, ruft die Schwestern in den Garten, wo sie ein »brillante spettacolo«, ein bezauberndes Schauspiel betrachten sollen.

Fiordiligi und Dorabella:
Welche Wonne,
wie entzückend,
's wird beglückend
(wohl) für mich sein.

DRITTE SZENE
Die Vorigen und Don Alfonso

Rezitativ
Don Alfonso:
Ah, geht schnell in den Garten,
Ihr verehrtesten Damen.
's gibt Musik hier und Fröhlichkeit, Gesang auch,
ein entzückendes Schauspiel
ist's, bezaubernd!
Folgt geschwind meinen Schritten!
Dorabella:
Was kann es denn nur sein?
Don Alfonso:
Gleich sollt Ihr sehen.

Fiordiligi e Dorabella:
Ed intanto che diletto,
Che spassetto
Io proverò!

SCENA TERZA
Le suddette e Don Alfonso

Recitativo
Don Alfonso:
Ah, correte al giardino,
Le mie care ragazze!
Che allegria! Che musica!
Che canto!
Che brillante spettacolo!
Che incanto!
Fate presto, correte!
Dorabella:
Che diamine esser può?
Don Alfonso:
Tosto vedrete.

Nun obliegt es jedem Regisseur, hier ein spettacolo zu bieten, das die Herzen junger Mädchen höher schlagen läßt –, der Radio- und Schallplattenhörer hat es je nach Phantasie leichter, sich ein solches vorzustellen: Neapels blaue Bucht, die Silhouette des Vesuvs, ein blumengeschmücktes Boot mit Musikern und Gästen, am Lande schöngeschmückte Steintische mit Speisen und Früchten, livrierten Dienern, die zwischen einladenden, auf dem Rasen verstreuten Ruheplätzen leise umhergehen. Man denke an Gemälde aus Mozarts Rokokozeit, vielleicht an Fragonard oder seinen Vorläufer Watteau und dessen zauberhafte »Embarcation pour Cythère«. (Da Ponte wußte, was er tat, als der diesem Spiel, das bis dahin vielleicht ein Zuwenig an szenischen Entfaltungen aufwies, eine solche bildhafte Möglichkeit schuf.) Mozart findet – natürlich – die genau richtige Musik dazu: voller tiefer Poesie, Wohlklang, Lebensfreude, Grazie ist die Melodie, die zuerst das Orchester, dann die beiden jungen Männer:

(28)

VIERTE SZENE

Garten am Ufer des Meeres mit Laubbänken und zwei Steintischchen. Am Ufer ein mit Blumen geschmücktes Boot.

Ferrando und Guglielmo mit Musikern und Sängern im Boot; Despina im Garten; Fiordiligi und Dorabella, begleitet von Don Alfonso, kommen von einer Seite. Diener in prunkvoller Kleidung usw.

SCENA QUARTA

Giardino alla riva del mare con sedili d'erba e due tavolini di pietra. Alla sponda, una barca ornata di fiori.

Ferrando e Guglielmo, con suonatori e cantanti nella barca; Despina nel giardino; Fiordiligi e Dorabella, accompagnate da Don Alfonso, vengono da una lato. Servi riccamente vestiti, ecc.

Nr. 21. Duett
(mit Chor)[1]

Ferrando und Guglielmo:
Helfet mir, ihr sanften Winde,
helfet meinem heißen Flehen.
Zu ihr traget in leichtem Wehen
alle Wünsche,
die hegt mein Herz.
Euch vertraut ich,
tausend Mal gar,
jeden Grund für meine Klagen.
Jetzt dürft ihr der Teuren sagen
all meinen Sehnen,
meinen Schmerz.

No. 21. Duetto
(con coro)[1]

Ferrando e Guglielmo:
Secondate, aurette amiche,
Secondate i miei desiri,
E portate i miei sospiri
Alla Dea di questo cor.
Voi, che udiste mille volte
Il tenor delle mie pene,
Ripetete al caro bene
Tutto quel che udiste allor.

[1] Fehlt im Autograph!

und zuletzt ein kleiner Chor auf dem Boot bringen. Es ist eine Serenade (Andante, Dreiachteltakt, Es-Dur), ein schwebender Rhythmus, nur von Bläsern gespielt (Mozart verwendet die Besetzung eines Bläseroktetts – 2 Flöten, 2 Klarinetten, 2 Fagotte, 2 Hörner – und plaziert diese Spieler vorzugsweise auf das Schiff, um dem Stück wirklich den Charakter eines Ständchens zu geben, das die beiden »Fremden« ihren Schönen bringen.

Die Mädchen zerreissen den Zauber: was soll »die Maskerade«? Die Männer spielen nun die schüchternen Liebhaber, wagen kaum ein Wort an die Damen zu richten, so daß Alfonso – alles ist abgekartet – sie ermahnen muß, »diese Ziererereien aus dem vergangenen Jahrhundert« doch zu lassen (jedes Jahrhundert findet das vorangegangene falsch und unmöglich).

Chor:	*Coro:*
Helfet ihm, ihr sanften Winde, seinem Wunsch, den hegt sein Herz.	Secondate, aurette amiche, Il desir di sì bei cor.
Rezitativ	Recitativo
Don Alfonso (zu den Dienern, die Blumenschalen bringen):	*Don Alfonso (ai servi che portano bacili con fiori):*
Legt alles nur hierher auf diese Tische und Bänke. Und kehrt zurück auf Eure Barke, meine Freunde.	Il tutto deponete Sopra quei tavolini, e nella barca Ritiratevi, amici.
Fiordiligi und Dorabella:	*Fiordiligi e Dorabella:*
Was soll die Maskerade?	Cos'è tal mascherata?
Despina:	*Despina:*
Nun vorwärts, auf, und mutig. Habt denn Ihr zwei die Sprache nun ganz verloren?	Animo, via, coraggio: avete perso L'uso della favella?
(Das Schiff entfernt sich vom Ufer.)	*(La barca s'allontana dalla sponda.)*
Ferrando:	*Ferrando:*
Ich bebe, ich zittere von dem Kopf bis zur Sohle.	Io tremo e palpito Dalla testa alle piante.
Guglielmo:	*Guglielmo:*
Gott Amor lähmt die Sprache bei wahrer Liebe.	Amor lega le membra a vero amante.
Don Alfonso:	*Don Alfonso:*
Ich bitte Euch, ermutigt sie.	Da brave, incoraggiteli.
Fiordiligi (zu den Liebhabern):	*Fiordiligi (agli amanti):*
So redet.	Parlate.
Dorabella:	*Dorabella:*
Sagt mir nur ruhig offen, was Ihr möchtet.	Liberi dite pur quel che bramate.
Ferrando:	*Ferrando:*
Verehrte ...	Madama!
Guglielmo:	*Guglielmo:*
Nein, meine Damen ...	Anzi, Madame!
Ferrando:	*Ferrando:*
So sprich doch du.	Parla pur tu.

Nun, wenn die Freunde es nicht wagen, so muß eben Alfonso einspringen: er ergreift Dorabellas Hand und fordert Despina auf, das gleiche mit Fiordiligi zu tun.

Und aus dieser komischen Situation erwächst das Quartett (Allegretto grazioso, Sechsachteltakt, D-Dur), das in gewissem Sinn zum Wendepunkt des Werkes wird. Die beiden Damen bleiben vorläufig stumm, die musikalische Last liegt auf den drei Männern und Despina. Alfonso springt für die Offiziere ein, die (auf einmal) zu schüchtern sind, selbst zu sprechen. In weltmännischer Gewandtheit setzt er seine Rede.

Die Offiziere beschränken sich darauf, in urkomischer Weise, das Ende jedes seiner Sätze nachzuplappern (in seinem Tonfall, mit seiner Melodie): zuerst nur einzelne Worte (tace, in pace), doch allmählich – als schöpften sie Mut – ein wenig länger:

(Fortsetzung des Notenbeispiels S. 168)

Guglielmo:
Nein, nein, sprich du
doch selbst.
Don Alfonso:
O potztausend,
zum Teufel denn!
Laßt endlich diese Mätzchen
vom vorigen Jahrhundert.
Despinetta,
machen wir dem ein Ende.
Mach du's mit ihr,
so wie ich hier mit dieser.

Nr. 22. Quartett

Don Alfonso (nimmt Dorabella bei der Hand):
Gebt mir Euer Händchen,
o saget nicht nein.
(zu den Liebhabern)
Fehlt's Euch an der Rede,
tret' ich für Euch ein.
Es kniet hier ein Sklave
und fleht um Vergebung;
er hat Euch beleidigt,
das war die Erregung;
er wollte Euch lieben . . .
Ferrando und Guglielmo:
lieben . . .
Don Alfonso:
und nie Euch betrüben . . .
Ferrando und Guglielmo:
betrüben . . .
Don Alfonso:
Durft' nicht, was er wollte,
will nur, was er darf.
Ferrando und Guglielmo:
Durft' nicht, was er wollte,
will nur, was er darf.

Guglielmo:
No, no, parla pur tu.

Don Alfonso:
Oh, cospetto del diavolo!
Lasciate tali smorfie
Del secolo passato. Despinetta,
Terminiam questa festa;
Fa tu con lei, quel ch'io farò
con questa.

No. 22. Quartetto

Don Alfonso (prendendo per mano Dorabella):
La mano a me date,
Movetevi un po'!
(agli amanti)
Se voi non parlate,
Per voi parlerò.
Perdono vi chiede
Un schiavo tremante;
V'offese, lo vede,
Ma solo un istante;
Or pena, ma tace . . .
Ferrando e Guglielmo:
Tace . . .
Don Alfonso:
Or lasciavi in pace . . .
Ferrando e Guglielmo:
In pace . . .
Don Alfonso:
Non può quel che vuole,
Vorrà quel che può.
Ferrando e Guglielmo:
Non può quel che vuole,
Vorrà quel che può.

(29)

Gut gespielt, birgt diese Szene eine wirklich belustigende szenische Komik, von der Musik aufs wirkungsvollste unterstrichen.

Da die beiden Damen nicht antworten, tut es Despina für sie. Vorübergehend geht der musikalische Fluß in ein Rezitativ über, dem – wohl sehr beabsichtigt – eine starke Theatralik innewohnt. Despina schlägt vor, alles Vergangene zu vergessen, die »Schlinge zu lösen, die nur Unfreiheit schaffe«. Dann nimmt Mozart ein munter dahinspringendes Thema wieder auf, mit dem Alfonso seine Worte an die Damen begleitet hatte. Und ehe die beiden Mädchen es sich versehen (oder bemerken sie es doch,

Don Alfonso:
Wohlan, gebet Antwort,
Ihr schaut nur, und Ihr lächelt?
Despina:
So lass' ich statt Eurer
die Antwort ergehn.
(zu den Damen)
Nichts von vergang'nen
Dingen,
geschehen ist geschehen.
Laßt nun den Riegel weichen,
macht Eure Zunge frei.
Wollt Euren Arm mir reichen,
das Seufzen sei vorbei.
Despina und Don Alfonso (leise für sich):
Wir eilen schnell von hinnen,
zu sehn, was sie beginnen,
der Teufel hätt die Hand
im Spiel,
bräch' nicht das Eis entzwei.
(gehen ab)

Don Alfonso:
Su, via rispondete;
Guardate e ridete?
Despina:
Per voi la risposta
A loro darò.
(alle signore)
Quello ch' è stato, è stato,
Scordiamci del passato.
Rompasi omai quel laccio,
Segno di servitù.
A me porgete il braccio,
Nè sospirate più.

Despina e Don Alfonso (sottovoce a parte):
Per carità, partiamo;
Quel che san far veggiamo,
Le stimo più del diavolo
S'ora non cascan giù.

(partono)

ohne es sich anmerken zu lassen?) haben Alfonso und Despina ihre Plätze Guglielmo und Ferrando eingeräumt und ziehen sich leise – wenn auch einige Zeit lang »heimlich« singend, wie in der Buffooper üblich – von den beiden Paaren zurück, die verlegen dastehen, ohne zu wissen, was beginnen, ja was reden ... Und so ist das jetzt folgende Rezitativ voll Komik. Die Unterhaltung kommt kaum in Gang, und nur mit den dümmsten Sätzen: das Wetter, die Sträucher und ob sie mehr Blätter oder Früchte tragen. Dann, immerhin überraschend, schlägt Fiordiligi Ferrando vor, durch die anmutigen Alleen zu promenieren ...

Ferrando flüstert seinem Freund im Vorbeigehen zu, nun käme bald der kritische Punkt. Auf Befragen Fiordiligis aber sagt er, dem Freunde geraten zu haben, seine Dame gut zu unterhalten.

Nun wagt auch Dorabella, an Guglielmo die Einladung zu einem kleinen Spaziergang zu richten. Der antwortet zwar: »Con vi piace« (Wie es Euch beliebt), aber Mozart sieht tiefer in ihn hinein. Er legt in das Rezitativ anstatt reiner stützender Harmonien eine ausgeprägte Baßfigur; sie soll zweifellos Guglielmos plötzliche Furcht ausdrücken, die doppelten Ursprungs sein mag: jetzt vor eine Entscheidung gestellt zu werden, die für die Wette ausschlaggebend sein muß, dann aber der Gedanke, was

FÜNFTE SZENE

Fiordiligi, Dorabella, Ferrando und Guglielmo

Rezitativ

Fiordiligi:
Oh, ein sehr schöner Tag heut!
Ferrando:
Mir ist es etwas zu warm.
Dorabella:
Welche reizenden Büsche!
Guglielmo:
Sicher, sicher, entzückend;
viel mehr Blätter als Früchte.
Fiordiligi:
Diese Wege,
die sind so schön gelegen!
Beliebt's, spazier'nzugehn?
Ferrando:
Sofort, o Liebe,
ich folge Eurem Winke.
Fiordiligi:
Gar zu höflich!
Ferrando (zu Guglielmo, im Vorbeigehen):
Jetzt wird es ganz gefährlich!
Fiordiligi:
Was hattet Ihr zu sagen?
Ferrando:
Eh, ich hab' ihm empfohlen,
Sie gut zu unterhalten.
Dorabella:
Wollen wir nicht auch gehn?
Guglielmo:
Ganz wie Ihr möchtet.
(Sie gehen auf und ab.)
O weh!
Dorabella:
Was ist geschehen?

SCENA QUINTA

Fiordiligi, Dorabella, Ferrando e Guglielmo

Recitativo

Fiordiligi:
Oh che bella giornata!
Ferrando:
Caldetta anzi che no.
Dorabella:
Che vezzosi arboscelli!
Guglielmo:
Certo, certo, son belli;
Han più foglie che frutti.
Fiordiligi:
Quei viali
Come sono leggiadri!
Volete passeggiar?
Ferrando:
Son pronto, o cara,
Ad ogni vostro cenno.
Fiordiligi:
Troppa grazia!
Ferrando (a Guglielmo, nel passare):
Eccoci alla gran crisi!
Fiordiligi:
Cosa gli avete detto?
Ferrando:
Eh, gli raccomandai
Di divertirla bene.
Dorabella:
Passeggiamo anche noi.
Guglielmo:
Come vi piace.
(Passeggiano.)
Ahimè!
Dorabella:
Che cosa avete?

nun wohl mit seiner eigenen Braut geschehen werde, die sich mit Ferrando aus seinen Augen verliert.

Dorabella ist kokett und ironisch, Despinas Ratschläge sind nicht ungehört verhallt. Guglielmo nimmt sich zusammen, das Spiel munter fortzusetzen, aber es vergehen nur wenige Augenblicke, bis seine Blicke wieder nach dem verschwundenen anderen Paar suchen: »Dove diamin son iti?« (Wohin zum Teufel sind sie verschwunden?). Doch gleich darauf fesseln Dorabellas Liebreiz und ihr offenkundiges Entgegenkommen seine Aufmerksamkeit und männliche Eroberungslust.

Guglielmo:
O, ich fühl' mich so elend,
so elend, Ihr meine Teure,
als ob sterben ich müßte.
Dorabella (für sich):
Gewähren werd' ich ihm
gar nichts.
(laut)
Das sind noch kleine Reste
von dem Gift, das Ihr nahmet.
Guglielmo:
Ah, ein gefährlicheres
Gift noch trink' ich
aus Euren Augen, diesen feu-
rigen
Vulkanen der Liebe.
(Fiordiligi geht ab mit Ferrando.)
Dorabella:
Das wäre ja ein heißes Gift;
sucht doch ein wenig Kühlung.
Guglielmo:
Wie könnt Ihr meiner spotten,
wenn vor Schmerz ich ver-
gehe.
(für sich)
Weg die beiden!
Wo, zum Teufel, wo sind sie?
Dorabella:
Ah, tut das ja nicht.
Guglielmo:
Ah, ich sterbe, Barbarin,
und Ihr könnt spotten?
Dorabella:
Ich, spotten?
Guglielmo:
So gebt mir ein deutliches
Zeichen,
Schönste der Frauen,
daß Ihr mitleidig seid.

Guglielmo:
Io mi sento sì male,
Sì male, anima mia,
Che mi par di morire.
Dorabella (da sè):
Non otterrà nientissimo.

(forte)
Saranno rimasugli
Del velen che beveste.
Guglielmo:
Ah, che un veleno
Assai più forte io bevo
In questi crudi e focosi
Mongibelli amorosi!

(Fiordiligi parte con Ferrando.)
Dorabella:
Sarà veleno calido;
Fatevi un poco fresco.
Guglielmo:
Ingrata, voi burlate
Ed intanto io mi moro.
Son spariti;
(da sè)
Son spariti;
Dove diamin son iti?
Dorabella:
Eh via, non fate.
Guglielmo:
Io mi moro, crudele,
e voi burlate?
Dorabella:
Io burlo?
Guglielmo:
Dunque datemi qualche
segno,
Anima bella,
della vostra pietà.

Dorabella:
Zwei, wenn Ihr möchtet;
sagt mir nur, was ich tun soll,
und Ihr sollt sehen.
Guglielmo (für sich):
Sie scherzt, das kann ja nicht
wahr sein.
(laut)
Nun, ich bitt', daß Ihr gnädig
diese Kleinigkeit annehmet.
Dorabella:
Ein Herzchen?
Guglielmo:
Ein Herzchen: Symbol ist's
meines Herzens,
das hier verschmachtet und lei-
det nur um Euch.
Dorabella (für sich):
Welch kostbare Gabe!
Guglielmo:
Nun, Ihr nehmt es?
Dorabella:
Wie grausam,
unternehmt Ihr's, mein Herz
so zu verführen?
Guglielmo (für sich):
Diese Burg wird bald fallen.
Das schmerzt mich, doch ver-
pflichtet
das Wort des Soldaten.
(zu Dorabella)
Ich lieb' Euch!
Dorabella:
Bitte nicht...
Guglielmo:
Gehöre Euch nur!
Dorabella:
O Götter!
Guglielmo:
Erhört mich, Liebste!

Dorabella:
Due, se volete;
Dite quel che far deggio e lo
vedrete.
Guglielmo (da sè):
Scherza, o dice davvero?
(forte)
Questa picciola offerta
D'accettare degnatevi.
Dorabella:
Un core?
Guglielmo:
Un core: è simbolo di quello
Ch'arde, languisce e spasima
per voi.
Dorabella (da sè):
Che dono prezioso!
Guglielmo:
L'accettate?
Dorabella:
Crudele,
Di sedur non tentate un cor
fedele.
Guglielmo (da sè):
La montagna vacilla;
Mi spiace, ma impegnato
È l'onor di soldato.
(a Dorabella)
V'adoro!
Dorabella:
Per pietà!
Guglielmo:
Son tutto vostro!
Dorabella:
Oh Dei!
Guglielmo:
Cedete, o cara!

Beide werden bald aufs höchste angespannt: Dorabella erklärt sich bereit, ihm ein Zeichen der Zuneigung zu geben. Sie nimmt das kleine Schmuckstück an, das er ihr mitgebracht hat und das sinnigerweise die Form eines Herzens hat. Dorabellas Widerstand schmilzt nun schnell dahin.

Guglielmo wird von zwei entgegengesetzten Gefühlen zerrissen: »Infelice Ferrando!« (Unseliger Ferrando!) ist das eine; das andere: »Oh che diletto!« (Welche Wonne!) –, ohne daß ihm noch durch den Kopf geht, ob sein Freund zu dieser Stunde nicht vielleicht ebenso »weit« gekommen sein könnte . . .

Wie stets ist auch hier das Rezitativ vor allem Vorbereitung eines lyrischen Ruhepunkts (in Form von Arie, Duett usw.). Nun, da mit Worten alles gesagt ist, hebt Mozart die Stimmung ins Gefühlvolle, die beiden Neuverliebten – Dorabella sicherlich ein wenig aufrichtiger als Guglielmo, obwohl auch dieser bereits angefangen hat, wirklich Feuer zu fangen – stimmen ein schönes Duett an (Andante grazioso, Dreiachteltakt, F-Dur), dessen Hauptmelodie in ihrer Mozartschen Innigkeit keine Spur von Ironie zeigt:

(Fortsetzung des Notenbeispiels S. 178)

Dorabella:
O Ihr gebt mir den Tod!
Guglielmo:
Zusammen sterben,
o welch liebliche Hoffnung.
Und Ihr nehmt es?
Dorabella (seufzend):
Ich nehm' es.
Guglielmo (für sich):
Ach, du armer Ferrando!
(laut)
O welche Wonne!

Dorabella:
Mi farete morir.
Guglielmo:
Morremo insieme,
Amorosa mia speme.
L'accettate?
Dorabella (con un sospiro):
L'accetto.
Guglielmo (da sè):
Infelice Ferrando!
(forte)
Oh che diletto!

Nr. 23. Duett

Guglielmo:
Empfanget, Geliebte,
dies Herz hier zu eigen,
doch schenket desgleichen
das Eure nun mir.
Dorabella:
Ihr hättet gern meines,
doch ich geb' Euch keines,
denn wisset, ich habe
mein Herz nicht mehr hier.
Guglielmo:
Hast du's nicht mehr eigen,
sag, was pochet hier?

No. 23. Duetto

Guglielmo:
Il core vi dono,
Bell'idolo mio;
Ma il vostro vo' anch'io:
Via, datelo a me.
Dorabella:
Mel date, lo prendo,
Ma il mio non vi rendo;
Invan me'l chiedete,
Più meco ei non è.
Guglielmo:
Se teco non l'hai,
Perchè batte qui?

(30)

Auch hier, wie in manchen anderen Stücken (am berühmtesten vielleicht in einer Zerlina-Arie des »Don Giovanni«) malt Mozart das liebevoll erregte Klopfen des Herzens, hier sogar im Duett:

(Notenbeispiel S. 180)

(31)

Es wird ein richtiges Liebesduett oder vielleicht besser: das Duett zweier Verliebter im berauschenden Gefühl eines neuen Erlebnisses.

Dorabella:
Gabst du's mir zu eigen,
sag, was klopfet hier?
Dorabella und Guglielmo:
Ich kenne dies Herzchen,
es ist nicht mehr meins jetzt,
denn es gehört dir jetzt,
mir klopfet's in dir.
Guglielmo (will das Herz an die Stelle von Ferrandos Bild bringen):
Hier ruhe das Meine.
Dorabella:
Hier ist's frei nicht mehr.
Guglielmo:
Ich merke, du Kleine!
(Er wendet zärtlich ihr Gesicht weg, nimmt das Bild und steckt das Herz an seine Stelle.)
Dorabella:
Was machst du?
Guglielmo:
Sieh nicht her.
Dorabella (für sich):
Es glüht mir die Wange,
es bebt mir das Herz.
Guglielmo (für sich):
Ferrando, bedaure,
das ist mehr als Scherz.
(laut)
Nun wende das Auge!
Dorabella: Wohin denn?
Guglielmo: Erlaube,
nun sieh hier das Herz.
Dorabella und Guglielmo:
Wie glücklich wir beide,
die Herzen zu tauschen,
in Lieb' uns berauschen,
vorbei aller Schmerz.
(Gehen Arm in Arm ab.)

Dorabella:
Se a me tu lo dai,
Che mai balza lì?
Dorabella e Guglielmo:
E' il mio coricino
Che più non è meco;
Ei venne a star teco,
Ei batte così.
Guglielmo (vuol metterle il cuore dove ha il ritratto di Ferrando):
Qui lascia che il metta.
Dorabella:
Ei quì non può star.
Guglielmo:
T'intendo, furbetta.
(Le torce dolcemente la faccia dall'altra parte, le cava il ritratto e vi mette il cuore.)
Dorabella:
Che fai?
Guglielmo:
Non guardar.
Dorabella (da sè):
Nel petto un Vesuvio
D'avere mi par!
Guglielmo (da sè):
Ferrando meschino!
Possibil non par.
(forte)
L'occhietto a me gira.
Dorabella: Che brami?
Guglielmo: Rimira,
Se meglio può andar.
Dorabella e Guglielmo:
Oh cambio felice
Di cori e d'affetti!
Che nuovi diletti,
Che dolce penar!
(Partono abbracciati.)

Diese Szene ist als Pendant zur vorhergehenden gedacht. Hier stehen sich ebenfalls zwei junge Menschen gegenüber, aber alles verläuft völlig anders –, so vielfältig ist das Leben, wollte da Ponte wohl damit zeigen. Gleich der Anfang ist ungleich dramatischer. In einem Accompagnato-Rezitativ von stärkster Erregung sucht Fiordiligi sich zu verteidigen: vielleicht mehr vor sich selbst als vor Ferrando. Diesen klagt sie an, ihr den Frieden zu rauben; Mozarts Musik wird ausdrucksvoll, überraschend zärtlich (mit kurzen, aber melodiösen Streicherphrasen) bei Ferrandos Liebeserklärungen –, so als wären diese echt.

SECHSTE SZENE[1]

Fiordiligi kommt aufgeregt herein, gefolgt von Ferrando

Rezitativ

Ferrando:
Grausame, warum fliehst du?
Fiordiligi:
Ich seh' die Natter hier,
die Hydra, den Basilisken.
Ferrando:
Ich versteh' deine Härte!
Natter gar, Hydra, Basilisken!
Soviel reißende Tiere in der
libyschen Wüste, die erkennst
du in mir jetzt?
Fiordiligi:
's ist Wahrheit, 's ist Wahrheit!
Denn du raubst mir den
Frieden.
Ferrando:
Um dich glücklich zu machen.
Fiordiligi:
Höre auf, mich zu quälen!
Ferrando:
Einen Blick nur erfleh' ich.
Fiordiligi:
Geh doch fort!
Ferrando:
Nein, ich bleibe,
bis freundlicher dein Auge auf
mich blicket.
O Gott, weckt dir mein Anblick nur tiefe Seufzer?
(geht ab)

[1] Bleibt oft fort.

SCENA SESTA[1]

Entra Fiordiligi agitata, seguita da Ferrando

Recitativo

Ferrando:
Barbara! Perchè fuggi?
Fiordiligi:
Ho visto un aspide,
Un'idra, un basilisco!
Ferrando:
Ah, crudel, ti capisco!
L'aspide, l'idra, il basilisco
E qunato i libici deserti
Han di più fiero in me solo tu
vedi
Fiordiligi:
È vero, è vero!
Tu vuoi tormi la pace.

Ferrando:
Ma per farti felice.
Fiordiligi:
Cessa di molestarmi!
Ferrando:
Non ti chiedo che un guardo.
Fiordiligi:
Partiti!
Ferrando:
Non sperarlo,
Se pria gli occhi men fieri a me
non giri.
O ciel! Ma tu mi guardi e poi
sospiri?
(parte)[2]

[2] Nach einer Anmerkung Mozarts im Autograph soll die dort folgende Nr. 24, eine Arie Ferrandos, fortbleiben.

In der Originalpartitur stand hier (als Nr. 24) eine lange Arie des Ferrando, doch wird diese, auf Mozarts eigene Weisungen, regelmäßig gestrichen. Infolgedessen werden zumeist die letzten Sätze des vorangehenden Accompagnato-Rezitativs leicht verändert, um Ferrandos Abgehen zu motivieren. Fiordiligi bleibt allein; Mozart gibt ihr nun eine gewaltige Szene mit Arie – wiederum (wie die »Felsenarie« des ersten Akts) fast zu schwerwiegend für eine Komödie, ein dramatisches Stück größter Schwierigkeiten und höchster Ausdruckskraft. Es beginnt – aus dem vorangegangenen entwickelt – mit einem Accompagnato-Rezitativ, das Fiordiligi von entgegengesetzten Gefühlen zerrissen zeigt: Angst, dem »Fremden« zu erliegen, erneuter Entschluß, dem Verlobten die Treue zu halten, all die Qualen auf sich zu nehmen, die ihr als Strafe für ihren Wankelmut erscheinen. In Selbstanklagen zerfleischt sie sich.

Dann setzt Mozart mit der Arie ein, die er »Rondo« überschrieben hat (also dem Namen einer musikalischen Form, in dem ein Hauptthema immer wiederkehrt nach dem Einschub anderer Motive: ein Schema, das hier nicht ganz leicht nachzuweisen wäre). Sie setzt im Adagio ein, Viervierteltakt, E-Dur; auffallend bei einer dramatischen Sopranistin wieder die tiefe Lage, (wie in der »Felsenarie«) die wiederholten tiefen Töne, bei denen die Vertreterinnen dieses Stimmfachs nicht selten Schwierigkeiten haben:

(Notenbeispiel S. 186)

SIEBTE SZENE

Rezitativ

Fiordiligi (allein):

Da geht er . . . höre . . . ah,
nein! Mag er nur gehen,
sich meinem Blick entziehen,
der meine Schwäche
schon gefährlich bedrängte.
Welch bittre Qualen
hat er mir schon bereitet,
gerechter Lohn nur
für mein schlimmes Vergehen.
In meiner Trauer
darf ich die heißen Schwüre
eines Mannes nicht hör'n!
Des andern Klagen
hätt' ich die schon vergessen?
Ach, du bestrafest
dieses Herze mit Leiden,
o Gott der Liebe!
Ich brenne, und dieses Bren-
nen ist nicht Wirkung
wahrer Liebe und Treue.
Ist Wahnsinn, ist Torheit,
Verzweiflung, bittre Reue,
übler Leichtsinn, ist Schande
und böser Treubruch!

SCENA SETTIMA

Recitativo

Fiordiligi (sola):

Ei parte . . . senti . . . ah no!
Partir si lasci,
Si tolga ai sguardi miei l'infau-
sto oggetto
Della mia debolezza.
A qual cimento
Il barbaro mi pose!
Un premio è questo
Ben dovuto a mie colpe!
In tale istante
Dovea di nuovo amante
I sospiri ascoltar?
L'altrui querele
Dovea volger in gioco?
Ah, questo core
A ragione condanni,
o giusto amore!
Io ardo, e l'ardor mio non
è più effetto
D'un amor virtuoso; è smania,
affanno,
Rimorso, pentimento,
Leggerezza, perfidia e
tradimento!

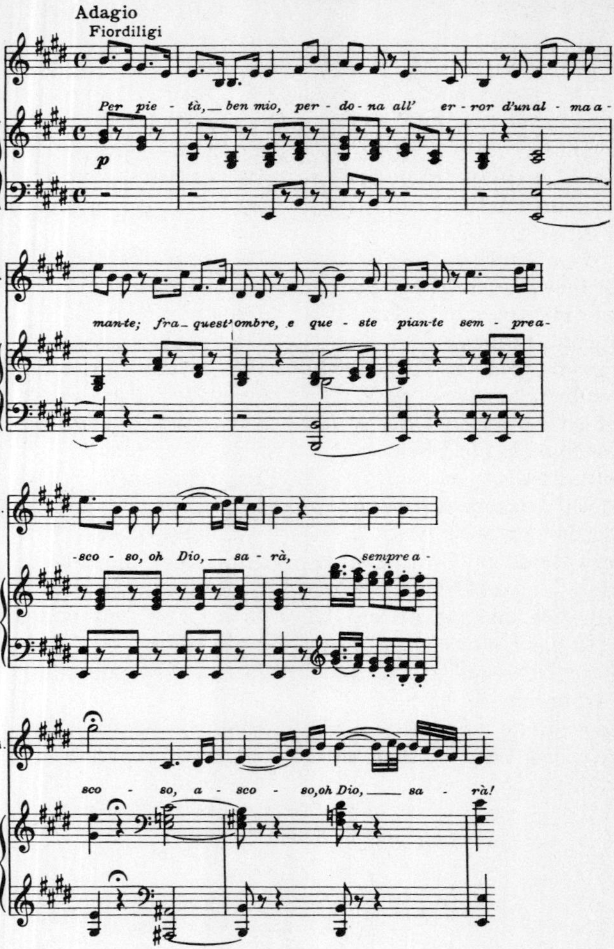

(32)

Es ist eine Reuearie, ergreifend in der Intensität des Ausdrucks und bezeichnend durch die ungewöhnliche Instrumentation: die Bläser spielen von Anfang an eine besondere Rolle und bald

Nr. 25. Rondo

Fiordiligi:
Liebster mein, vergib, verzeihe
dies Vergehn dem schwachen Weibe;
daß es ewig verborgen bleibe,
dies erfleh' ich,
(o) Gott von dir.
Mut und Treue werden töten
diese Lust, die ich gefunden,
und vergeß jetzt jene Stunden,
die mir Schande (und) Schmach gebracht.
Ach, und wem brachst du die Treue,
undankbares, (und) falsches Herz.
Sieh Geliebter, ich bereue,
nimmer sollst du fühlen Schmerz.

(geht ab)

No. 25. Rondo

Fiordiligi:
Per pietà, ben mio, perdona
All'error d'un'alma amante;
Fra quest'ombre e queste piante
Sempre ascoso, oh Dio, sarà.
Svenerà quest'empia voglia
L'ardir mio, la mia costanza,
Perderà la rimembranza
Che vergogna e orror mi fà.

A chi mai mancò di fede
Questo vano ingrato cor?
Si dovea miglior mercede,
Caro bene, al tuo candor!

(parte)

treten die Hörner in geradezu solistischer Funktion hervor, mit ausdrucksvollen Läufen und fast heroischen Akkorden: es ist völlig klar, daß Beethoven seine große Leonoren-Arie (»Fidelio«) völlig unter dem Eindruck dieser Szene geschrieben hat. Im zweiten Teil der Arie ändert sich nur das Tempo: aus dem getragenen Adagio wird nun, unter Beibehaltung von Takt und Tonart, ein Allegro moderato, das mit ruhigerer Entschlossenheit Fiordiligis neue Treueschwüre an den fernen Geliebten bringt.

Wieder, wie schon in Fiordiligis erster Arie, stehen ungewöhnlich große Stimmsprünge (mehr als anderthalb Oktaven), Läufe und Akkordbrechungen (über 2 Oktaven) und ein Gesamtumfang von mehr als 2 Oktaven in der Partitur: ein Bravourstück höchster Anforderungen, da neben den technischen Anforderungen der seelische Ausdruck nicht zu kurz kommen darf.

Längere Secco-Rezitative folgen, die drei Männer zeigen sich zu Anfang glänzend gelaunt. Ferrando berichtet von seiner vergeblichen Belagerung Fiordiligis –, die Wette ist gewonnen!

ACHTE SZENE
Ferrando und Guglielmo

Rezitativ
Ferrando (sehr fröhlich):
Mein Lieber,
der Sieg ist sicher!
Guglielmo:
Ein Zweier, ein Dreier?
Ferrando:
Alle fünf, sozusagen!
Fiordiligi,
die ist die Keuschheit selber.
Guglielmo:
Nichts Geringres?
Ferrando:
Nichts weniger; pass' auf jetzt
und höre, wie es ging.
Guglielmo:
Ich höre, sprich du nur.
Ferrando:
In diesem Gärtchen –
so wie wir es vereinbart –
geh' ich mit ihr spazieren,
geb' den Arm ihr. Wir sprechen

SCENA OTTAVA
Ferrando e Guglielmo

Recitativo
Ferrando (lietissimo):
Amico, abbiamo vinto!
Guglielmo:
Un ambo o un terno?
Ferrando:
Una cinquina[1], amico;
Fiordiligi
È la modestia in carne.
Guglielmo:
Niente meno?
Ferrando:
Nientissimo; sta attento
E ascolta come fu.
Guglielmo:
T'ascolto, di pur sù.
Ferrando:
Pel giardinetto,
Come eravam d'accordo,
A passeggiar mi metto;
Le do il braccio, si parla

[1] TV: Auch »cinquinta«.

von allerlei verschied'nen
Dingen
und lassen Amor nicht aus.
Guglielmo: Nur weiter.
Ferrando:
Ich heuchle zu erbeben,
heuchle auch Tränen, heuchle
gleich vor ihr zu sterben . . .
Guglielmo:
Bravo, das war sehr gut.
Was tat sie?
Ferrando:
Nun, sie verspottet mich, sie
lacht sehr
und scherzt auch.
Guglielmo: Und dann?
Ferrando: Und dann
heuchelt sie,
sie hätt' Mitleid . . .
Guglielmo:
O alle Wetter!
Ferrando:
Doch dann platzte die Bombe:
»Rein wie die weiße Taube
wird sie ihrem Guglielmo
Treue bewahren.«
Zornig jagt sie mich von sich,
sie beschimpft mich, verläßt
mich,
und so macht sie zum Zeugen
mich und zum Boten,
daß ein Mädchen sie sei ganz
ohne Gleichen.
Guglielmo:
Bravo dir, bravo mir,
bravo auch dir, Penelope.
Lass', mein Freund,
dich umarmen
für diese gute Botschaft,
o mein treuer Merkurius.

Di mille cose indifferenti;
alfine
Viensi all'amor.
Guglielmo: Avanti.
Ferrando:
Fingo labbra tremanti,
Fingo di pianger, fingo
Di morir al suo piè.
Guglielmo:
Bravo assai per mia fè!
Ed ella?
Ferrando:
Ella da prima ride, scherza,
Mi burla.

Guglielmo: E poi?
Ferrando: E poi
Finge d'impietosirsi.

Guglielmo:
Oh cospettaccio!
Ferrando:
Alfin scoppia la bomba;
»Pura come colomba
Al suo caro Guglielmo
ella si serba.«
Mi discaccia superba,
Mi maltratta, mi fugge,
Testimonio rendendomi
e messaggio
Che una femmina ell'è
senza paraggio.

Guglielmo:
Bravo tu, bravo io,
Bravo la mia Penelope!
Lascia un po' chi'io ti abbracci
Per sì felice augurio,
O mio fido Mercurio!

Erst ziemlich spät fällt es dem hocherfreuten Ferrando ein, nach dem Verhalten seiner Dorabella zu fragen –, doch wozu überhaupt, deren Treue sei er absolut sicher?

Vorsichtig sucht Guglielmo ihm die Wahrheit nahezubringen; es dauert ziemlich lang, bis Ferrando überhaupt begreift, daß Dorabella sich wesentlich anders verhalten habe als Fiordiligi.

Zuletzt zeigt Guglielmo dem Freund sein eigenes Bild, das er Dorabella, die es um den Hals trug, abgenommen, um dort das

Ferrando:
Und nun zu Dorabella,
wie hat sie sich verhalten?
Ah, ich hab' keinen Zweifel.
(verzückt)
Ich kenn' genug ja
ihr so getreues Wesen.
Guglielmo:
Doch einen Zweifel,
nur unter uns gesprochen,
es wär nicht schlecht,
wenn du ihn hättest!
Ferrando:
Du glaubst?
Guglielmo:
Ich meinte eben nur . . .
(für sich)
Ich würde gerne diese Pille
versüßen ihm.
Ferrando:
Himmel, hat sie erhört dich,
ließ sich von dir betören?
Ah, wenn mich wirklich
solcher Zweifel erfaßte!
Guglielmo:
Es ist stets besser,
auf Erden etwas Mißtrauen zu
empfinden.
Ferrando:
Ihr ew'gen Götter! So rede!
Auf kleinem Feuer
lass' mich länger nicht
schmor'n; doch nein,
ich glaub' gar,
Scherz willst du mit mir trei-
ben; sie liebt doch mich nur,
betet mich an, nur mich.
Guglielmo:
Sicher! Zum Beweise
Ihrer Lieb, ihrer Treue,

Ferrando:
E la mia Dorabella?
Come s'è diportata?
Ah, non ci ho neppur dubbio.
(con trasporto)
Assai conosco
Quella sensibil alma.
Guglielmo:
Eppur un dubbio,
Parlandoti a quattr'occhi,
Non saria mal, se tu l'avessi.

Ferrando:
Come?
Guglielmo:
Dico così per dir!
(da sè)
Avrei piacere d'indorargli
la pillola.
Ferrando:
Stelle! Cesse ella forse
Alle lusinghe tue?
Ah, s'io potessi
Sospettarlo soltanto!
Guglielmo:
È sempre bene
Il sospettare un poco in questo
mondo.
Ferrando:
Eterni Dei! Favella!
A foco lento
Non mi far qui morir;
ma no, tu vuoi
Prenderti meco spasso;
ella non ama,
Non adoro che me.

Guglielmo:
Certo! Anzi in prova
Di suo amor, di sua fede,

Herzchen aufzuhängen, das er selbst ihr geschenkt. Das ist der Augenblick, in dem Mozart vom vorherigen Secco-Rezitativ in das Accompagnato-Rezitativ übergeht, also das Orchester einsetzen läßt, das sofort in erregtes Tremolo und Läufe übergeht. Nur mit Mühe kann Guglielmo den Freund daran hindern, zur ungetreuen Geliebten zu stürzen und sich vielleicht blutig zu rächen. Geht das Lustspiel hier knapp an einer Tragödie vorbei? Gehört das zur zynischen Komödie, die da Ponte ersann oder wenigstens in eine theatergemäße Form brachte? Gehört dazu auch Guglielmos Taktik, den Freund von der Rache mit dem Motiv abzuhalten, diese Frau sei keine 2 Soldi wert, keine kleinste Kupfermünze also, nachdem er sie Augenblicke zuvor als unschätzbaren Wert seines Lebens betrachtet hatte? (Und am Ende des Stückes wieder als solchen ansehen soll!)

Gab sie mir hier gar dieses
schöne Bildchen.
Ferrando (wütend):
Was, dir mein Bildnis!
O Treulose!
(will forteilen)
Guglielmo:
Wohin willst du?
Ferrando:
Ich will ihr Herz reißen
aus ihrem Leibe
und rächen so meine
verrat'ne Liebe.
Guglielmo:
Warte doch!
Ferrando (entschlossen):
Nein, lass' fort mich!
Guglielmo:
Bist verrückt du?
Stürzst du dich ins Verderben
für eine Frau, die nicht zwei
Heller wert ist?
(für sich)
Ihn bewahren will ich vor einer
zu großen Dummheit!
Ferrando:
Götter! So viel Versprechen,
die Tränenflut, all die Seufzer
und heil'gen Schwüre,
konnt sie all das vergessen
in so kürzester Zeit?
Guglielmo:
Zum Teufel, ich weiß nicht.
Ferrando:
Was soll ich machen?
An was mich halten?
Entschlüsse soll ich fassen?
Hab mit mir Mitleid, du, sag's
doch, berat' mich!

Questo bel ritrattino ella mi
diede.
Ferrando (furente):
Il mio ritratto!
Ah, perfida!
(vuol partire)
Guglielmo:
Ove vai?
Ferrando:
A trarle il cor dal
scellerato petto
E a vendicar il mio tradito
affetto.
Guglielmo:
Fermati!
Ferrando (risoluto):
No, mi lascia!
Guglielmo:
Sei tu pazzo?
Vuoi tu precipitarti
Per una donna che non
val due soldi?
(da sè)
Non vorrei che facesse
Qualche corbelleria!
Ferrando:
Numi! Tante promesse,
E lagrime, e sospiri,
e giuramenti,
In sì pochi momenti
Come l'empia obliò?
Guglielmo:
Per Bacco, io non lo so.
Ferrando:
Che fare or deggio?
A qual partito,
A qual idea m'appiglio?
Abbi di me pietà,
dammi consiglio.

Ferrando ist gebrochen, bittet den Freund um Rat, aber der weiß auch keinen. Auf Ferrandos mit starken Akkorden begleiteten Ausbruch (»Barbara! Ingrata!« (Grausame! Undankbare!), auf sein Erstaunen, wie solcher Wandel in nur wenigen Stunden denkbar sei, weiß Guglielmo zuerst nur mit gleichem Erstaunen zu antworten.

Dann aber schlägt das Orchester ein beinahe frohes Thema an, spritzig instrumentiert, Allegretto, Zweivierteltakt, G-Dur, das im ersten Augenblick überraschend wirkt. Guglielmo nimmt sich gewissermassen zusammen – er hat es leicht: mit einem Erfolg in der Tasche läßt sich gut sorglos sein – und versucht, den niedergeschlagenen Freund durch eine Arie auf die Treulosigkeit der Frauen zu »trösten« –, ein gelehriger Schüler Don Alfonsos:

(33)

Immer kehrt der Refrain wieder von den »tanti, tanti, tanti«, den vielen, vielen, vielen Männern, denen es ähnlich erging wie hier Ferrando. Ein Musikstück voll bissiger Ironie, da es von Guglielmos Zuneigung zum weiblichen Geschlecht spricht, aber doch erklärt, die Enttäuschung so vieler Männer immer besser zu verstehen; von seiner stetigen Verteidigung der Frauen, aber von seinen Bedenken, wenn er sieht, wie sie ihre zahllosen Reize verteilen »a tanti, a tanti . . . Wenn die Liebhaber sich beklagen, so hat das schließlich doch einen gewichtigen Grund. Ob das Ferrando wirklich tröstet?

Guglielmo:
Mein Lieber,
selbst nicht weiß ich,
was man dir raten soll.
Ferrando:
Grausame, ein Tag nur
hat genügt dir, wenig Stunden!
Guglielmo:
Das ist sicher ein Fall, der sehr
erstaunlich!

Guglielmo:
Amico, non saprei
Qual consiglio a te dar.

Ferrando:
Barbara! Ingrata!
In un giorno! In poch'ore!
Guglielmo:
Certo un caso quest'è da far
stupore.

Nr. 26. Arie

Guglielmo:
Mädchen, so treibt Ihr's mit
Männern.
Um die Wahrheit zu gesteh'n,
wenn die Männer sich
beklagen,
dann kann ich sie ganz
verstehn.
Daß ich hoch die Frauen
preise,
wißt Ihr selber –
Ihr kennt ja mich –
niemand steht auf solche
(auf die) Weise
Euch in Freundschaft bei wie
ich.
Doch Ihr treibt's mit
Männern,

No. 26. Aria

Guglielmo:
Donne mie, la fate a tanti,
Che, se il ver vi deggio dir,
Se si lagnano gli amanti
Li comincio a compatir,
Io vo' bene al sesso vostro,
Lo sapete, ognun lo sà;
Ogni giorno ve lo mostro,
Vi do segno d'amistà.
Ma quel farla a tanti e tanti,
M'avvilisce in verità.
Mille volte il brando presi
Per salvar il vostro onor;
Mille volte vi difesi
Colla bocca e più col cor.
Ma quel farla a tanti e tanti
È un vizietto seccator.

und das stimmt sehr
traurig mich.
Tausendmal (schon)
trat mit dem Degen
ich für Eure Ehre ein,
tausendmal dem Feind
(ich) entgegen,
Blut und Leben Euch
zu weihn.
Doch Ihr treibt's mit
Männern,
das nimmt mich für
Euch nicht ein.
Ihr seid reizend,
Ihr seid liebenswert,
mit viel Charme seid
Ihr versehn,
seid von Anmut,
Reiz umgeben ganz
von dem Kopf bis zu den
(bis zum) Zeh'n.
Doch Ihr treibt's
mit Männern,
das ist nicht mitanzusehn.
Wenn darob die Männer
schreien,
kann ich ihren (den) Grund
verstehn.

(geht ab)

Siete vaghe, siete amabili,
Più tesori il ciel vi diè
E le grazie vi circondano
Dalla testa sino ai piè.
Ma la fate a tanti e tanti
Che credibile non è,
Che, se gridano gli amanti,
Hanno certo un gran perchè.

(parte)

Es sieht nicht so aus. Ferrando, nun allein, beklagt sich weiterhin, zuerst in einem Accompagnato-Rezitativ voll schmerzlicher Klage und Anklage, später in einer kleinen Arie, von Mozart »Cavatina« betitelt (was ungefähr eine kleine, liedförmige Arie ohne Themenwiederholung bedeutet, aber sehr frei angewendet wird):

(Fortsetzung des Notenbeispiels S. 202)

NEUNTE SZENE

Ferrando, dann Don Alfonso und Guglielmo, die im Hintergrund miteinander sprechen

Rezitativ [1]

Ferrando:

In welch schwere
Verzweiflung,
in welchen Aufruhr nur
der Gefühle und Sinne
bin ich geraten!
Ungeheuerlich, scheint mir,
ist dieser Vorfall,
daß nicht andre, ich selbst
nicht
mir weiter raten können . . .
Alfonso, Alfonso,
wie wirst du lachen nun
über so große Dummheit.
Doch mich rächen werd' ich –
aus meinem Herzen
werde ich jene reißen,
die Treulose reißen –
ich sie reißen?
Gott, zu sehr schlägt mein
Herz immer für sie noch!

Nr. 27. Kavatine

Ferrando:

Verraten, verspottet
vom treulosen Herz!
Und dennoch verbliebe
in feuriger Liebe
ihr zugewandt immer
mein zärtliches Herz.

SCENA NONA

Ferrando solo, poi Don Alfonso e Guglielmo che parlano in fondo

Recitativo [1]

Ferrando:

In qual fiero contrasto,
In qual disordine
Di pensieri e di affetti
io mi ritrovo!
Tanto insolito e novo è
il caso mio,
Che non altri, non io
Basto per consigliarmi . . .
Alfonso, Alfonso,
Quanto rider vorrai
Della mia stupidezza!
Ma mi vendicherò,
saprò dal seno
Cancellar quell'iniqua . . .
Saprò cancellarla . . .
Cancellarla?
Troppo, oh Dio,
questo cor
per lei mi parla.

No. 27. Cavatina

Ferrando:

Tradito, schernito
Dal perfido cor,
Io sento che ancora
Quest'alma l'adora,
Io sento per essa
Le voci d'amor.

[1] Bleibt oft mit der darauf folgenden Kavatine weg.

(34)

Hier wird sehr deutlich, wie das Rezitativ den Ausgangspunkt bildet und sich erst allmählich zu einer längeren Melodie findet. Ähnlich wie zuvor die Arie Fiordiligis ist nun die Ferrandos eine Liebeserklärung, wenn auch gemischt mit bitteren Anklagen: Fiordiligi klagt sich selbst an, Ferrando klagt die ungetreue Dorabella an. Aber er liebt sie trotz allem noch, wozu Mozart ihm sehr gefühlvolle Kantilenen schreibt. (Die ganze Neunte Szene wird nicht selten weggelassen. Trotzdem soll sie hier besprochen sein.)

Alfonso und Guglielmo haben Ferrandos letzte Worte belauscht, der nun Alfonso Vorwürfe machen will. Da zeigt sich aber, daß Guglielmo mit dem bisherigen Ausgang des Spiels gar nicht so unzufrieden ist. Er verlangt von Alfonso die Hälfte der Wette, die er bereits für seinen Teil gewonnen wähnt. Hier hat da Ponte noch ein weiteres Motiv in das Spiel eingefügt, das beim Fortlassen dieser Szene (mit Recht?) verschwindet: den Unterschied zwischen gewinnen und verlieren, könnte man sagen. Guglielmo – der sich im Glück wähnt – rückt von seinem unglücklichen Gefährten ab. Ist die Welt nicht zu bereit, dem vom Unglück Verfolgten die Schuld an seinem Mißgeschick vorzuwerfen? So tönt es jetzt aus Guglielmos Mund: es scheint ihm klar, daß man ihn nicht betrügen könne –, aber Ferrando ... Alfonso ermahnt, erinnert, daß das Spiel noch nicht zu Ende sei. Bis dahin also: Gehorsam!

Rezitativ	Recitativo
Don Alfonso:	*Don Alfonso:*
Bravo, das nenn' ich Treue.	Bravo, questa è costanza.
Ferrando:	*Ferrando:*
So geht schon, Grausamer,	Andate, o barbaro,
nur durch Euch bin ich elend.	Per voi misero sono.
Don Alfonso:	*Don Alfonso:*
Wenn Ihr zwei jetzt	Via, se sarete buono
ganz brav seid,	Vi tornerò l'antica calma.
dann kehrt die alte Ruhe	Udite:
wieder.	
So hört denn:	
(zeigt auf Guglielmo)	*(mostrando Guglielmo)*
Fiordiligi hielt Treue	Fiordiligi a Guglielmo
dem Guglielmo bis jetzt,	Si conserva fedel,
und Dorabella, die tat das	E Dorabella infedel a voi fù.
eben nicht.	
Ferrando:	*Ferrando:*
Zu meiner Schande.	Per mia vergogna.
Guglielmo:	*Guglielmo:*
Nun, mein Lieber, in jeder	Caro amico, bisogna

Der Schluß des Rezitativs bringt, nach völlig üblichem Verlauf, eine kleine Besonderheit: das Sprichwort, nach dem nur ein Narr den Vogel verkaufe, der noch auf dem Baum sitzt, wird zweimal durch eine rhythmisierte Cembalomelodie graziös begleitet.

Sache muß man doch Unter-
schiede machen.
Meinst etwa du, ein Mädchen
vergäss' je den Guglielmo?
Ein kleiner Unterschied . . .
Ich sag's nicht, mich zu loben,
doch wenn uns man ver-
gleicht . . .
dann siehst auch du ein,
daß ich's schon mehr ver-
diene . . .

Don Alfonso:
Ganz meine Ansicht.

Guglielmo:
Zahlt Ihr fünfzig Zechinen,
die Hälfte unsrer Wette?

Don Alfonso:
Mit Vergnügen!
Doch bevor ich bezahle,
möcht ich gerne
nur eines noch versuchen.

Guglielmo:
Wie denn?

Don Alfonso:
So habt doch Geduld jetzt.
Nur noch bis morgen
seid Ihr zwei meine Sklaven,
und Ihr gabt mir ja
das Wort eines Soldaten,
das zu tun, was ich will. So
kommt nun, ich hoff', zu
beweisen Euch, daß nur ein
rechter Tor den
Vogel verkaufen will, der auf
dem Baum sitzt.

(gehen ab)

Far delle differenze in
ogni cosa;
Ti pare che una sposa
Mancar possa a un Guglielmo?
Un picciol calcolo,
Non parlo per lodarmi,
Se facciamo tra noi . . .
Tu vedi, amico,
Che un poco più di merto . . .

Don Alfonso:
Eh, anch'io lo dico.

Guglielmo:
Intanto mi darete
Cinquanta zecchinetti.

Don Alfonso:
Volentieri;
Pria però di pagar, vo'che fac-
ciamo
Qualche altra esperienza.

Guglielmo:
Come?

Don Alfonso:
Abbiate pazienza;
infin domani
Siete entrambi miei schiavi;
a me voi deste
Parola da soldati,
Di far quel ch'io dirò.
Venite, o spero
Mostrarvi ben che folle è quel
cervello
Che sulla frasca ancor vende
l'uccello.

(partono)

Auch in der Zehnten Szene wird zumeist einiges oder gar vieles gekürzt. Tatsächlich läßt es sich kaum leugnen, daß hier der dramatische Faden weniger straff gespannt erscheint, als es im ersten Akt und noch zu Beginn des zweiten der Fall war. Auffallend ist auch, daß es hier kaum noch größere Ensembles gibt, und eine Häufung von Arien und höchstens Duetten, jedes Mal nach langen, schnell dahingeplauderten Secco-Rezitativen, trägt den Keim nachlassender Spannung in sich.

Viele Biographen und Analytiker haben diese Tatsache an dieser Stelle untersucht und zu erklären unternommen. Liegt die »Schuld« an da Ponte? Hätte Mozart nicht eingreifen können oder müssen?

Despina lobt ihre Damen, Dorabella erklärt ihr Nachgeben angesichts der Reize ihres neuen Kavaliers.

ZEHNTE SZENE

Zimmer mit verschiedenen Türen, Spiegeln und Tischchen
Dorabella und Despina, danach Fiordiligi

Rezitativ

Despina:
Jetzt erst sehe ich, daß Ihr
eine Dame von Welt seid.
Dorabella:
Umsonst, Despina,
wollte ich widerstehn.
Der kleine Teufel
ist so bezaubernd und so beredsam, benimmt sich,
daß du umfällst, sogar wenn du
aus Stein bist.
Despina:
Donner und Blitz! –
Zum Teufel!
Das nenn' ich klug gesprochen! Nur zu selten
geschieht uns armen Mädchen
auch einmal etwas Gutes,
so daß man es ergreifen sollte,
wenn's kommt.
Da kommt ja Eure Schwester –
die Miene!
Firodiligi: Unglücksel'ge!
In welcher Lage bin ich
und das nur Euretwegen!
Despina:
Was geschah denn,
liebes verehrtes Fräulein?

SCENA DECIMA

Camera con diverse porte, specchio e tavolini
Dorabella e Despina, poi Fiordiligi

Recitativo

Despina:
Ora vedo che siete
Una donna di garbo.
Dorabella:
Invan, Despina,
Di resister tentai:
quel demonietto
Ha un artifizio, un'eloquenza, un tratto,
Che ti fà cader giù se sei di
sasso.
Despina:
Corpo di satanasso!
Questo vuol dir saper!
Tanto di raro
Noi povere ragazze
Abbiamo un po' di bene,
Che bisogna pigliarlo allor
ch'ei viene.
Ma ecco la sorella.
Che ceffo!
Fiordiligi: Sciagurate!
Ecco per colpa vostra
In che stato mi trovo!
Despina:
Cosa è nato,
Cara Madamigella?

Fiordiligi ist unruhig; sie gesteht, daß sich neben ihre Liebe zu Guglielmo ein neues Gefühl einzuschleichen beginne. Die beiden anderen sind entzückt von diesem Geständnis, aber Fiordiligi hat ihren Kampf mit sich selbst noch lange nicht ausgekämpft.

Dorabella:
Ist dir nicht gut, o Schwester?
Fiordiligi:
Ich möcht', der Teufel
hole mich,
dich, die hier, Don Alfonso,
die beiden Fremden,
alle Verrückten auf Erden.
Dorabella:
Bist du denn ganz von Sinnen?
Fiordiligi:
Schlimmer, schlimmer,
und nun erschaudre: ich liebe,
und meine Liebe
gilt nicht mehr nur Guglielmo.
Despina:
Sehr gut, sehr gut!
Dorabella:
Könnt vielleicht es sein,
daß verliebt du wärest
in den reizenden Blonden?
Fiordiligi (seufzend):
Ach, viel mehr, als ich darf!
Despina:
Vortrefflich!
Dorabella:
Dafür nimm
siebzigtausend Küsse:
du den Blonden,
ich den Braunen,
und wir sind beide Bräute!
Fiordiligi:
Nein, was sagst du?
Denkst du nicht an die Armen,
die erst heut abgereist
An ihre Tränen?
An die ewige Treu denkst du
nicht mehr jetzt?
Sag', dein grausames Denken,
wo nur, wo lernst du so was?

Dorabella:
Hai qualche mal, sorella?
Fiordiligi:
Ho il diavolo, che porti me,
Te, lei, Don Alfonso,
i forestieri
E quanti pazzi ha il mondo.

Dorabella:
Hai perduto il giudizio?
Fiordiligi:
Peggio, peggio,
Inorridisci: io amo,
e l'amor mio
Non è sol per Guglielmo.
Despina:
Meglio, meglio!
Dorabella:
E che si che anche tu
se' innamorata
Del galante biondino?
Fiordiligi (sospirando):
Ah, purtroppo per noi!
Despina:
Ma brava!
Dorabella:
Tieni
Settantamile baci:
Tu il biondino,
io 'l brunetto,
Eccoci entrambe spose!
Fiordiligi:
Cosa dici?
Non pensi agli infelici
Che stamane partir?
Ai loro pianti?
Alla lor fedeltà tu più non
pensi?
Così barbari sensi
Dove, dove apprendesti?

Was hat dich denn nur plötzlich so verändert?

Sì diversa da te come ti festi?

Dorabella:
Höre mich: aus uns, was wird,
wenn die Liebsten nun fallen
im Krieg, in den sie zogen?
In dem Fall: dann blieben
wir zwei hier auf das schönste
einfach sitzen.
Zwischen sicher und vielleicht
nur
gilt's hier zu unterscheiden.

Dorabella:
Odimi: sei tu certa
Che non muojano in guerra
I nostri vecchi amanti?
E allora? Entrambe
Resterem colle man piene di
mosche.
Tra un ben certo, e un incerto
C'è sempre un gran divario.

Fiordiligi:
Und wenn zurück sie
kommen?

Fiordiligi:
E se poi torneranno?

Dorabella:
Dann haben sie das Nachsehn!
Wir sind längst Ehefrauen
und vielleicht tausend Meilen
fern der Heimat.

Dorabella:
Se torneran, lor danno!
Noi saremo allor mogli,
Noi saremo lontane
mille miglia.

Fiordiligi:
Ich weiß nicht, wie an einem
einz'gen Tag
ein Herz sich so verändert?

Fiordiligi:
Ma non so, come mai
Si può cangiar in un sol giorno
un core.

Dorabella:
Da fragst du wirklich
lächerlich!
Bist Frau du,
handelst du etwa anders?

Dorabella:
Che domanda ridicola!
Siam donne!
E poi, tu com'hai fatto?

Fiordiligi:
Ich kann beherrschen mich!

Fiordiligi:
Io saprò vincermi.

Despina:
Ihr werdet gar nichts können.

Despina:
Voi non saprete nulla.

Fiordiligi:
Ich werd' es dir beweisen.

Fiordiligi:
Farò che tu lo veda.

Dorabella:
Glaube mir, Schwester, 's ist
besser, wenn du nachgibst.

Dorabella:
Credi, sorella,
è meglio che tu ceda.

Dorabella sucht in einer Arie (Allegretto vivace, Sechsachteltakt, B-Dur) der Schwester zuzureden, sie zum letzten Schritt zu ermuntern:

(35)

Auch dieses Musikstück fällt oft den Kürzungen, denen »Così fan tutte« ausgesetzt wird, zum Opfer. Vielleicht nicht ganz mit Unrecht: einem gewissen, nicht allzu großen musikalischen Reiz steht die Tatsache entgegen, daß es dramatisch kaum vertretbar ist, den so gut geschürzten Knoten überflüssigerweise aus den Augen zu verlieren, und Dorabella zudem in solchem Leichtsinn und mangelnder Gefühlstiefe zeigt, daß man sich fragt, ob Ferrando – er ist gerade der tiefer veranlagte der Freunde, der ernstere, besonnenere – beim Abschluß der Wette blind war. Doch vielleicht übersteigen solche Gedanken bereits den Sinn dieses kleinen Stückes, in dem da Ponte, mit sehr leichter Hand, Gemeinplätze gewöhnlichster Art verstreut hat.

Nr. 28. Arie

Dorabella:

Ein kleiner Dieb ist Amor,
ein Schlänglein
voller List.
Er raubt und schenkt uns
Frieden,
wie's ihm gefällig ist.
Er schlüpfet durch die Augen
ins off'ne Herz hinein
und schlägt den Geist
in Ketten,
will herrschen ganz allein.
Wonne durchström(e)t die
Herzen,
läßt du ihn ruhig gehn
doch bringt er herbe
Schmerzen,
willst du ihm widerstehn.
Hat er die Brust erfüllet,
spürst du ihn zwicken hier,
hast du ihn ganz gefühlet,
dann spiel mit ihm gleich mir.

(Dorabella und Despina gehen ab.)

No. 28. Aria

Dorabella:

È amore un ladroncello,
Un serpentello
È amor.
Ei toglie e dà la pace,
Come gli piace,
Ai cor.
Per gli occhi al seno appena
Un varco aprir si fa
Che l'anima in catena
E toglie libertà.
Porta dolcezza e gusto,
Se tu lo lasci far,
Ma t'empie di disgusto
Se tenti di pugnar.
Se nel tuo petto ei siede,
S'egli ti becca quì,
Fa' tutto quel ch'ei chiede,
Che anch'io farò così.

(Dorabella e Despina partono.)

Dorabellas Arie ist ohne Erfolg geblieben: ganz im Gegenteil, Fiordiligis Treue ist dadurch vielleicht sogar eher noch gestärkt worden. Zugleich aber fürchtet sie, der »Fremde« könne noch kühner werden und, angefeuert von Dorabella und Despina, denen sie ihr Herz geöffnet hatte, ihre keimende Zuneigung ausnützen.

Guglielmo hat gelauscht –, alle Buffoopern leben zum guten Teil davon, daß alle Personen ihre Gedanken laut ausdrücken und dabei stets von anderen belauscht werden – und brüstet sich erneut der Treue seiner Verlobten. Da geht ein rettender Gedanke durch Fiordiligis Kopf: sie erinnert sich, daß im Hause einige Uniformen der Verlobten aufbewahrt sind. Sofort ruft sie Despina: sie wird eine davon anlegen, Dorabella zu gleichem Tun veranlassen –, und dann wollen sie beide den Geliebten nach, in den Krieg ziehen!

ELFTE SZENE

Fiordiligi allein, danach Guglielmo, Ferrando und Don Alfonso, die sich in einem anderen Zimmer aufhalten, welches sichtbar ist durch die Tür des ersten. Danach Despina

Rezitativ

Fiordiligi:

Alles hat sich verschworen,
mir das Herz zu verführn!
Doch nein! Lieber tot
als mich ergeben! 's war falsch,
daß ich der Schwester
mich entdeckte, und ihr auch,
meiner Zofe.
Sie erzählen ihm alles, er wird
noch kühner,
wird zum Äußersten fähig . . .
nie soll er wieder
mir vor die Augen kommen.
All meine Leute
bedroh ich mit Entlassung,
lassen sie ihn herein.
Dieser Verführer
nahe nicht mehr.

Guglielmo:

Bravissima,
Meine keusche Diana;
hört ihr's alle?

Fiordiligi:

Aber wenn Dorabella,
ohne daß ich es wüßte . . . langsam . . . dieser Einfall . . .
nun heißt's gut überlegen!
In unserm Hause
sind viele Uniformen

SCENA UNDICESIMA

Fiordiligi sola, poi Guglielmo, Ferrando e Don Alfonso, che stanno in un'altra camera, che si vede per la porta della prima, poi Despina

Recitativo

Fiordiligi:

Come tutto congiura
A sedurre il mio cor! Ma no!
Si mora,
E non si ceda!
Errai quando alla suora
Io mi scopersi ed alla
serva mia.
Esse a lui diran tutto,
ed ei più audace,
Fia di tutto capace;
agli occhi miei
Mai più non comparisca!
A tutti i servi
Minaccerò il congedo
Se lo lascian passar;
veder nol voglio,
Quel seduttor.

Guglielmo:

Bravissima,
La mia casta Artemisia;
la sentite?

Fiordiligi:

Ma potria Dorabella
Senza saputa mia . . . piano,
un pensiero
Per la mente mi passa;
in casa mia
Restar molte uniformi

von Guglielmo und Ferrando.
Nur Mut!
Despina, Despina!

Despina (kommt herein):
Was ist los?

Fiordiligi:
Bitte, nimm diesen Schlüssel
und ohne Widerspruch,
ohne Widerspruch, hörst du,
geh' in die Garderobe und
bring' mir hierher
zwei Degen und zwei Hüte,
zwei Uniformen
von unsern Liebsten.

Despina:
Was soll damit geschehen?

Fiordiligi:
Gehe, und widersprich nicht.

Despina (für sich):
Entschlossen scheint sie mir,
Frau Arroganza.
(geht ab)

Fiordiligi:
Keine Wahl gibt's,
und ich hoffe,
daß Dorabella mitmacht,
meinem Beispiel Folge leistet.
Aufs Schlachtfeld, aufs
Schlachtfeld!
Es gibt kein andres Mittel,
Unsre Treue zu retten.

Don Alfonso (für sich):
Genug hab' ich verstanden.
(zu Despina, die zurückkehrt)
Gehe nur, fürchte nichts.

Despina:
Bitte sehr!

Fiordiligi:
Gehe:
Schnell bestelle ein Diener

Di Guglielmo e di Ferrando:
ardir!
Despina! Despina!

Despina (entrando):
Cosa c'è?

Fiordiligi:
Tieni un po' questa chiave e
senza replica,
Senza replica alcuna,
Prendi nel guarderoba,
e qui mi porta
Due spade, due cappelli e due
vestiti
De' nostri sposi.

Despina:
E che volete fare?

Fiordiligi:
Vanne, non replicare.

Despina (da sè):
Comanda in abregè donna
Arroganza.
(parte)

Fiordiligi:
Non c'è altro; ho speranza
Che Dorabella stessa
Seguirà il bell'esempio;
Al campo, al campo!
Altra strada non resta
Per serbarci innocenti.

Don Alfonso (da sè):
Ho capito abbastanza.
(a Despina, che ritorna)
Vanne pur, non temer.

Despina:
Eccomi.

Fiordiligi:
Vanne.
Sei cavalli di posta

Die neue Szene setzt das Spiel mit den Uniformen fort. Fiordiligi hat einen Waffenrock Ferrandos angezogen, ihren weltlichen Putz vom Körper gerissen und in »heroischen« Worten sich selbst gelobt, sich nie mehr zu schmücken, bevor sie dem Heißgeliebten für immer vereint sei. Mit großer Befriedigung hat Guglielmo heimlich die Szenen mitangesehen und -gehört.

und sechs Postpferde gleich.
Sag Dorabella,
daß ich sie sprechen will.

Despina:
Bin stets zu Diensten.
(für sich)
Den Verstand hat die Dame,
scheint's, verloren.
(geht ab)

ZWÖLFTE SZENE

Fiordiligi, danach Ferrando; Guglielmo und Don Alfonso bleiben in dem anderen Zimmer.

Rezitativ

Fiordiligi:
Gut, daß Ferrandos Kleider
passen bestens für mich,
und Dorabella
nimmt die hier von Guglielmo.
In diesen Kleidern
eilen wir rasch zu unsern
Liebsten.
An ihrer Seite dann woll'n wir
kämpfen
und, wenn's sein muß,
auch sterben.
(Sie reißt ihren Kopfputz ab.)
Fort, geh zum Teufel,
du unseliger Kopfputz,
den ich verachte.

Guglielmo (für sich):
Hat man denn solche Liebe je
gesehen?

Fiordiligi:
Hoffe nicht, meine Stirn je
wieder zu schmücken,

Voli un servo a ordinar;
di' a Dorabella
Che parlarle vorrei.

Despina:
Sarà servita.
(da sè)
Questa donna mi par di
senno uscita.
(parte)

SCENA DODICESIMA

Fiordiligi, poi Ferrando; Guglielmo e Don Alfonso restano nell'altra camera.

Recitativo

Fiordiligi:
L'abito di Ferrando
Sarà buono per me;
può Dorabella
Prender quel di Guglielmo.
In questi arnesi
Raggiungerem gli sposi nostri,
Al loro fianco pugnar potremo
E morir, se fa d'uopo.

(Si cava quello che tiene in testa.)
Ite in malora,
Ornamenti fatali,
io vi detesto.

Guglielmo (da sè):
Si può dar un amor simile
a questo?

Fiordiligi:
Di tornar non sperate alla
mia fronte

Bevor aber Fiordiligi noch ins Feld ziehen und dort an der Seite des Geliebten kämpfen, wenn es sein muß, mit ihm sterben kann, ist Ferrando zur Stelle, um nach Alfonsos Anweisungen einen neuen Sturm zu unternehmen. Daraus erwächst das Duett (Adagio, Alla breve-Takt, A-Dur), das die letzte Entscheidung des Stückes bringt. Sehr langsam, geradezu feierlich kündet Fiordiligi nochmals, in der Pose einer Heroine, ihren unabänderlichen Entschluß.

Letzte Verzweiflung mimend, stürzt Ferrando nun auf sie zu; die Musik nimmt ein schnelleres Zeitmaß an: Con più moto, die Begleitung wird drängend. Sie setzt aus, als Fiordiligi den Eindringling von sich stößt. Nun wird das Zeitmaß noch drängender: Allegro. Ferrando nimmt eine Gesangsphrase Fiordiligis auf, bittet sie um den Tod von ihrer Hand, mit dem Degen, den sie gerade in die Hand nahm, um aufs Schlachtfeld zu eilen. Das weichere A-Dur geht in das harte, klare C-Dur über, die beiden Stimmen scheinen miteinander zu ringen. Ferrando kämpft mit verdoppeltem Eifer, gilt es doch, die Schande gutzumachen, die Dorabellas Versagen ihm bereitet hat; zugleich auch Rache zu nehmen am ganzen weiblichen Geschlecht.

bis mit dem Liebsten ich zurück.
An deiner Stelle trag' ich nun diesen Hut da.
Wie sehr auch er mich verändert, dieses Aussehn,
die Züge,
ja, tatsächlich, ich kenn' mich selber kaum wieder.

Nr. 29. Duett

Fiordiligi:
Seinen Armen eil' ich entgegen,
bald bin ich bei meinem Liebsten.
Unerkennbar durch diese Kleider
schreit' ich durch der Krieger Reih'n.
Wie wird freudig sein Herz erbeben,
wenn ich so ihn überrasche.

Ferrando:
Und indessen werd ich Ärmster
bald des Todes Beute sein.

Fiordiligi:
Ach, was seh' ich?
Ich, verraten!
Geht, verschwindet!

Ferrando:
O nein, mein Leben!
Mit dem Schwert in deinen Händen
mögest du mein Herz durchbohren,
wenn die Kraft zur Tat dir fehlt,
führe ich selbst dir die Hand.

Pria ch'io qui torni col mio ben;
In vostro loco porrò questo cappello.
Oh, come ei mi trasforma le sembianze e il viso!
Come appena io medesma or mi ravviso!

No. 29. Duetto

Fiordiligi:
Fra gli amplessi in pochi istanti
Giungerò del fido sposo;
Sconosciuta a lui davanti
In quest'abito verrò.
Oh, che gioja il suo bel core
Proverà nel ravvisarmi!

Ferrando:
Ed intanto di dolore,
Meschinello io mi morrò.

Fiordiligi:
Cosa veggio?
Son tradita!
Deh, partite!

Ferrando:
Ah no, mia vita!
Con quel ferro di tua mano
Questo cor tu ferirai,
E se forza, oh Dio, non hai,
io la man ti reggerò.

Fiordiligi fühlt ihren Widerstand erlahmen und Ferrando verstärkt seine glühenden Beteuerungen noch – so heftig, als glaube er selbst an sie:

(Fortsetzung des Notenbeispiels S. 224)

Fiordiligi:
Schweige, o weh! Ich bin genug
gequält, genug auch unglückselig.
Ferrando:
Ah, ich fühl', daß ihre Treue
Fiordiligi:
Ah, ich fühl', daß meine Treue
Ferrando:
meinen Blicken, meinem Flehen . . .
Fiordiligi:
seinen Blicken, seinem Flehen . . .
Fiordiligi und Ferrando:
länger nicht kann widerstehn.
Fiordiligi:
Laß mich, laß mich!
Ferrando:
Vergeblich hoffst du.
Fiordiligi:
Bitte sag', was denn verlangst du?
Ferrando:
Nur dein Herz, sonst Tod begehr' ich.
Fiordiligi:
Länger nicht, länger nicht (dir) wehr' ich.

Fiordiligi:
Taci, ahimè! Son abbastanza
Tormentata ed infelice!
Ferrando:
Ah, che omai la sua costanza
Fiordiligi:
Ah, che omai la mia costanza
Ferrando:
A quei sguardi, a quel che dice,
Fiordiligi:
A quei sguardi, a quel che dice,
Fiordiligi e Ferrando:
Incomincia a vacillar.
Fiordiligi:
Sorgi, sorgi!
Ferrando:
Invan lo credi.
Fiordiligi:
Per pietà, da me che chiedi?
Ferrando:
Il tuo cor o la mia morte.
Fiordiligi:
Ah, non son, non son più forte!

(36)

Mit einem Schrei Fiordiligis (»Dei, consiglio!« – Götter, helft mir!) hält das unermüdliche Vorwärtstreiben des Orchesters inne. Und Mozart tut etwas sehr Schönes und sehr Musikalisches: er will wohl Fiordiligis Niederlage nicht mit Ferrandos atemlosen Drängen gelingen lassen, sondern mit seinem innigen Flehen. Und so setzt er zu einem gänzlich neuen Teil an, einem ausdrucksvollen Larghetto, Dreivierteltakt und wiederum A-Dur, einer der schönsten Melodien des Werkes:

(37)

Ferrando:
Mein sei, Liebste!
Fiordiligi:
Gott, erbarm' dich!

Ferrando:
Cedi, cara!
Fiordiligi:
Dei, consiglio!

Ferrando:
Blicke auf mich,
schau mir ins Auge,
nur in mir find'st du
dein Leben:
Gatte, Geliebter,
um dir zu geben
alle Lieb(e und), alles Glück.

Ferrando:
Volgi a me pietoso il ciglio.
In me sol trovar tu puoi
Sposo, amante e più, se vuoi.
Idol mio, più non tardar.

Aber diese reine Schönheit der Melodie läßt den Hörer – wenn er zu diesem Zeitpunkt überhaupt daran denkt – das »Spiel« vergessen, in dem er sich befindet. Vielleicht hat da Ponte Ferrandos Worte mit leichter Ironie aufgefaßt, will immer wieder die Parodie durchscheinen lassen, die er sich vorgenommen hat. Aber Mozarts Musik ist stärker: dieses Flehen Ferrandos und das endgültige Unterliegen Fiordiligis sind kein »Spiel« mehr, sie sind Ausdruck echter Liebe. Ein letzter Aufschrei Fiordiligis (»Crudel!« – Grausamer!) auf ein großes Orchestercrescendo und einen scharf abreißenden dissonanten Akkord. Dann eine weiche, zärtliche Melodie der Geigen: »Hai vinto! Fa di me quel che ti par!« – Du hast gesiegt, mach' mit mir jetzt, was du willst! Und dann: ein seliges Duett in wohllautenden Konsonanten, die Hymne eines glücklichen Paares (Andante) . . .

Die folgenden Rezitative werden nur selten in der Form gesungen, wie die Originalpartitur es angibt. Es gibt verschiedene Kürzungen, ja sogar üblich gewordene Verschiebungen. Ob das Publikum nun Guglielmos Wutausbrüche gegen Fiordiligi miterlebt, ist nicht so wichtig und schon gar nicht, ob der Streit zwischen ihm und Ferrando weitergeht. Beide sind sich einig darin, daß die Frauen bestraft werden müssen; Alfonso rät zur »grausamsten« Art: sie zu heiraten. Die beiden Freunde wollen nichts davon hören: schließlich gibt es genug andere für Männer wie sie! Alfonso lächelt nur: glauben sie, die würden anders sein? Und: Im Grunde lieben sie ja beide immer noch diese Ungetreuen. Man muß die Frauen nehmen, wie sie sind, man muß Philosoph sein, denn ändern kann man Menschen und Dinge nicht . . .

Fiordiligi:
Großer Gott! Barbar,
du siegtest!
Mach mit mir jetzt,
was du willst.
(Don Alfonso hält Guglielmo zurück, der hereinstürzen will.)
Ferrando und Fiordiligi:
Welche Wonne,
(o) welch Entzücken,
dich an meine Brust zu
drücken.
Hohen Lohn jetzt bieten
Liebe,
süße Triebe,
Seligkeit!
(gehen ab)

Fiordiligi:
Giusto ciel! Crudel, hai vinto;
Fa di me quel che ti par.
(Don Alfonso trattiene Guglielmo che vorrebbe uscire.)
Ferrando e Fiordiligi:
Abbracciamci, o caro bene,
E un conforto a tante pene
Sia languir di dolce affetto,
Di diletto
Sospirar!
(partono)

DREIZEHNTE SZENE
Guglielmo und Don Alfonso, danach Ferrando, dann Despina

SCENA TREDICESIMA
Guglielmo e Don Alfonso, poi Ferrando, indi Despina

Rezitativ
Guglielmo:
Ich allerärmster Mann!
Was mußt' ich sehen!
Was alles mußt ich hören!
Don Alfonso:
Um Himmels willen, ruhig!
Guglielmo:
Den Bart möcht' ich mir
raufen,
Die Haut sogar zerfleischen
an der Mauer die Stirne
mir zerschlagen.
War dies da Fiordiligi,
die Penelope,
die Diana des Säkulums!
Die Schurkin,

Recitativo
Guglielmo:
Oh poverretto me,
cosa ho veduto!
Cosa ho sentito mai!
Don Alfonso:
Per carità, silenzio!
Guglielmo:
Mi pelerei la barba,
Mi graffierei la pelle
E darei colle corna
entro le stelle.
Fu quella Fiordiligi,
la Penelope,
L'Artemisia del secolo!
Briccona,

Ungetreue, Verrät'rin,
Diebin, Hündin!
Don Alfonso:
Er klage uns sein Leid.
Ferrando (tritt ein): Und nun!
Guglielmo: Sag', wo?
Ferrando:
Wer? Meinst du Fiordiligi?
Guglielmo:
Ja, die Fior . . . Fior-di-des
Teufels,
zuerst hol er diese, und dann
auch mich!
Ferrando:
Du siehst nun selber:
Hier ist ein feiner Unterschied
zu machen.
(ironisch)
Da ich es mehr verdiene . . .
Guglielmo:
O lass' das, lass' ab
mich so zu quälen;
wir müssen Wege finden,
die beiden zu bestrafen,
und zwar empfindlich.
Don Alfonso:
Ich weiß den Weg: die Heirat.
Guglielmo:
Da heirat' ich schon eher
eine alte Fregatte!
Ferrando:
Und ich das kalte Hölloch.
Guglielmo:
Den Bart eines Propheten.[1]

[1] Die wörtliche Übersetzung der drei Ausdrücke lautet:
Guglielmo: Die Barke des Charon.
Ferrando: Die Grotte des Vulkanus.
Guglielmo: Die Türe der Hölle.
Alle drei sind für unmögliche Heiratsabsichten gebraucht.

Assassina, furfante,
ladra, cagna!
Don Alfonso:
Lasciamolo sfogar.
Ferrando (entrando): Ebben!
Guglielmo: Dov'è?
Ferrando:
Chi? La tua Fiordiligi?
Guglielmo:
La mia Fior . . .
Fior di diavolo,
Che strozzi lei prima
e dopo me!
Ferrando:
Tu vedi bene:
V'han delle differenze
in ogni cosa;
(ironicamente)
Un poco di più merto . . .
Guglielmo:
Ah, cessa, cessa
Di tormentarmi ed una via
piuttosto
Studiam di castigarle
Sonoramente.
Don Alfonso:
Io so qual è: sposarle.
Guglielmo:
Vorrei sposar piuttosto
La barca di Caronte!
Ferrando:
La grotta di Vulcano.
Guglielmo:
La porta dell'inferno.

Hier wird zumeist das nächste Rezitativ (vgl. S. 235) eingelegt. Despina eröffnet den jungen Männern ihr »Glück«: die Damen willigen ein, sich mit ihnen zu vermählen. Ob sie zufrieden sind? Dreistimmig – die Jungen vor Zorn noch bebend – antworten alle: »Cotentissimi! – Überglüclich!«

Don Alfonso:
Dann bleibt Ihr Junggesellen
wohl für immer.
Ferrando:
Fehlt es etwa an Frauen
für Männer, so wie wir sind?
Don Alfonso:
An Frauen fehlt es niemals.
Doch so wie Eure jetzt,
so handeln alle.
Im Grunde liebt Ihr beide
diese schändlichen,
flatterhaften Vögel.
Guglielmo:
Ah, nur zu sehr!
Ferrando:
Nur zu sehr!
Don Alfonso:
Also, dann nehmt sie,
wie sie eben sind.
Wie käme die Natur dazu,
sich zu verleugnen und
ausnahmsweise
ihrer zwei aus besondrem Teig
zu kneten,
bloß für Euch, schöne Mäuler.
Man muß nur alles
als Philosoph betrachten.
Jetzt kommt, Ihr beide.
Wir werden Wege finden,
alles neu einzurichten.
Ich will noch heute Abend
eine doppelte Hochzeit sehn.
Inzwischen hört Ihr Euch
einen Spruch an:
's wäre gut für Euch zwei,
wenn Ihr's beherzigt.

Don Alfonso:
Dunque restate celibi in
eterno.
Ferrando:
Mancheran forse donne
Ad uomin come noi?
Don Alfonso:
Non c'è abbondanza d'altro.
Ma l'altre che faran,
Se ciò fer queste?
In fondo, voi le amate
Queste vostre cornacchie
spennacchiate.
Guglielmo:
Ah, purtroppo!
Ferrando:
Purtroppo!
Don Alfonso:
Ebben, pigliatele
Com'elle son;
natura non potea
Fare l'eccezione, il privilegio
Di creare due donne
d'altra pasta
Per i vostri bei musi;
in ogni cosa
Ci vuol filosofia. Venite meco;
Di combinar le cose
Studierem la maniera.
Vo che ancor questa sera
Doppie nozze si facciano;
Frattanto un'ottava ascoltate:
Felicissimi voi se la imparate.

Don Alfonso verkündet die Moral – oder soll man sagen: die Unmoral? – des Stückes: die Wankelmütigkeit der Frauen ist ein Naturgesetz; wer sich durch sie benachteiligt fühlt, gebe sich selbst die Schuld. So machen sie es alle:

(38)

Nr. 30. Andante

Don Alfonso:
Alles schilt auf die Frauen,
doch ich verzeihe,
wenn sie auch tausendmal neu
sich verlieben.
Dieser nennt es ein Laster, je-
ner Gewohnheit,
doch ich glaub',
sie folgen nur den Trieben.
Fühlt einer sich am Ende gar
betrogen
wird die Schuld nur bei ihm,
bei ihm nur liegen.
's gilt bei Häßlichen, Schönen,
bei Jungen und Grauen,
wiederholt drum mit mir:
So machen's Frauen.

Ferrando, Don Alfonso und Gu-glielmo:
So machen's Frauen!

No. 30. Andante

Don Alfonso:
Tutti accusan le donne,
Ed io le scuso
Se mille volte al dì cangiano
amore;
Altri un vizio lo chiama, ed
altri un uso,
Ed a me par necessità del core.
L'amante che si trova alfin
deluso,
Non condanni l'altrui,
Ma il proprio errore,
Giacchè giovani, vecchie e bel-
le e brutte,
Ripetete con me:
Così fan tutte!

Ferrando, Don Alfonso e Gu-glielmo:
Così fan tutte!

Es ist das »Leitmotiv« des Werkes – das einzige, das (außer vielleicht in den drei Bläserakkorden der »Zauberflöte«) in Mozarts Bühnenwerken zu finden ist – und das bei seinem ersten Auftauchen in der Ouvertüre (Nr. 1) eingehend besprochen wurde. Es hat sich nur insofern verändert, als nun alle Notenwerte kurz sind; wie kleine Hammerschläge klingt die Sentenz: »Co-sì fan tut-te« (»So ma-chen's Frau-en!«). Fast triumphal – oder nur feststellend?

Hier steht im Original das kleine Rezitativ, was, wie schon auf Seite 230 erwähnt, zumeist in das zuvorgehende integriert wird, so daß nach dem »Così fan tutte«-Ausruf der drei Männer sofort das Finale einsetzt.

VIERZEHNTE SZENE
Die Vorigen; Despina

Rezitativ

Despina:
Viktoria, meine Herren!
Für die Heirat sind fertig
unsre reizenden Damen.
In Eurem Namen
habe ich versprochen,
daß in nur drei Tagen
Ihr mit ihnen abreiset.
Ich hab' den Auftrag,
den Notar zu bestellen,
der Eh'verträge aufsetzt.
In ihrem Zimmer dort
warten beide auf Euch schon.
Seid Ihr nun endlich glücklich?
Ferrando, Don Alfonso und Guglielmo:
Ja, am glücklichsten.
Despina:
Der Erfolg steht am Ende,
nimmt nur Despina alles in die Hände.
(gehen ab)

SCENA QUATTORDICESIMA
I suddetti; Despina

Recitativo

Despina:
Vittoria, padroncini!
A sposarvi disposte
Son le care madame;
a nome vostro
Loro io promisi che in tre giorni circa
Partiranno con voi;
l'ordin mi diero
Di trovar un notajo
Che stipuli il contratto;
alla lor camera
Attendendo vi stanno.
Siete così contenti?
Ferrando, Don Alfonso e Guglielmo:
Contentissimi.
Despina:
Non è mai senza effetto
Quand'entra la Despina in un progetto.
(partono)

Ein Allegro assai – also ein sehr flottes Zeitmaß – Vierviertelktakt und helles C-Dur: mit vollem Orchester setzt die Festesfreude ein, Despina ordnet die Hochzeitsfeierlichkeiten, ein Chor von Dienern und Musikern sorgt für frohes Leben und Treiben. Don Alfonso lobt die Reichhaltigkeit, den guten Geschmack der vorbereiteten Speisen und Getränke. Er instruiert die Anwesenden, die beiden jungen Paare nach Gebühr zu feiern.

FÜNFZEHNTE SZENE

Festlich erleuchteter Saal. Im hintergrund ein Orchester; Tafel für vier Personen mit silbernen Armleuchtern. Vier festlich gekleidete Diener.

Despina, Diener und Musiker; danach Don Alfonso

Nr. 31. Finale

Despina:

Nun beeilt Euch,
liebe Freunde,
alles schön zu arrangieren,
und die Speisen zu servieren
mit Geschmack und Vornehmheit.
Heute feiern unsre Damen
dieses große Hochzeitsfeste.
Deshalb sorget auf das Beste
zu erhöhn die Festlichkeit!

Chor der Diener und Musiker:

Eilen wir nun, liebe Freunde,
alles schön zu arrangieren,
und die Speisen zu servieren
mit Geschmack und Vornehmheit.

Don Alfonso:

Bravo, bravo,
ganz ausgezeichnet!
Wie geschmackvoll!
Platten randvoll!
Ihr bekommt wohl Euren Lohn
und drüber eine Kleinigkeit.
Unsre jungen Paare
nahen gleich,
bei der Ankunft sollt
Ihr singen,

SCENA QUINDICESIMA

Sala ricchissima illuminata. Orchestra in fondo; tavola per quattro persone con doppieri d'argento. Quattro servi riccamente vestiti.

Despina, servitori e suonatori; poi Don Alfonso

No. 31. Finale

Despina:

Fate presto, o cari amici,
Alle faci il foco date
E la mensa preparate
Con ricchezza e nobiltà.
Delle nostre padroncine
Gli imenei son già disposti
E voi gite ai vostri posti
Finchè i sposi vengon quà.

Coro di servi e suonatori:

Facciam presto, o cari amici,
Alle faci il foco diamo
E la mensa prepariamo
Con ricchezza e nobiltà.

Don Alfonso:

Bravi, bravi! Ottimamente!
Che abbondanza!
Che eleganza!
Una mancia conveniente
L'un e l'altro a voi darà.
Le due coppie omai s'avanzano;
Fate plauso al loro arrivo:
Lieto canto e suon giulivo

Nur zu Despina äußert er seine wahren Gedanken, in die sie einstimmt: eine tollere Komödie gab es nie und wird es nie geben . . .

Beim Erscheinen der Brautpaare bricht der Chor in den vorgeschriebenen Jubel aus (Andante, Alla breve-Takt, Es-Dur). Dann drücken diese selbst ihre Freude aus: zuerst im rhythmischen Gleichklang alle vier – als Beweis ihrer völligen Übereinstimmung –, dann paarweise mit einander ergänzenden Phrasen und dann gar mit einer langen Note und fast übermütigen Koloratur Fiordiligis als »Überdachung« der anderen Stimmen:

(Fortsetzung des Notenbeispiels S. 240)

daß die Freudenchöre klingen
weithin voller Heiterkeit.

Despina und Don Alfonso (leise, gehen ab durch verschiedene Türen):

Eine schönere Komödie
sah man noch zu keiner Zeit.

SECHZEHNTE SZENE

Die Vorigen; Fiordiligi, Dorabella, Ferrando, Guglielmo

Chor:

Glück und Heil für jeden Bräutigam
Und die liebenswerten Bräute!
Mög' Euch stets der Himmel gnädig sein,
mög er Eurer reinen Liebe
schenken eine reiche Kinderschar,
die ganz Euch an Schönheit gleicht.

Fiordiligi, Dorabella, Ferrando und Guglielmo:

Hier wird unsrem Bund versprochen
alle Freude, alle Liebe!
Unsre gute Despinetta!
Sicher hat sie dies erdacht!
Die Musik soll lauter klingen,
wiederholt die frohen Lieder,
hierher wollen wir uns setzen
und nun feiern unser Fest.

Chor:

Glück und Heil für jeden Bräutigam etc.

Empia il ciel d'ilarità.

Despina e Don Alfonso (piano, partendo per diverse porte):

La più bella commediola
Non s'è vista, o si vedrà!

SCENA SEDICESIMA

I suddetti; Fiordiligi, Dorabella, Ferrando, Guglielmo

Coro:

Benedetti i doppi conjugi
E le amabili sposine!
Splenda lor il ciel benefico,
Ed a guisa di galline
Sien di figli ognor prolifiche
Che le agguaglino in beltà.

Fiordiligi, Dorabella, Ferrando e Guglielmo:

Come par che qui prometta
Tutto gioja e tutto amore.
Della cara Despinetta
Certo il merito sarà.
Raddoppiate il lieto suoni,
Replicate il dolce canto
E noi qui seggiamo intanto
In maggior giovialità.

Coro:

Benedetti i doppi conjugi etc.

(39)

bis dann auch Ferrando vor lauter »Glück« diese Extratour seiner »Braut« wiederholt: das Bild von Einigkeit und Zufriedenheit ist nicht zu überbieten. Die Anwesenden (Diener und Musiker) stimmen nochmals in ihre gutstudierten, gesitteten Hochrufe ein.

(Der Chor geht ab; vier Diener bleiben, um die Brautpaare, die sich an den Tisch setzen, zu bedienen.)

(Il coro parte; restano quattro servitori per servire gli sposi che si mettono alla tavola.)

Doch der »Einklang« wird noch enger, noch herzlicher: die beiden Männer singen – in geradezu volkstümlichen Terzenparallelen – gemeinsam Liebesschwüre (nun sind sie wieder, nach der doppelten Niederlage, gegen den »Erbfeind«, die geliebten Frauen, geeint):

(40)

und die Frauen antworten ebenso.

Ferrando und Guglielmo:
Alles, alles, o mein Leben
gibt die Antwort auf unsre
Liebe.
Fiordiligi und Dorabella:
Wallt mein Blut nur dir
entgegen,
wachsen meine Triebe.
Ferrando und Guglielmo:
Wie du schön bist!
Fiordiligi und Dorabella:
Wie du hübsch bist!
Ferrando und Guglielmo:
Schön dein Auge!
Fiordiligi und Dorabella:
Wie schön dein Mund ist!

Ferrando e Guglielmo:
Tutto, tutto, o vita mia,
Al mio foco or ben risponde.

Fiordiligi e Dorabella:
Pel mio sangue l'allegria
Cresce, cresce e si diffonde.

Ferrando e Guglielmo:
Sei pur bella!
Fiordiligi e Dorabella:
Sei pur vago!
Ferrando e Guglielmo:
Che bei rai!
Fiordiligi e Dorabella:
Che bella bocca!

Nun könnte das Werk mit diesem »Liebesgetändel« (es ist von seiten der Männer eben doch nur halbherzig echt) zu Ende gehen, aber Mozart macht plötzlich aus dem Zusammenschlagen der Gläser eine bezaubernde Klangvision: kurze (Staccato-) Noten in den Singstimmen und dem Orchester:

(41)

Ferrando und Guglielmo:
Nimm, hier trinke!
Fiordiligi und Dorabella:
Trinke, nimm hier!

Ferrando e Guglielmo:
Tocca e bevi!
Fiordiligi e Dorabella:
Bevi e tocca!

Und als wollte er nach diesen Takten feinen Humors nicht zurück in den (wohl absichtlich ein wenig banalen) Tonfall von vorher, findet er nun eine der (vielen) wundervollen innigen Melodien des Werkes, die nun einmal seine unübertroffene Stärke sind:

(42)

Er macht diese kostbare Melodie zur Trägerin eines Kanons, und es entsteht ein herrliches Musikstück, das in kurzer Analyse gar nicht genug gewürdigt werden kann. Natürlich ist dieser Kanon nicht mit unserer üblichen Vorstellung dieser oft im Kinderspiel verwendeten Musikgattung (»Frère Jacques« – »Bruder Jakob«) zu vergleichen. Seine Melodie erstreckt sich auf volle 24 Takte, nach jeweils acht von ihnen setzt eine neue Stimme ein: Fiordiligi, Ferrando, Dorabella – dann Fiordiligi zum zweiten Mal, wie in jedem Kanon selbstverständlich, aber Guglielmo stimmt nicht ein: in das Musikstück voller (musikalischer und textlicher) Harmonie bringt er mit bitteren Zwischenrufen einen (dramatisch glänzenden) Kontrast: Mozart der Musikdramatiker! Geradezu ein Lehrbeispiel in jeder Beziehung! Zu erwägen wäre noch der Text dieses Kanons: auf welches »Vergessen der Vergangenheit« stoßen die anscheinend so glücklichen Paare an? Besonders die Männer?

Dann zurück in die Handlung: der »Notar« erscheint – Despina leiert ihren eingelernten Text herunter:

(Notenbeispiel S. 248)

Fiordiligi, Ferrando und Dorabella:
In dein Glas und in das Meine
sei versenket jedes Gedenken,
Und nicht bleibe mehr Erinn'rung
an Vergang'nes in unsrem Herz.
Guglielmo (für sich):
Ah, wär doch der Wein vergiftet nur
für die list'ge Weiberbrut.

Fiordiligi, Ferrando e Dorabella:
E nel tuo, nel mio bicchiero
Si sommerga ogni pensiero
E non resti più memoria
Del passato ai nostri cor.
Guglielmo (da sè):
Ah, bevessero del tossico,
Queste volpi senza onor!

SIEBZEHNTE SZENE

Die Vorigen; Don Alfonso; danach Despina als Notar

Don Alfonso:
Meine Freunde, jetzt wird's gelten!
Fertig sind die Eh'verträge,
der Notar steht auf der Treppe,
ipso facto ist er da.
Fiordiligi, Dorabella, Ferrando und Guglielmo:
Bravo, bravo, er komm' schnellstens her!
Don Alfonso:
Ja, ich ruf' ihn, schon ist er da!

SCENA DICIASSETTESIMA

I suddetti; Don Alfonso; poi Despina da notaio

Don Alfonso:
Miei signori, tutto è fatto:
Col contratto nuziale
Il notajo è sulle scale
E ipso facto qui verrà.
Fiordiligi, Dorabella, Ferrando e Guglielmo:
Bravo, bravo.
Passi subito!
Don Alfonso:
Vò a chiamarlo. Eccolo qua.

(43)

Natürlich bemerkt niemand die Verkleidung, für die Soubrettenstimme der Despina ergibt sich eine dankbare Gelegenheit, Verstellungen zu versuchen. Die Stimmung der Tischgesellschaft ist glänzend, alle scheinen am Ziel ihrer Wünsche. Natürlich darf man über die Situation nicht nachdenken. Keine Gewissensbisse der Mädchen? Keine Ungeduld der Männer, die Farce zu Ende zu bringen, um die Treulosen gebührend zu schrecken und zu bestrafen? Doch das Quartett fließt fröhlich dahin, sorglos, unbeschwert – von Despina und Alfonso zur gern gegebenen Unterschrift gedrängt.

Da – ein Blitz aus heiterem Himmel – der Soldatenchor! Er klingt aus einiger Ferne, kommt aber immer näher. Lähmung und Panik sind vorstellbar: die beiden jungen »Frauen« (nun glauben sie sich ja verheiratet) erschrecken, die Männer tun verwirrt. Alfonso erhebt sich, um »nachzusehen«, was das bedeutet – und stürzt gleich darauf zurück mit der Hiobsbotschaft, die früheren Verlobten kämen »aus dem Kriege« zurück:

(Notenbeispiel S. 250)

Despina (durch die Nase):
Hiermit wünschet alles Gute,
der Notarius Beccavivi,
kommt mit dem Beamtenhute
in der stadtbekannten Art.
Pacta sind schön stilisieret,
nach dem Jus verklausulieret,
alle Formen observieret.
Vorerst hustend,
dann sich setzend,
liest er den Vertrag Euch vor.
Fiordiligi, Dorabella, Ferrando und Guglielmo:
Bravo, bravo, das ist gut!
Despina: Kraft Vertrags,
von mir verfertigt,
schließen hier das matrimonio
Fiordiligi mit Sempronio
und mit Tizio Dorabella,
Ihre legitime Schwester;
beide Damen aus Ferrara,
beide Herren aus Albanien.
Mitgift gibt's und
Morgengabe.
Fiordiligi, Dorabella, Ferrando und Guglielmo:
Ist bekannt uns,
ist bekannt uns!
Ja, wir glauben's,
wir vertrauen,
unterschreiben gleich im Nu.
Despina und Don Alfonso:
Bravo, bravo, so ist's recht!
(Das Papier bleibt in der Hand von Don Alfonso. Man hört lauten Trommelwirbel.)
Chor (hinter der Szene):
Schönes Leben als Soldat!
Nirgends drücken ihn
die Sorgen,

Despina (con voce nasale):
Augurandovi ogni bene,
Il notajo Beccavivi
Coll'usata a voi sen viene
Notariale dignità.
E il contratto stipulato
Colle regole ordinarie
Nelle forme giudiziarie,
Pria tossendo,
Poi sedendo,
Clara voce leggerà.
Fiordiligi, Dorabella, Ferrando e Guglielmo:
Bravo, bravo in verità!
Despina: Per contratto
Da me fatto,
Si congiunge in matrimonio
Fiordiligi con Sempronio
E con Tizio Dorabella,
Sua legittima sorella;
Quelle, dame ferraresi,
Questi, nobili albanesi.
E per dote e contradote . . .

Fiordiligi, Dorabella, Ferrando e Guglielmo:
Cose note, cose note!
Vi crediamo,
Ci fidiamo;
Soscriviam,
date pur quà.
Despina e Don Alfonso:
Bravi, bravi in verità!
(La carta resta in mano di Don Alfonso. Si sente un gran suono di tamburo.)
Coro (di dentro):
Bella vita militar!
Ogni dì si cangia loco,

(44)

Als wäre ein Wolf in einen Hühnerstall eingebrochen, so stiebt alles auseinander. Die Frauen bestürmen ihre »Gatten« mit erregten Worten, sofort zu fliehen. Ferrando und Guglielmo gebärden sich ängstlich: was geschieht, wenn sie entdeckt würden? Die Aufregung steigt mit jedem Augenblick an.

darbt er heute,
schwelgt er morgen,
bald zu Land,
bald auf dem Meer.

Fiordiligi, Dorabella, Despina, Ferrando und Guglielmo:
Welch ein Lärm,
was soll das Singen?

Don Alfonso:
Bleibt nur ruhig; ich seh' nach.
(geht zum Fenster)
Misericordia!
Götter des Himmels!
Welch furchtbar Schicksals-
schlag!
Ich zitt're! Ich bebe!
Eure Verlobten . . .

Fiordiligi und Dorabella:
Wie, mein Verlobter . . .

Don Alfonso:
Ja, eben jetzt
kommen sie, o Götter,
und an dem Ufer
landen sie schon!

Fiordiligi, Dorabella, Ferrando und Guglielmo:
Was muß ich hören!
Grausames Schicksal!
Zu diesem Zeitpunkt!
Was ist zu tun?

Fiordiligi und Dorabella:
Rasch nur, so geht doch!

Despina, Ferrando, Don Alfonso und Guglielmo:
Wenn sie Euch/uns
sehen hier?

Fiordiligi und Dorabella:
Rasch nur, entflieht jetzt!

Oggi molto e doman poco,
Ora in terra ed or sul mar.

Fiordiligi, Dorabella, Despina, Ferrando e Guglielmo:
Che rumor,
che canto è questo?

Don Alfonso:
State cheti; io vò a guardar.
(va alla finestra)
Misericordia!
Numi del cielo!
Che caso orribile!
Io tremo! Io gelo!
Gli sposi vostri . . .

Fiordiligi e Dorabella:
Lo sposo mio . . .

Don Alfonso:
In questo istante
Tornaro, oh Dio!
Ed alla riva
Sbarcano già!

Fiordiligi, Dorabella, Ferrando e Guglielmo:
Cosa mai sento!
Barbare stelle!
In tal momento
Che si farà?

Fiordiligi e Dorabella:
Presto partite.

Despina, Ferrando, Don Alfonso e Guglielmo:
Ma se ci (li) veggono?

Fiordiligi e Dorabella:
Presto fuggite:

Don Alfonso wirft sich zum Retter der Situation auf, spielt den »Beschützer« der Mädchen; er führt den »Notar« in ein Gemach (als kenne sich Despina im Hause nicht genugsam aus!), die Mädchen verstecken die Liebhaber in einem anderen –; aus dem sie sofort ins Freie gelangen und in ursprünglicher Gestalt zurückkehren können.

Inzwischen hat die Erregung der Anwesenden ihren Höhepunkt erreicht: »Mille barbari pensieri«, tausend wilde Gedanken jagen durch die Köpfe der armen Mädchen, und das Orchester, das seinen Rhythmus geändert hat, bricht in wiederholte scharfe Akzente aus.

Despina, Ferrando, Don Alfonso und Guglielmo:
Wenn sie Euch/uns
finden hier?
Fiordiligi und Dorabella:
Dort, dort, verstecket Euch,
um Himmels will'n!
(Don Alfonso führt Despina in ein Zimmer; Fiordiligi und Dorabella führen die Liebhaber in ein anderes. Die Liebhaber verlassen ungesehen das Zimmer und gehen ab.)
Fiordiligi und Dorabella:
Götter, so helft uns!
Don Alfonso:
Nur nicht viel Lärm gemacht.
Fiordiligi und Dorabella:
Götter, Erbarmen!
Don Alfonso:
Nun, so beruhigt Euch!
Fiordiligi und Dorabella:
Wer wird uns retten
aus der Gefahr?
Don Alfonso:
Verlasset euch auf mich,
alles wird gut.
Fiordiligi und Dorabellal:
Tausend ängstliche Gedanken
quälen mir das Herz mit
Schrecken.
Wenn sie den Verrat entdecken,
ach was wird dann nur aus uns?

Despina, Ferrando, Don Alfonso e Guglielmo:
Ma se ci (li) incontrano?
Fiordiligi e Dorabella:
Là, là celatevi,
Per carità!
(Don Alfonso conduce Despina in una camera; Fiordiligi e Dorabella conducono gli amanti in un'altra. Gli amanti escono non veduti e partono.)
Fiordiligi e Dorabella:
Numi, soccorso!
Don Alfonso:
Rasserenatevi.
Fiordiligi e Dorabella:
Numi, consiglio!
Don Alfonso:
Ritranquillatevi.
Fiordiligi e Dorabella:
Chi dal periglio
Ci salverà?
Don Alfonso:
In me fidatevi,
Ben tutto andrà.
Fiordiligi e Dorabella:
Mille barbari pensieri
Tormentando il
cor mi vanno;
Se discoprono l'inganno
Ah, di noi che mai sarà?

Im Kontrast zu dieser gut geschilderten Unruhe (die von seiten der Mädchen sehr echt ist!) vollzieht sich nun die »Heimkehr« der beiden »Krieger« in einem absichtlich ruhigen, fast liebenswürdigen Zeitmaß und Tonfall (Andante, Alla breve-Takt, B-Dur), was der Komödiensituation voll entspricht:

(45)

Haben die Männer vorher in der Verkleidung ihre Rollen als fremde Liebhaber gut gespielt, so tun sie es nun als »Heimkehrer« nicht weniger. Das tut natürlich auch Alfonso. Die Frauen aber sind lange nicht imstande, ein Wort hervorzubringen; ihre ersten Sätze zeigen sie am Rande einer Ohnmacht. Alfonso sucht das mit der überwältigenden Freude über das Wiedersehen zu motivieren: die abgemachte Komödie erreicht nun immer neue Höhepunkte – wer von seelischer Grausamkeit spräche, hätte Beweise genug dafür.

LETZTE SZENE

Fiordiligi und Dorabella, Ferrando und Guglielmo mit Militärmänteln und -hüten, Despina im Zimmer, und Don Alfonso

Ferrando und Guglielmo:
Wohlbehalten seht wieder uns kehren
in die Arme der zärtlichen Bräute,
hier erwartet uns Wonne und Freude,
nun empfängt Eure Treu ihren Lohn.

Don Alfonso:
Gute Götter! Guglielmo! Ferrando!
O, wie freu' ich mich! Ihr?
Wie nur? Seit wann denn?

Ferrando und Guglielmo:
Der Befehl unsres (des) Königs rief uns zurück,
und die Herzen voll Frieden und Freude
kommen wir zu der liebenden Braut zurück,
kommen heim auch zum Freunde zurück.

Guglielmo (zu Fiordiligi):
Doch was soll deine Blässe, dein Schweigen?

Ferrando (zu Dorabella):
Meine Liebste, wie traurig bist du?

Don Alfonso:
Nur vor Freude verwirrt und betäubt sind sie
wortlos, wortlos, beklommen ihr Herz.

SCENA ULTIMA

Fiordiligi e Dorabella, Ferrando e Guglielmo con mantelli e cappelli militari, Despina in camera, e Don Alfonso

Ferrando e Guglielmo:
Sani e salvi,
agli amplessi amorosi
Delle nostre fidissime amanti
Ritorniamo di gioja esultanti
Per dar premio alla lor fedeltà!

Don Alfonso:
Giusti Numi! Guglielmo! Ferrando!
Oh, che giubilo! Qui?
Come e quando?

Ferrando e Guglielmo:
Richiamati de regio contrordine,
Pieni il cor di contento e di gaudio,
Ritorniamo alle spose adorabili,
Ritorniamo alla vostra amistà.

Guglielmo (a Fiordiligi):
Ma cos'è quel pallor,
quel silenzio?

Ferrando (a Dorabella):
L'idol mio perchè mesto si sta?

Don Alfonso:
Dal diletto confuse ed attonite
Mute mute si restano là.

Wie verabredet, betreten Ferrando und Guglielmo das Nebengemach – um angeblich ihr Gepäck dort abzustellen – und »entdekken« den »Notar«. Der entpuppt sich sofort als Despina –, ist es der erste Schlag der Demaskierung oder ist es Despinas Angst, den früheren Verlobten als zu ernste Verbündete der neuen zu erscheinen? Weiß sie überhaupt, daß es die gleichen sind? War sie völlig in das ganze Spiel eingeweiht oder bestand ihre Aufgabe nur darin, den von Alfonso eingeführten Fremden den Weg zu den Damen zu ebnen? Tatsache ist, daß sie im ganzen Verlauf des Stückes die »Albaner« nie mit ihren richtigen Namen ansprach, auch wenn sie mit ihnen allein war! Die Wirkung dieser Demaskierung ist stark: die Damen erholen sich kaum, und die Männer brechen über diese »furba«, Schelmin, in Lachen aus:

(46)

Fiordiligi und Dorabella:
Ah, ich bringe kein Wort aus dem Munde mehr,
möchte sterben vor Scham und vor Schmerz.
(Die Diener tragen einen Koffer herein.)
Guglielmo:
Ihr erlaubt, daß dieser Koffer
in dies Zimmer wird getragen.
Oh, was seh' ich!
Ein Mann verborgen!
Ein Notarius! Was will der?
Despina (ohne Hut, tritt ein):
Nein, Signor, 's ist kein Notarius,
seht, Despina ist verkleidet,
die vom Maskenball zurückgekehrt,
nur wechseln wollt das Kleid.
Ferrando und Guglielmo (für sich):
Eine Schelmin ihresgleichen...
Despina:
Eine Schelmin meinesgleichen...
Fiordiligi und Dorabella:
Wie Despina? Wie Despina?
Ferrando, Guglielmo und Despina:
Wo wird man die wieder sehn?
Fiordiligi und Dorabella:
Nein, das kann man nicht verstehn.

Fiordiligi e Dorabella:
Ah, che al labbro le voci mi mancano;
Se non moro un prodigio sarà.
(I servi portano un baule.)
Guglielmo:
Permettete che sia posto
Quel baul in quella stanza.
Dei, che veggio!
Un uom nascosto!
Un notajo! Qui che fa?
Despina (esce senza cappello):
No, signor, non è un notajo;
È Despina mascherata
Che dal ballo or è tornata
E a spogliarsi or venne quà.
Ferrando e Guglielmo (da sè):
Una furba uguale a questa.
Despina:
Una furba che m'agguagli.
Fiordiligi e Dorabella:
La Despina? La Despina?
Ferrando, Guglielmo e Despina:
Dove mai si troverà?
Fiordiligi e Dorabella:
Non capisco come và.

Alfonso, der die »Ehekontrakte« an sich genommen hat, spielt sie nun den »Heimkehrern« in die Hände. Gut gespielte Empörung der Männer; Ausbruch Guglielmos auf einen starken Orchesterakkord: »Un contratto nuziale?« (Ein Ehevertrag?) Darauf die willkommene Gelegenheit für die Männer, sich auszutoben. Sie »spielen« die Empörten, und sie sind es wirklich.

Natürlich übertreiben sie schamlos (»das Blut werde in Strömen fließen!«), aber sie steigern sich wirklich immer mehr in Wut – wenn auch aus Motiven, die der leidende Teil, die Mädchen, noch nicht ahnen kann.

Mit letzter Kraft hindern die Mädchen ihre Verlobten am Eintritt in das Gemach, in dem sie die »Albaner« versteckt glauben.

(Don Alfonso läßt den von den Frauen unterschriebenen Kontrakt geschickt fallen.)

Don Alfonso (leise zu den Liebhabern):

Ich ließ die Papiere fallen.
Hebt sie auf ganz unauffällig.

(Ferrando hebt den Kontrakt auf.)

Ferrando:

Doch was sind das für Papiere?

Guglielmo:

Eh'verträge seh' ich deutlich!

Ferrando und Guglielmo:

Ei, verdammt!
Da, Eure Namen!
Niemals könntet Ihr das leugnen,
wir verraten, wir verraten!
Ah, entdecken muß man alles,
und in Flüssen, Strömen, Meeren
fließe Euer Blut dahin!

(Sie wollen in das andere Zimmer gehen; die Damen halten sie zurück.)

(Don Alfonso lascia cadere accortamente il contratto sottoscritto dalle donne.)

Don Alfonso (piano agli amanti):

Già cader lasciai le carte;
Raccoglietele con arte.

(Ferrando raccoglie il contratto.)

Ferrando:

Ma che carte sono queste?

Guglielmo:

Un contratto nuziale!

Ferrando e Guglielmo:

Giusto ciel! Voi qui serviveste,
Contradirci omai non vale!
Tradimento, tradimento!
Ah, si faccia il scoprimento
E a torrenti, a fiumi, a mari
Indi il sangue scorreà!

(Vanno per entrare nell'altra camera; le donne li arrestano.)

Mit flehentlicher Stimme bitten die Mädchen nicht um Verzeihung, an die sie nicht mehr glauben können, sondern um den Tod:

(47)

Anschließend gestehen die Mädchen ihre »Schuld«: sie tun es auf die gleiche Melodie (Nr. 45), mit der ihre Verlobten »zurückkehrten« – was mag das bedeuten? Erst die moderne Psychologie könnte das erklären –, war Mozart ein schon »modern« denkender Psychologe oder war es »nur« Intuition?
Die Männer fordern wütend eine Erklärung. Die mögen – meinen die völlig gebrochenen Mädchen – die wahrhaft Schuldigen, die Anstifter geben: Alfonso, Despina.

Fiordiligi und Dorabella:
Herr, ich hab' den Tod verdienet,
nur den Tod kann ich erflehen.
Ich bekenne mein Vergehen,
dieses Eisen soll mich durchbohren,
die Erbarmen nicht verdient.

Fiordiligi e Dorabella:
Ah, signor, son rea di morte
E la morte io sol vi chiedo;
Il mio fallo tardi vedo;
Con quel ferro un sen ferite
Che non merita pietà!

Ferrando und Guglielmo:
Nun, was war?
Fiordiligi und Dorabella (zeigen auf Despina und Don Alfonso):
Für uns mag sprechen
dieser Unmensch, diese Schlechte!

Ferrando e Guglielmo:
Cosa fù?
Fiordiligi e Dorabella (additando Despina e Don Alfonso):
Per noi favelli
Il crudel, la seduttrice!

Alfonso ist nun bereit, das grausame Spiel zu beenden: er weist die Offiziere ins Nebengemach, wo die »Beweise« lägen. Ferrando und Guglielmo beeilen sich, dort einzudringen. Die Qual der Frauen erreicht ihren Höhepunkt: sie erwarten Todesschreie, verstehen Alfonsos »Verrat« nicht ...

Aber das befürchtete Gemetzel findet nicht statt, die Komödie tritt – grausam, aber doch eben Komödie – voll in ihre Rechte. Die Verlobten betreten den Saal, nun nur noch halb verkleidet und leicht erkennbar. Ferrando kniet vor Fiordiligi und fällt ironisch in seine Pose und Sprache als »Albaner« zurück:

(48)

Und das Gleiche tut (mit dem leicht variierten Notenbeispiel Nr. 30) Guglielmo bei Dorabella, der er dabei den Tausch der – nun überaus peinlichen – »Andenken« vorschlägt: das Herzchen gegen das Bild Ferrandos.

Don Alfonso:
Nur zu wahr ist, was sie sagten,
der Beweis ist dort versteckt!
(Er zeigt auf das Zimmer, in das früher die Liebhaber geflüchtet waren. Ferrando und Guglielmo gehen in das Zimmer.)
Fiordiligi und Dorabella:
Diese Furcht, ich beb', ich zittere,
warum nur verriet er sie?
(Ferrando und Guglielmo kommen aus dem Zimmer zurück, ohne Hut, ohne Mantel und ohne Schnurrbart, aber in ihrer früheren Verkleidung und machen sich lustig über ihre Bräute und über Despina.)
Ferrando (zu Fiordiligi):
Vor Euch verneigt sich,
edelste Dame,
der Kavalier, Fremder aus Albanien.
Guglielmo:
Hier dieses Bildchen
an Stell des Herzchens
geb' ich Euch wieder, meine Signora.

Don Alfonso:
Troppo vero è quel che dice
E la prova è chiusa lì!
(Accenna la camera dov'erano entrati prima gli amanti, Ferrando e Guglielmo entrano in camera.)
Fiordiligi e Dorabella:
Dal timor io gelo, io palpito;
Perchè mai li discoprì!
(Ferrando e Guglielmo escono dalla camera, senza cappelli, senza mantelli e senza mustacchi, ma coll'abito finto e burlano in modo ridicolo le amanti e Despina.)
Ferrando (a Fiordiligi):
A voi s'inchina,
Bella damina,
Il cavaliere dell'Albania!
Guglielmo:
Il ritrattino
Pel coricino
Ecco, io le rendo, signora mia!

Dann verneigen sich die Männer ironisch vor Despina, deren »medizinischen Künsten« sie (mit einem Zitat aus der Medikus-Szene, Beispiel Nr. 24) alle Hochachtung zollen. Und nun wird es klar, daß auch Despina in gewissem Sinne die Gefoppte war. (Es ist fast wie in Verdis 100 Jahre später komponiertem »Falstaff«, der am Schluß befriedigt feststellt, daß im Grunde alle die Genarrten sind.) Die Verwirrung ist allgemein – eine glänzende Lustspielsituation, die von da Pontes Kunst beredtes Zeugnis ablegt.

Hat er nur sein Handwerk zeigen wollen oder absichtlich alle aus dem »Spiel« erdenklichen Schlüsse unterschlagen? Ihm liegt an der komödienhaften Beendigung, und die führt nun der einzige wirkliche Drahtzieher – oder Sieger – des Spiels herbei: Don Alfonso ist nicht umsonst als »alter Philosoph« bezeichnet: nun verkündet er den »Sinn« des Spiels: die Spieler klüger zu machen für die Zukunft, für ihr Leben:

(49)

Ferrando und Guglielmo (zu Despina):
Und dem magnetischen reizenden Doktor
geb' ich die Ehre,
die er verdient!
Fiordiligi, Dorabella und Despina:
Himmel, was seh' ich!
Ferrando, Don Alfonso und Guglielmo:
Das war ein Treffer!
Fiordiligi, Dorabella und Despina:
Vor Schmerz vergeh' ich!
Ferrando, Don Alfonso und Guglielmo: 's wird immer besser!
Fiordiligi und Dorabella (zeigen auf Don Alfonso):
Hier dieser Bösewicht
hat uns getäuscht!
Don Alfonso:
Euch hab' ich getäuscht,
die Täuschung
war Enttäuschung für die Liebsten,
die jetzt klüger sind und machen
das, was ich von ihnen will.
Gebt die Hände,
seid Verlobte.
Nun umarmet Euch und schweigt stille.
Alle viere werden lachen,
auch ich lachte, lache mit.

Ferrando e Guglielmo (a Despina):
Ed al magnetico signor dottore
Rendo l'onore
Che meritò!
Fiordiligi, Dorabella e Despina:
Stelle, che veggo!
Ferrando, Don Alfonso e Guglielmo:
Son stupefatte!
Fiordiligi, Dorabella e Despina:
Al duol non reggo!
Ferrando, Don Alfonso e Guglielmo: Son mezze matte!
Fiordiligi e Dorabella (accennando Don Alfonso):
Ecco là il barbaro
Che c'ingannò!
Don Alfonso:
V'ingannai, ma fu l'inganno
Disinganno ai vostri amanti,
Che più saggi omai saranno,
Che faran quel ch'io vorrò.
Quà le destre, siete sposi.
Abbracciatevi e tacete.
Tutti quattro ora ridete,
Ch'io già risi e riderò.

Er endet mit der Aufforderung an alle, einander die Hände zu reichen, zu lachen, zu feiern, zu heiraten, glücklich zu sein – als ob das so einfach wäre. Begeistert machen alle mit: was denn könnten oder wollten sie tun? Das gute Ende ist in Wahrheit gar kein gutes Ende, nur da Pontes Text und Mozarts Musik lassen es so erscheinen. Ein jubelndes Finale krönt das Werk. Das Nachdenken kommt (vielleicht) später ... bei Spielern und Publikum ...

Fiordiligi und Dorabella:
Mein Geliebter,
wenn das wahr ist,
sieh so schwöre ich dir
auf's Neue,
wahre Liebe, feste Treue,
bis mein Aug im Tode bricht.
Ferrando und Guglielmo:
Glauben will ich dir, Geliebte,
doch erproben will ich's nicht.
Despina:
Träume ich,
was soll ich machen,
schäme mich,
kann nicht mehr lachen,
diesmal taten sie's, doch später
führe ich sie hinters Licht.
Alle:
Glücklich preis ich,
wer erfasset
alles von der guten Seite,
der bei Stürmen
niemals erblasset,
wählt Vernunft als Führerin.
Was im Leben andre
weinen macht,
ist für ihn nur ein Grund
zum Lachen,
drohn Gefahren noch
so fürchterlich,
wahrt er seinen heitern Sinn.

ENDE

Fiordiligi e Dorabella:
Idol mio, se questo è vero,
Colla fede e coll'amore
Compensar saprò il tuo core,
Adorarti ognor saprò.
Ferrando e Guglielmo:
Te lo credo, gioja bella,
Ma la prova io far non vò.
Despina:
Io non so se veglio o sogno,
Mi confondo, mi vergogno;
Manco mal, se a me l'han fatta,
Ch'a molt'altri anch'io la fò.
Tutti:
Fortunato l'uom che prende
Ogni cosa pel buon verso
E tra i casi e le vicende
Da ragion guidar si fà.
Quel che suole altrui far
piangere
Fia per lui cagion di riso
E del mondo in mezzo i turbini
Bella calma troverà.

FINE

Inhaltserzählung

ERSTER AKT[1]

Lorenzo da Ponte, der Textdichter, und *Mozart* hatten »Le nozze di Figaro« mit der eher ungewöhnlichen Aufeinanderfolge zweier gleicher musikalischer Formen – Duette zwischen Susanne und Figaro – eingeleitet. In »Così fan tutte« stehen sogar drei gleichgebaute Stücke am Anfang: drei Terzette der einzigen Männerstimmen des Stückes. Die dramatische Exposition des Konflikts, der im Stück behandelt werden wird, ist kurz, sehr gedrängt und äußerst wirksam: Die drei männlichen Akteure der Komödie stehen nach wenigen Minuten sehr plastisch vor uns. (Die Bezeichnung der Autoren: »dramma giocoso« – heiteres oder scherzhaftes Drama – ist im Deutschen nicht anwendbar und muß durch Komische Oper, Lustspiel oder Komödie ersetzt werden.) Es sind dies zwei junge Offiziere des neapolitanischen Heeres, Ferrando und Guglielmo, und ihr älterer, reiferer und lebenserfahrener Freund Alfonso (mit dem Respektspersonen zustehenden Wörtchen »don« versehen: Don Alfonso).

Sie haben sich, wie zweifellos oft, auf der Terrasse eines Kaffees zusammengefunden, schwatzend, rauchend, trinkend. Vielleicht sieht man im Hintergrund die schöne Meeresbucht von Neapel und dahinter steigt, mit seiner dünnen Rauchfahne über dem Krater, der Vesuv in den klaren Himmel, nicht anders als *Mozart* ihn in seiner Jugend gesehen hat (worüber er nach Hause berichtet hatte) und wir ihn auch heute noch beobachten können. Ferrando und Guglielmo, Tenor und Bariton des Stückes, sind soeben dabei, die Treue ihrer Bräute, zweier jungen Damen aus Ferrara, in Neapel niedergelassen, heftig zu verteidigen. Wenige Augenblicke vorher muß Don Alfonso etwas Abträgliches über die weibliche Treue geäußert haben, das die jungen Männer in gewaltige Aufregung versetzt hat.

Das geschah bei noch geschlossenem Theatervorhang, sozusagen während der Ouvertüre. Ob es abwegig ist, eine Stelle

[1] Die in Klammern gesetzten Ziffern dieses Kapitels bedeuten die entsprechende Musiknummer der Partitur.

dieser Ouvertüre damit in Zusammenhang zu bringen? (Solche spitzfindigen Zusammenhänge gibt es für gewöhnlich in der Oper des 18. Jahrhunderts noch nicht, aber vielleicht hat *Mozart* schmunzelnd an etwas derartiges gedacht.) Kurz vor Schluß der Ouvertüre hat das Orchester plötzlich ausgesetzt und, von wenigen Instrumenten gestützt, eine Tonfolge eingesetzt, die sich später als »Leitmotiv« des Werkes entpuppen wird, wenn die Singstimmen zu ihr die Worte intonieren: »Così fan tutte« – So machen es alle Frauen. Das muß es auch gewesen sein, was Don Alfonso äußerte, und was die Offiziere so in Harnisch brachte: so machen es alle Frauen, ungetreu sind sie alle, von Natur aus.

Beim Aufgehen des Vorhangs verteidigt soeben Ferrando heftig die Treue seiner Dorabella: nie wäre sie eines Verrates an ihm fähig; so schön sie sei, so beständig auch. Guglielmo sekundiert: unwandelbar treu sei auch seine Fiordiligi. Alfonso bemerkt, daß er da in ein Wespennest gestochen hatte; ihm liegt wahrlich nicht an Streit. Doch die Offiziere lassen nicht mehr locker: so leicht könne der Freund sich nicht aus der Affäre ziehen! Er habe eine Behauptung aufgestellt, nun gelte es, sie zu beweisen oder mit der Waffe der beleidigten Ehre Genugtuung zu geben. In großer Erregung schließt das erste der Terzette (Nr. 1). Die jungen Männer wollen nichts von Alfonsos Erklärungen wissen. Der mag sich keineswegs drükken, aber er ahnt, daß seine Beweisführung bei jungen Verliebten nur Bitterkeit hervorrufen könne. Das Rezitativ – schneller, heftiger Dialog mit wenigen stützenden Akkorden des Cembalos – vertieft die Gegensätze noch. Die Jungen wollen Alfonso zum Duell zwingen: er hat ihre Bräute beleidigt! Doch der weicht, immer noch lächelnd, aus: Warum solche Aufregung? Handelt es sich bei deren Mädchen um Frauen oder um Fabelwesen? Um Frauen, stellen die Offiziere empört fest. Alfonso lacht: eben. Frauen, die treu sind? Wie naiv seine jungen Freunde sich gebärden!

Das zweite Terzett (Nr. 2) setzt mit einer längeren Erklärung Alfonsos ein: Frauentreue – das sei so wie der Phönix aus Arabien, von dem viele sprächen, den aber noch nie jemand gesehen habe. Wütend nehmen die Offiziere diese neue Behauptung auf: Dorabella sei so ein Phönix! Und Fiordiligi! Gar zwei auf einmal, am gleichen Ort? lacht der Philosoph; das

Don Alfonso, der alte Philosoph,
hier von Theo Adam dargestellt

Siegesgewiß gehen Guiglielmo (Karl Schmitt-Walter) und
Ferrando (Richard Holm) in den »Kampf«.
Bayerische Staatsoper, März 1951

Die Schwestern betrachten die Bilder ihrer Verlobten –,
zur Freude der Männer, die fest an den Sieg ihrer Wette glauben.
Salzburger Festspiele 1970

sei ein wenig zuviel der Wunder. Der Streit wogt hin und her. Wieder folgt ein heftiges Rezitativ. Wütend beschimpfen die Offiziere den alten Freund: dummer Dichter, verblödeter Alter! Lächelnd steckt Alfonso auch dies ein, und mit eleganter Überlegenheit möchte er gerne wissen, worauf die Jungen ihre Sicherheit denn gründeten? Nun: längere Bekanntschaft, gute Erziehung, vornehme Gesinnung, Übereinstimmung der Charaktere, die Schwüre und Gelöbnisse, die man getauscht . . . die Worte der Männer überstürzen sich förmlich bei der Aufzäh-

lung. Spöttisch setzt Alfonso fort: Tränen, Seufzer, Zärtlichkeiten, Ohnmachten... Er spricht aus Erfahrung. Wenn er es den Freunden bewiese? Das sei unmöglich, meinen diese. Da schlägt Alfonso eine Wette vor. Die Offiziere sind bereit. Um hundert Zechinen. Auch tausend, wenn er wolle, entgegnet Guglielmo siegesbewußt. Alfonso stellt nur eine Bedingung: kein Wort dürfe den Mädchen verraten, alles müsse so durchgeführt werden, wie er es anordne. Geradezu übermütig schwören es die Liebhaber: sie sind doch Soldaten! Alle sind nun plötzlich glänzender Laune. Keinen Augenblick zweifeln die Offiziere am Ausgang der Wette. Wie wollen sie über den alten Philosophen dann lachen! Was werden sie mit den ihnen sicher winkenden hundert Zechinen anfangen?
Das dritte Terzett (Nr. 3) gibt Auskunft: Ferrando will seiner Liebsten ein großes Ständchen bringen, mit Sängern und Musikern und Tänzern (wie es im Rokoko üblich war). Guglielmo denkt an ein glänzendes Festmahl. Lächelnd fragt Alfonso, ob dazu auch er geladen werde. Voller Ironie bejahen die Freunde. In vollem Einklang erheben sie die Gläser auf den Liebesgott (dessen Existenz auch der »alte Philosoph« keineswegs leugnet). In felsenfester Überzeugung gehen beide Parteien an die Wette.
Nun kennt der Hörer die drei Männer des Spiels. Ihnen stehen, in völliger Symmetrie, drei Frauen gegenüber: Fiordiligi und Dorabella, die beiden Mädchen aus Ferrara, Schwestern, Bräute der jungen Offiziere, und deren Kammerzofe Despina. Wir befinden uns nun im Hause der Damen, lernen die beiden reizenden Schwestern kennen und erleben sofort ihre Verliebtheit, die genau jener der beiden jungen Männer entspricht. Sie betrachten die Bilder ihrer Verlobten: gibt es überhaupt schönere, bessere, edlere Männer auf der Welt? Wenn jemals ihre Herzen wankend werden könnten, so soll Gott Amor sie mit endlosen Leiden strafen!
Auf das Duett (Nr. 4) folgt ein Rezitativ, zu dem Don Alfonso stürmisch eintritt. Er sammelt sich, bei steigender Unruhe der besorgten Mädchen, zu einer Arie (Nr. 5), einem textlichen Meisterstück: es bringt, ohne irgend etwas klar auszudrücken, die Bräute in atemlose Besorgnis: was ist den Liebsten widerfahren? Erst das folgende Rezitativ bringt Klärung: nein, tot sind sie nicht, aber der Fall ist kaum weniger entsetzlich – sie

müssen sofort in den Krieg ziehen. Die Verzweiflung der Mädchen ist grenzenlos. Doch: so ohne Abschied? Nein, mildert Alfonso, aber sie seien selbst so unglücklich, daß sie kaum wagten einzutreten. Und diese Rolle der völligen Niedergeschlagenheit spielen Ferrando und Guglielmo nun, als sie wankend vor Schmerz vor ihre Bräute hintreten (Quintett Nr. 6). Der Abschied ist herzzerreißend (wieviel Ironie herrscht in dieser Oper vom ersten Wort, vom ersten Takt an!). Die Gefühle der Mädchen sind echt, aber ein Zyniker wie Don Alfonso findet ihren Ausdruck maßlos übertrieben; den der Männer glänzend, geradezu schamlos gut gespielt. Wie nüchtern diese bei der tränenreichen Szene bleiben, zeigen ihre kleinen Nebenbemerkungen zu Alfonso, der mit künstlich ergriffener Miene dabeisteht: siehst du, wie sie uns lieben? Doch der erwidert nur, durchaus unbesorgt, ebenso leise, sie sollten nicht zu früh triumphieren. Und da er ein gebildeter Philosoph ist, rät er ihnen lateinisch: finem lauda. Zu deutsch ungefähr: man soll den Tag nicht vor dem Abend loben.
Im folgenden Rezitativ wird die trostlose Abschiedsstimmung weitergesponnen, sogar zeitweise als Duett der beiden Männer – ist es eine bewußte Ironie *Mozarts,* der mit der Parallelführung der Stimmen sehr humoristisch das Einstudierte der Situation betont? Ein richtiges Duettino (Nr. 7) schließt sich an, die beiden jungen Männer singen viel zu glatt und melodiös, um echten Schmerz auszudrücken – aber die wirklich unglücklichen Mädchen merken nichts davon. Alfonso amüsiert sich: wie gut die Offiziere spielen! Nun geschieht alles wie geplant: ein Boot naht, mit ein paar wohl rasch zusammengeholten »Kriegern« darauf, um Ferrando und Guglielmo abzuholen –, Gelegenheit zu einem kleinen Chor, der in durchaus üblicher Form der Buffooper die Freuden des militärischen Lebens besingt (Nr. 8), auch dies wohl – ganz ähnlich wie Figaros berühmte Arie »Non più andrai« (»Nun vergiß ...«) in »Le nozze di Figaro« – eine Ironie *Mozarts.* Die groteske Situation (bei der man, wie so oft in dieser Oper, darüber hinwegsehen muß, wie grausam da mit echten Gefühlen gespielt wird) erreicht nun ihren Höhepunkt: die letzten Umarmungen, die tränenüberströmten Abschiedsküsse, dann die flehentlichen Bitten, jeden Tag, ja zweimal täglich aus dem Felde zu schreiben ... (Nr. 9). Nochmals der »martialische« Chor – die gemie-

Don Alfonso (Kieth Engen) teilt den »untröstlichen Bräuten« (Lilian Sukis, Brigitte Fassbaender) die Abreise der Offiziere mit. Bayerische Staatsoper/Cuvilliéstheater, Juli 1969

Die Offiziere nehmen Abschied von den traurigen Bräuten.
Aufführung des Landestheaters Salzburg, 1982

teten Statisten Alfonsos machen ihre Sache gut –, und dann bleiben die Bräute allein, niedergeschmettert, während Alfonso, der sich vor Lachen kaum halten kann, einige erbauliche Worte zu ihnen spricht.
Für *Mozart* ist der Augenblick gekommen, nach viel Komödie nun ein tief gefühltes, wundervolles Musikstück einzulegen: zu der leisen Wellenbewegung des Orchesters – des Dahingleitens des Schiffes, das in der Phantasie der Bräute den Kriegszug ihrer Liebsten begleitet – vereinen sich die Stimmen Fiordiligis, Dorabellas und Alfonsos (Terzettino Nr. 10). Ein Stimmungsstück, ein inniges Flehen an den Meeresgott, der Überfahrt in fernes Land gnädig zu sein –, warum sollte da der Zyniker Alfonso nicht auch einmal »lyrisch« werden und den melodisch empfindsamen Frauenstimmen einen einfachen, schönen Kontrapunkt beisteuern? Doch im Grunde hat er sich natürlich nicht im mindesten gewandelt. Kaum ist er allein, kommentiert er die Lage aus seiner Sicht: das Spiel kann beginnen, die Offiziere sind wohl gerade beim Umkleiden in einem nahen Versteck. Wie übertrieben hat er das Gehabe der Mädchen gefunden! Um so besser: es wird nicht schwer sein, gerade solche Frauen zu Fall zu bringen.
Das dritte Bild beginnt mit einem Rezitativ Despinas, die sofort gut charakterisiert wird: sie ist aufgeweckt, schlau, schnippisch, typische Vertreterin des Dienerstands, wie sie die italienische »Commedia dell'arte«, die Buffo-Oper so gerne zeigt: die Diener oft tölpelhaft, die Zofen jedoch aufgeweckt, zu jeder Intrige bereit, von jedem Spiel belustigt, immer bereit, eine sich bietende Gelegenheit zu Gelderwerb oder sozialem Aufstieg auszunützen. Die beiden eintretenden Damen zeigen mitleiderregende Leidensmienen. Dorabella beklagt (Rezitativ und Arie Nr. 11) ihr grausames Geschick; *da Pontes* und *Mozarts* Ironie ließen hier eher an Ariadne, an Elektra, an eine der mythischen Heldinnen aus großer Vorzeit denken als an ein Bürgermädchen des 18. Jahrhunderts, das – voraussichtlich nur für einige Zeit – von seinem Liebsten getrennt sein muß. Despina ist neugierig, was geschehen sein mag; aber statt Mitleid fühlt sie deutlich, daß da in Dorabellas großartiger Verzweiflungsgeste ein etwas theatralischer Unterton mitschwingt. Als die beiden Mädchen endlich den Grund ihres Jammers enthüllen, lacht die Zofe auf: das ist alles? Die

Männer werden wiederkommen. Die Mädchen denken ans Ärgste: wenn sie fielen? Despina – weit zynischer noch als Alfonso – erklärt, daß auch das für ihre Damen durchaus von Vorteil wäre: zwar verlören sie zwei, aber sie gewännen – alle anderen! Die Mädchen sind empört: wie könne es jemals für sie, die einen Ferrando, einen Guglielmo geliebt, andere Männer geben? Despina versteht nicht: was hätten gerade diese beiden, was andere nicht genau so besäßen? Ihre »Philosophie« ist klar, nüchtern und einfach: jeder Mann ist so viel wert wie der andere, denn keiner ist überhaupt etwas wert. Böse widersprechen Fiordiligi und Dorabella dem Ansinnen, sich lieber zu unterhalten, als zu vergraben. Das hätten die treuesten der Männer – ihre eigenen – nicht verdient! Despina erwidert mit einer lockeren, leichten Arie (Nr. 12), die in gewissem Sinne ein Gegenstück zu Alfonsos Überzeugung darstellt: traut dieser den Frauen keine Treue zu, so läßt nun Despina an den Männern kein gutes Haar. Was wollen diese denn? Nichts anderes als verführen, um hernach verachten zu können; da hilft nur, ihnen mit gleicher Münze heimzuzahlen! Aus Spaß zu lieben, aus Eitelkeit zu erobern, keines der dabei verwendeten Worte ernst zu nehmen!

Schweigend, entsetzt haben die Mädchen sich abgewendet, sind bestürzt in ihre Gemächer abgegangen. Alfonso betritt die Szene, mitleidig betrachtet er die offenkundig angebrachten Zeichen der Trauer: geschlossene Läden, dunkle Vorhänge. Er lächelt; eine einzige Sorge erfüllt ihn: Despina. Er muß, um vor Überraschungen gesichert zu sein, sie auf seine Seite ziehen. Er klopft an die Tür ihres Zimmers, der Dialog ist rasch und einfach: sie ist bereit, einmal aus Freude am Spiel, zum andern, um ihren Damen »Vernunft« beizubringen, und schließlich ist dabei Geld zu verdienen. Eine noble »Anzahlung« Alfonsos hat sie überzeugt. Wo sind die Männer, die als »Spieler« ausersehen sind? Alfonso öffnet die Tür, und in großer Verkleidung – als »Albaner«, und Albanien war damals ein sehr fernes, sehr exotisches, völlig unbekanntes Land – betreten Ferrando und Guglielmo die ihnen so wohlbekannten Räume. Despina schüttelt sich vor Lachen (Sextett Nr. 13) während Alfonso ihr die bärtigen »Fremden« als seine guten Freunde vorstellt. Aus der Zofe Worten entnehmen sie, daß die Maskerade gut gewählt ist: sie wurden nicht einmal von Despina erkannt.

Despina (Erika Köth) erteilt ihren Damen (Lilian Sukis, Brigitte Fassbaender) eine Lektion in Lebenskunst.
Bayerische Staatsoper/Cuvilliéstheater, Juli 1969

Die beiden Drahtzieher der Komödie:
Despina (Jo Ella Todd) und Don Alfonso (Peter van der Bilt) in der Aufführung des Salzburger Landestheaters, 1982. Inszenierung: Federik Mirdita.

In exotischer Verkleidung:
Berry Mc Daniel (Guglielmo) und Adolfo Dallapozza (Ferrando).
Bayerische Staatsoper/Cuvilliéstheater, München, 16. Juli 1969
Inszenierung: Franco Enriquez

Man hört die Stimmen der Damen, Don Alfonso zieht sich diskret zurück; er will die kommende Szene aus einem Versteck belauschen, bevor er selbst in das Spiel einzugreifen bereit ist. Fiordiligi und Dorabella weisen die Dienerin energisch an, den ungebetenen Besuch sofort zu entfernen. Doch mit Despinas tatkräftiger Unterstützung flehen die fremden Männer nur um ein freundliches Wort, um einen gütigen Blick dieser schönen Augen, die aus der Nähe zu bewundern sie gekommen sind. Sie ernten nur kalte Zurückweisung. Fiordiligi und Dorabella bekräftigen im Unisono ihre unwandelbare Treue an die Abwesenden; die »Fremden« sind insgeheim entzückt von der Ablehnung, die sie erfahren. Nur Despina und (der aus seinem Versteck mitsingende) Alfonso zweifeln an der Stärke der so überdeutlich zum Ausdruck gebrachten Gefühle der Mädchen. Bevor die Männer – sozusagen geschlagen – abziehen können, betritt Alfonso den Raum, spielt den unangenehm Überraschten: welcher Lärm, welche Aufregung? Dann »erkennt« er die »Fremden«: es sind »liebste, beste Freunde aus fernem Land«. Er findet ihr Eindringen verzeihlich, da Bewunderung, ja Liebe sie leiten. Ferrando und Guglielmo beeilen sich, das mit glühendsten Worten zu bekräftigen. Doch die Schwestern bleiben hart und abweisend. Fiordiligi unterstreicht ihre felsenfeste Treue in dem (zumeist eben »Felsenarie« genannten) Gesangsstück (Nr. 14), das an ihrem Entschluß keine Zweifel möglich werden läßt. Würdevoll und mit großer Gebärde wollen die Damen den Raum verlassen, doch Alfonso wirft sich ins Mittel; er fühlt sich selbst in eine demütigende Lage gebracht, denn es sind ja seine Freunde, die aus dem Hause gewiesen werden sollen! Zudem untadelige Kavaliere, die solches bestimmt nicht verdienen! Nun findet Guglielmo – von vornherein der lustigere, spielfreudigere, komödiantischere der beiden – betörende Worte (Arie Nr. 15), seine Gefühle auszudrücken – aber ein wirklich Liebender würde sich kaum so lächerlich anpreisen, wie er es hier tut, die Ironie spricht aus jedem Wort. Nur die Damen merken es nicht, empört gehen sie ab, und so beschließt Guglielmo später seinen Gesang lachend und in offenem Eingeständnis seines Unernstes.

Im folgenden Terzett der drei Männer (Nr. 16) können die Offiziere ihre Freude nicht verbergen, die Wette scheint ihnen so gut wie gewonnen. Und: die Bräute sind treu! Alfonso

bremst ihre Siegesgewißheit; zuletzt werde das Spiel bestimmt anders ausgehen. Im folgenden Rezitativ bieten die übermütigen Offiziere ihm sogar an, gegen eine kleinere Summe Abstand von der Wette zu nehmen. Alfonso sieht nicht den mindesten Grund dafür: noch vor Abend wird die Lage sich geändert haben – bis dahin weiterhin: Schweigen und Gehorsam! Doch bevor er abgeht, singt Ferrando eine der schönsten Arien des Werkes (Nr. 17), ganz ernst, ganz innig; edle Verse (»Un' aura amorosa«) zu edelster Musik: die Freude über die Treue der Geliebten. Für Augenblicke sind Spiel und schmutzige Wette vergessen.
Die Mädchen ergehen sich im Garten (um, wie Despina es spöttisch ausdrückt, dem Wind und den Mücken ihre Leiden zu klagen; sie besingen in einem sehr melodiösen Duett (Nr. 18) ihre traurige Stimmung, ihre wehmütige Erinnerung an schönere Tage. Die Szene wird durch gellende Schreie unterbrochen: gleich darauf stürzen die »Fremden« taumelnd auf die Bühne, vergebens von Alfonso zur Beruhigung gemahnt. Sie halten »Gift« in ihren zitternden Händen und wollen nur noch den Tod erwarten, da sie jede Hoffnung auf die unnahbaren Schönen aufgegeben haben. In wenigen Augenblicken wird das genommene Gift sie von ihren Leiden erlösen. Es ist Despinas Plan, den sie da befolgen; die weiß, daß man die Damen mit stärkeren Mitteln ins Wanken bringen muß. Ferrando und Guglielmo sinken »bewußtlos« auf den Rasen nieder. Alfonso fordert die Mädchen auf, wenigstens in der Todesstunde sich freundlich den Männern zu nahen, aber Fiordiligis und Dorabellas Mund entringen sich nur Hilferufe. Despina eilt herbei, stellt noch ein wenig Leben in den »Vergifteten« fest und bricht schleunigst mit Alfonso auf, einen Arzt zu holen, aber nicht ohne vorher dringend geraten zu haben, die Damen mögen die Köpfe der Männer in die Höhe zu halten. Dabei geht Fiordiligi zu Ferrando, Dorabella zu Guglielmo – eine Einteilung, die, ob im Plan so vorgesehen oder unbewußt für alle Beteiligten –, späterhin noch ihre besondere Bedeutung haben wird. Während sie so des Arztes harren, entdeckt Dorabella an den »Fremden« einiges Anziehende, ja sie versteigt sich dazu, sie interessant zu finden. Doch was nützt es? Alles scheint vergeblich, die Pulse scheinen kaum noch zu schlagen, die Köpfe sind kalt, wie Dorabella feststellt – mit starkem Bedauern übrigens,

Gundula Janowitz, Brigitte Fassbaender (die Schwestern),
Reri Grist (als Arzt), Rolando Panerai (Don Alfonso),
Peter Schreier und Hermann Prey (die verkleideten Verlobten).
Salzburger Festspiele 1973.

Szene aus dem 1. Finale in der Aufführung des Salzburger Landestheaters. (Das Einhorn ist das Symbol für die Ambivalenz zwischen Keuschheit und Sinnlichkeit.) Inszenierung: Federik Mirdita

wie die »armen Sterbenden« mit gemischten Gefühlen feststellen.

Da kehrt Alfonso zurück, verkündet, daß der Arzt schon nahe sei. Dann kommt dieser: es ist die verkleidete Despina. (In Lustspielen dieser Art fragt man nicht, wo sie so schnell Talar, Perücke und die Instrumente hernahm, die sie ausweisen und weniger noch, wieso ihre Damen sie nicht erkennen.) Sie radebrecht (woher?) einige – nicht sehr richtige – Worte Latein, um glaubwürdig zu erscheinen. Auf die Bitte, in einer verständlichen Sprache ihre Diagnose zu stellen, brüstet sie sich, Griechisch, Arabisch, Türkisch, Vandalisch, Schwedisch und Tartarisch ebenfalls zu beherrschen. Alfonso unterbricht: schnell sei festzustellen, was mit den Kranken zu geschehen habe, die ein tödliches Gift im Leibe hätten. Besorgt schließen die Damen sich dieser Bitte an. Der »Arzt« fragt nach der »Krankheitsgeschichte«: die Motive, die Dosis des Giftes? Arsenik sei es gewesen und der Beweggrund . . . Liebe. Der gelehrte Medikus

Die als Arzt verkleidete Despina (Jo Ella Todd) heilt die »vergifteten« Fremden. Landestheater Salzburg, 1982.
Inszenierung: Federik Mirdita, Ausstattung: Hannes Rader,
Musikalische Leitung: Ralf Weikert

zeigt sich zuversichtlich. Er zieht ein großes Magneteisen hervor und gibt auf die erstaunten Fragen die Auskunft, das sei die richtige Heilung dieses Falles. Die Szene muß im damaligen Wien stürmische Heiterkeit hervorgerufen haben, denn solche Kuren waren Stadtgespräch, seit ein dort lebender Arzt mit dem »tierischen Magnetismus« verblüffende Heilerfolge erzielte. (Dieser *Dr. Franz Anton Mesmer,* 1734–1815, erwarb europäischen Ruhm, erweckte allerdings auch viel Verdacht, da er sich als Magier kleidete und bei seinen Heilungen eine »geheimnisvolle« Klangkulisse – mit Hilfe einer Glasharmonika – in Anspruch nahm; er kann in mancher Hinsicht als Vorläufer moderner Heilmethoden gelten.) Despina vollzieht die Heilung, während die Mädchen die Köpfe der langsam zu sich kommenden Männer halten. Wer könnte ihnen einen solchen Akt der Barmherzigkeit übelnehmen? Die »Fremden« kehren ins Leben zurück, wissen einige Zeit nicht, wo sie sich befinden. Dann kehrt die Erinnerung wieder: Ferrando erkennt Fiordiligi, Guglielmo Dorabella, seine »Göttin«. Die Damen erschrecken, der »Arzt« beruhigt sie, die Erwachenden stünden noch unter dem Einfluß des Magnetismus. Die jungen Männer werden kühner, erflehen einen Kuß. Entsetzt weichen die Mädchen zurück, aber der »Arzt« und Alfonso unterstützen das Begehren, da seine Erfüllung die raschere Heilung herbeiführe. Doch in einem langen, abwechslungsreichen Sextett bleiben die Mädchen hart. Ja, sie weisen die nun »genesenen Fremden« aus ihrem Haus. So schließt der erste Akt mit einer Situation, in der die Offiziere vielleicht immer noch glauben können, die Wette zu gewinnen. Aber ganz wohl dürfte es ihnen kaum noch zumute sein. Ist zumindest Dorabella nicht doch ein klein wenig wankend geworden? Und: ein neues Element ist in das Spiel gekommen: sie sind doch Männer – sollte es ihnen nicht gelingen, Frauen zu verführen, wenn sie es sich vornehmen?

ZWEITER AKT

Der zweite Akt beginnt mit einer langen Szene (im Rezitativ) zwischen den drei Frauen. Despina sucht wieder, die moralischen Grundsätze ihrer Damen ins Wanken zu bringen. Doch, so wenden diese ein, die Fremden seien zudringlich und zu kühn; was tun, wenn sie wieder so weit gingen, Küsse zu verlangen? Despina lacht: das sei nur die Folge des Giftes gewesen, nun würden sie bestimmt manierlich und wohlerzogen auftreten. Die Frauen weisen den Gedanken trotz alledem weit von sich. Vielleicht nicht ganz so weit wie früher? Dorabellas Bedenken bewegen sich sogar in einer ganz neuen Richtung: was würde die Welt sagen, wenn sie die Fremden empfingen? Despina meint, die könnte man glauben machen, die Männer kämen zu ihr; warum sollte eine Zofe nicht zwei Liebhaber unterhalten? Die Szene gipfelt in Despinas vergnüglicher Arie (Nr. 19), die eine – nicht gerade moralische – Lektion in Liebeskünsten erteilt. Im folgenden Rezitativ zeigt Dorabella sich von den Lehren ihrer Zofe nicht ganz unbeeinflußt. Vorsichtig tastet sie sich an die Schwester heran. Doch Fiordiligi verhält sich abweisend: die Treue, die Leute ... Ein wenig Unterhaltung, um vor Langeweile nicht umzukommen, das habe doch mit Treue nichts zu tun, meint Dorabella. Die Schwester wei-

gert sich; aber ihr Argument ist nicht mehr in erster Linie die Liebe, die Treue, sondern Angst, bei der Sache könne ein »imbroglio« herauskommen, eine Verwirrung, eine peinliche, unangenehme Situation. Ausgeschlossen, findet Dorabella, denn niemand werde etwas erfahren. Und, halb im Spaß noch, fragt sie, welchen der beiden Fremden die Schwester – im Falle eines Falles – gern für sich haben wolle? Fiordiligi weist, wie unbeteiligt, ab: das solle Dorabella entscheiden. Die hat schon längst entschieden: Guglielmo. Eine recht interessante Wahl: Guglielmo ist der Bräutigam Fiordiligis . . .
Ein Duett der beiden Mädchen (Nr. 20) läßt sie mit dem eben gefaßten Gedanken spielen; sie stellen sich recht lebhaft vor, was jeder der beiden Männer sagen würde und wie sie – im Scherz natürlich nur – darauf eingehen sollten. Wie anders klingt das als zu Beginn des Spiels! Don Alfonso erscheint, lädt die Damen schnell in den Garten, wo sich eben ein entzückendes Schauspiel darböte: die beiden »Fremden« geben ihren beiden Angebeteten ein Ständchen (Nr. 21) und ernten bei Zuschauern, die sich einfinden, viel Beifall. Später treten sie auf die Mädchen zu, finden aber kein Wort; Alfonso spricht für sie (Quartett Nr. 22), nimmt Dorabella bei der Hand und bittet für alles Vorgefallene um Verzeihung. Die jungen Männer übernehmen linkisch hie und da ein Wort, wobei sie genau den Tonfall Alfonsos nachahmen. Mit steigender Belustigung hören die Mädchen zu – so harmlos sind diese jungen »Fremden«? So schüchtern und beinahe ängstlich? Despina unterstreicht deren höfliche Bitte noch, einander doch den Arm zu reichen und einen kleinen Spaziergang durch den Garten zu machen. Alfonso und Despina ziehen sich zurück, während nun Ferrando und Giordiligi, Guglielmo und Dorabella zögernd die ersten Schritte tun. Eine stockende Unterhaltung beginnt: über das Wetter, über die Blumen. Die Paare entfernen sich voneinander. Schnell kommen Dorabella und Guglielmo auf ein anderes Thema zu sprechen: die Liebe. Das Mädchen sucht abzulenken: das sei sicher noch die Folge des Gifts oder des Magnetismus, ein wenig Kühle des hereinbrechenden Abends werde dem jungen Mann gut tun. Verspotte sie ihn? fährt er auf. Da wird sie ernster, als er es glauben will. Wolle sie ihm einen Gefallen tun? Sie bejaht ohne Vorbehalt. Er bietet ihr ein kleines Schmuckstück in Form eines Herzens an: sie nimmt es.

Eine Aufführung der Bayerischen Staatsoper/Cuvilliéstheater im Juli 1959: Claire Watson (Fiordiligi), Lilian Benningsen (Dorabella), Richard Holm (Ferrando) und Hermann Prey (Guglielmo)

Guglielmo erschrickt: armer Ferrando! Aber er tröstet sich schnell: er hat sein Ehrenwort verpfändet, alles zu tun, was zur Austragung der Wette nötig sei. Wird ihm deren unentrinnbare Hinterhältigkeit nun klar: je besser sie spielen, desto sicherer verlieren sie ihr Geld – und die Geliebten? Oder fühlt er sich im Augenblick als unwiderstehlicher Verführer, der knapp vor dem Ziel steht? Denkt er an die Möglichkeit, auch Ferrando könne so weit gelangt sein wie er? Er hat keine Zeit, lange über diese Fragen nachzusinnen: Dorabella und er intonieren ein wunderschönes Liebesduett (Nr. 23). Sie sind einander sehr nahe gekommen, jeder fühlt das Herz des anderen pochen.
Ferrando ist noch nicht so weit gekommen. An seiner Seite durchlebt Fiordiligi die widerstrebendsten Gefühle. Doch bleibt sie stark und weist den »Fremden« wiederum von sich. In tiefer Reue klagt sie sich an, bereut den Augenblick der Schwäche und entlädt die Verzweiflung über sich selbst und ihren beinahe begangenen Verrat in einer großartigen Arie (Nr. 25).
Die beiden jungen Männer treffen zusammen. Frohlockend wähnt Ferrando die Wette gewonnen. Doch Guglielmo muß, nachdem er den Mißerfolg des Freundes nicht ungern angehört hat, diesem beibringen, daß Dorabella es mit der Treue nicht ebenso streng gehalten hat wie die Schwester. Zum Beweis zeigt er dem völlig Fassungslosen sein kleines Porträt, das er Dorabella vom Halse nahm, um das Herzchen an seiner Stelle befestigen zu können. Nur mit Mühe ist Ferrando zurückzuhalten, der zur Ungetreuen stürzen, Rache an ihr nehmen will. Guglielmo sucht den Freund in einer großen Arie (Nr. 26) zu beschwichtigen; singt er sie dem Freund zuliebe oder darf man Enttäuschung über die Frauen aus ihr vernehmen? Immerhin ist seine Lage angenehmer: Fiordiligi hat allen Anfechtungen widerstanden. Ferrandos »Kavatine« (etwa: kleine Arie, liedmäßiger Sologesang), (Nr. 27) zeigt die Tiefe seines Unglücks, den Schmerz über den Treuebruch seiner Geliebten, aber trotz allem noch immer Liebe zu ihr. Beim Zusammentreffen der drei Männer ist die Stimmung erregt. Ist die Wette entschieden, soll sie unentschieden beendet werden? Alfonso blickt weiter: ein klein wenig Geduld noch, bis zum nächsten Tag haben die Freunde Gehorsam gelobt, das Spiel ist noch nicht zu Ende.
Nun sind die drei Frauen beieinander. Erleichtert Dorabella. Frohlockend Despina. Aufs äußerste beunruhigt Fiordiligi. In

Dorabella (Brigitte Fassbaender) und Guglielmo (Wolfgang Brendel) in voller Liebesseligkeit.
Bayerische Staatsoper, 1978. Regie: Gian Carlo Menotti

ihrer unverkennbaren Unrast gesteht sie der Schwester, nicht gleichgültig geblieben zu sein: sie liebe Guglielmo, aber ein wenig nun auch den Fremden. Dorabella jubelt: die Schwester den Blonden, sie den Braunen, und bald seien sie glücklich verheiratet! Fiordiligi erschauert: ist das möglich, daß erst wenige Stunden seit dem Abschied der Verlobten vergangen seien, und schon sei die Welt, ihre Welt so verändert? Dorabella nimmt den schnellen Wandel der Gefühle von der leichten Seite. Was wäre, wenn die Verlobten fielen? Müßten sie dann ihr Leben vertrauern, wie die Sitte es verlangt? Fiordiligi wendet ein: wenn sie aber wiederkommen? Die Schwester weiß Rat: dann sind sie mit ihren schnell angetrauten Gatten weit fort, in Albanien, glücklich verheiratet. Nochmals nimmt Fiordiligi ihre ganze Kraft zusammen, sie wird der Versuchung nicht nachgeben. Dorabella setzt diesem Entschluß ihre leichtfertige Arie (Nr. 28) entgegen; dann geht sie mit Despina ab, der sie sich nun ein klein wenig verbunden fühlt. Fiordiligi aber hat einen großen Entschluß gefaßt: sie wird Soldatenkleider anlegen und dem Verlobten in den Krieg nachziehen, ihm höchste, letzte Treue beweisen. Ferrando hat gelauscht, nun tritt er hervor. Vergebens weist Fiordiligi ihn empört zurück. Seinem neuen Ansturm erliegt sie, ihr Widerstand erlahmt, in einer großen Umarmung endet das so ganz anders begonnene Duett (Nr. 29).

Nun ergehen sich beide Freunde gemeinsam in Niedergeschlagenheit und Rachegedanken. Sie sinnen auf eine schwere Strafe für die Ungetreuen: Alfonso schlägt eine solche vor: sie heiraten! Er meint es wohl im Spaß, aber in diesem Fall ist die Eheschließung, so wie sie vor Beginn des Spiels geplant war, wahrscheinlich wirklich eine Strafe. Doch zuvor rät Alfonso zu einer fingierten Doppelhochzeit als »Fremde«, um das Unrecht der Mädchen zweifelsfrei zu dokumentieren. In einer kleinen Arie (Nr. 30), in die zuletzt auch die jungen Männer einstimmen, verkündet Alfonso seine Erfahrung: man klage die Frauen nicht an, nenne sie weder lasterhaft noch leichtsinnig. Nur dem Zwange ihres Herzens folgten sie, und wer von ihnen betrogen wird, gebe nicht ihnen, sondern sich selbst die Schuld. Denn sie alle, junge und alte, häßliche wie schöne, alle machten es so. Così fan tutte ... Die Erkenntnis wird, wie ein Leitmotiv, von den drei Männern bekräftigt; lächelnd von Don Alfonso,

Szene aus der Aufführung der Wiener Staatsoper, April 1966 mit Hilde Güden (Fiordiligi), Christa Ludwig (Dorabella), Waldemar Kmentt und Walter Berry (die beiden »Fremden«).
Inszenierung: Günther Rennert

mit noch blutenden Herzen von den beiden Verlobten Ferrando und Guglielmo.

Eine Festtafel ist aufgeschlagen (Finale, Nr. 31). Diener, Musikanten eilen umher, Despina und Alfonso sind in ihrem Element: eine Komödie ist gelungen, ein Spiel geglückt. Die »Brautpaare« kommen, die Mädchen scheinen glücklich, die Männer tun so, als ob sie es wären. Alfonso hält frohgemut die Tischrede: gleich werde der Notar mit den Ehepakten eintreffen. Alle vier erwarten ihn ungeduldig, wenn auch aus verschiedenen Gründen. Dann tritt der Notar auf: wieder ist es die verkleidete Despina. Hochrufe, Beifall: die Brautpaare unterschreiben. In die – fast – einstimmige Freude mischen sich plötzlich militärische Klänge, der Soldatenchor, mit dem am gleichen Morgen erst die Verlobten ins »Feld« gezogen waren, bewirkt Panik unter den nun »verheirateten« Frauen. Don

Die Offiziere »entdecken« die Eheverträge und spielen die Entrüsteten.
Bayerische Staatsoper/Cuvilliéstheater, Juli 1959

Alfonso stürzt – genau berechnet – fort und bringt die entsetzliche Nachricht: die Geliebten von früher kehrten zurück . . . Die »Fremden« müssen fliehen.
Kurz darauf kommen sie in ihrer wahren Gestalt wieder; sie tun verwundert ob des frostigen Empfanges, ob der unleugbaren Verlegenheit. Sie entdecken einen versteckten Mann: ein Notar? Doch Despina legt die Maske ab, die Damen stehen sprachlos, verstehen noch nicht. Die Entdeckungen gehen weiter: Papiere, Ehekontrakte? Und nun fahren die Männer auf die Frauen los, und dieses Mal ist die Wut echt. Die Mädchen brechen zusammen, gestehen ihre Untreue, erwarten die Strafe, vielleicht den Tod. Fiordiligi weist auf Alfonso, auf Despina als die Schuldigen. Alfonso ist bereit, nun alle Karten auf den Tisch zu legen, das Spiel zu enden. Aus dem Nebengemach müssen die Männer noch einmal mit einem Teil ihrer Verkleidung herauskommen: die Bärte, die Turbane, die exotischen Gewänder der »Fremden« – alles war falsch. Die Frauen fallen von einem Entsetzen in das andere. Höhnisch wiederholt Ferrando die Liebeserklärung, mit der er Fiordiligi besiegte; und Guglielmo gibt Dorabella das Porträt zurück, das er ihr in der Umarmung nahm. Mit ironischem Wort wenden sie sich an Despina, deren magnetischen Heilkünsten sie ihr Leben verdankten. Alle blicken auf Alfonso, der alle Verwirrungen enthüllen kann. In einer – nicht langen und ganz unpathetischen – Verteidigungsrede setzt er zur Erklärung der Vorgänge aus der Sicht des Philosophen an: Ja, ich habe euch alle getäuscht, aber nur, um euch klüger zu machen . . .
Und dann fordert er sie auf, einander zu umarmen, nun wahrhaft zu heiraten. Selbstverständlich in der ursprünglichen Zusammengehörigkeit: Ferrando und Dorabella, Guglielmo und Fiordiligi. Selbstverständlich? Hätte es nicht, mit wohl ebensoguten Gründen, auch umgekehrt sein können? Doch das kommt nicht zur Sprache. Unter Lachen und Verzeihen und Schwüren auf Lebenszeit und der Aussicht auf ein kluges, heiteres Glück für alle Zukunft wird getafelt und getrunken. Über die wirkliche Zukunft, die diese beiden Paare erwartet, steht kein Wort in der Oper. Es muß noch registriert werden, daß die Offiziere, mehr oder weniger heimlich und beschämt, ihre Wettschuld begleichen. Ihre Niederlage war zu deutlich, als daß sie abgeleugnet oder beschönigt werden könnte. Ende gut, alles gut?

Zur Geschichte von »Così fan tutte«

Befriedigt, beinahe glücklich war *Mozart* von seiner – zweiten – Prager Reise des Jahres 1787 zurückgekehrt. Auch dieses Mal hatte die schöne alte Stadt an der Moldau an ihm gutzumachen gesucht, was einst die Vaterstadt Salzburg und nun seit über sechs Jahren die Wahlheimat Wien ihm in so bitterem Maße schuldig blieben: die tiefe künstlerische Genugtuung, das echte Verständnis seiner Leistung. Prag hatte, nach dem »Figaro«, nun auch »Don Giovanni« herzlich bejubelt, der am 29. Oktober 1787 im (heute noch bestehenden) Gräflich Nostitzschen oder Ständetheater (heute: Kajetan Tyl-Theater) zur Uraufführung gelangt war. Ja, wäre Prag Wien gewesen! Oder gar Paris oder eine der italienischen Opernstädte Rom oder Venedig, Neapel oder Genua oder Mailand, in denen eine Komponistenkarriere sich entscheiden, ein Musikerruhm unwiderruflich in die Welt ausstrahlen konnte: *Mozart* wäre von diesem Tage an unter die berühmtesten seines Fachs gerechnet worden. Aber es war »nur« Prag; eine Stadt bemerkenswerten Musiklebens, ja einer kaum irgendwo anders erreichten Musikalität der Bevölkerung. Aber eben keine Stadt, in der Weltruhm hätte geboren werden können.
Und der *Mozarts* war im Jahre 1787, so seltsam es uns heute anmuten mag, noch keineswegs entschieden. Er war der Liebling vieler wahrer Kenner, aber er wäre, hätte man die zehn namhaftesten Opernkomponisten jener Zeit aufgezählt, kaum genannt worden. Seine Wunderkindzeiten waren vergessen, in denen er eine staunende Welt als musikalisches Phänomen verblüfft hatte wie kaum ein zweiter vor oder nach ihm. Er war, objektiv betrachtet, ein junger Mensch: als er im November 1787 aus Prag nach Wien zurückfuhr, stand er nicht fern seinem 32. Geburtstag. Aber bedachte man, daß es nun bald 18 Jahre her war, seit er als Vierzehnjähriger in Mailand, im vielleicht glorreichsten Augenblick seiner Laufbahn, seine Oper »Mitridate, rè di Ponto« mit einem siebzigköpfigen Orchester dirigiert hatte, so konnte man ihn unmöglich unter die eben Beginnenden rechnen. Wien hatte seine »Entführung aus dem Serail« gefeiert, aber seinem »Figaro« einen eher kühlen Empfang bereitet. Die Zahl der »Akademien« in aristokratischen

Palästen oder vor der Öffentlichkeit, bei denen er als Cembalist vorwiegend eigene Werke zum Vortrag brachte, war Jahr für Jahr geringer geworden. Sein seinerzeitiger und eher unfreiwilliger Entschluß, sein Leben in Wien als »freier Künstler« zu gestalten, drohte einem bitteren Ende entgegen zu gehen.
Gluck, der allseits verehrte *Christoph Ritter von Gluck,* den die Wiener bewunderten – vor allem, weil er in Paris eine so große Rolle im musikalischen Zweikampf mit einem italienischen Meister hatte spielen und dabei »siegen« können – starb gerade, als *Mozarts* Reisewagen nun aus Prag wieder in Wien einrollte. Die Hoffnung, die er sich durch des großen Kollegen Tod ausrechnen durfte, ging nur teilweise in Erfüllung. Zwar wurde er wirklich zum »kaiserlichen Kammermusikus« bestellt, aber einerseits bedeutete das bei ihm kaum mehr als einen inhaltslosen Titel ohne wahrhafte Stellung am Hof, andererseits betrug das ihm ausgesetzte Honorar dafür nur 800 jährliche Gulden, gegenüber 2000, die der (ohnedies reiche) *Gluck* hierfür bezogen hatte. 800 Gulden: zum Leben zu wenig, zum Sterben zu viel, wie die Wiener es auszudrücken wußten.
Und so wurde *Mozarts* schwerste Sorge nicht beseitigt: die Sorge um das tägliche Brot, oder die tägliche Sorge, der tägliche Kampf um das Brot. »Brot« war allerdings im Falle *Mozarts* nur ein Wort, das keineswegs nach seinem wahren Inhalt zu nehmen war. *Mozarts* »Brot« bestand am liebsten aus Braten, Kapaunen, Leckerbissen, begleitet von erlesenen Getränken. So hatte er es sich in seiner erfolgreichen Kindheit auf weiten Reisen zu Europas Fürstenhöfen angewöhnt, und so gefiel es ihm auch heute noch, da sein Leben so völlig andere Formen angenommen hatte. Er lebte zwar immer noch in Räumen, die für ihn und seine Gattin *Konstanze* eigentlich viel zu groß und elegant waren; aber da hatte er wenigstens vor sich selbst die gute Ausrede, er benötige eine solche Wohnung, um seine – immer spärlicher werdenden – Schüler würdig empfangen zu können. Bezahlen konnte er diese Miete so wenig wie eine andere, billigere; und mehr als einmal mußte er schleunigst das Quartier wechseln, wenn die Mahnungen des Hausbesitzers – den er dann gerne »indiskret« oder sogar »unverschämt« nennt – gar zu drängend werden.
Hätte er eine Frau an seiner Seite gehabt, die sich auf das Haushalten verstünde! So lautet mancher Bericht über sein

Konstanze, geborene Weber,
Mozarts Gattin (und Tante des Komponisten
Carl Maria von Weber)

Leben. Aber niemand konnte *Konstanze* eine solche Fähigkeit geflattert, so nahm *Mozart* wohl seine »Stanzi« um die Hüften und tanzte mit ihr durch die Zimmer, bis sie – nicht unbeabsichtigt – ins Bett fielen; hernach zogen sie sich elegant an und gingen ins beste Restaurant zum Abendessen. Natürlich hätte *Konstanze* ihrem Mann zum mindesten diesen letzten Teil des Festprogramms ausreden oder gar verwehren müssen; aber welche Frau hätte das Herz dazu gehabt, auch wenn sie weniger leichtfertig gewesen wäre, als *Konstanze* es höchstwahrscheinlich wirklich war? Das Ergebnis wäre zudem nur eine saure Miene *Wolfgangs* gewesen, eine Enttäuschung, die ihm vielleicht sogar die Freude am Komponieren für einige Tage genommen hätte. Und bestimmt hätte er ihr vorgerechnet, wieviel Geld gerade in den nächsten Tagen hereinkommen müsse: so viele Gulden für die Subskription auf seine neuen Werke, soviele für ein Konzert beim Grafen X, soviele von den neuen Schülern, die bestimmt demnächst mit dem Unterricht beginnen würden. Objektiv betrachtet – wenn es eine solche Betrachtungsweise in menschlichen Beziehungen überhaupt gibt – war *Konstanze* sicher keine »gute« Ehefrau für den in nunmehr unaufhörlichen Geldnöten steckenden *Mozart.* Aber für ihn war sie die richtige, darüber ist kaum ein Zweifel möglich. Nun waren sie jahrelang miteinander verheiratet – und ineinander verliebt wie am ersten Tage.

Konstanze gebiert am 27. Dezember 1787 das vierte Kind; sie haben am 4. August 1782 geheiratet, woraus unschwer zu errechnen ist, daß sie beinahe ununterbrochen schwanger war. Doch auch dieses Kind, wie schon zwei der vorherigen, stirbt noch in der Wiege. War *Konstanze* eine schlechte Mutter? Damals rechnete man von vornherein damit, kaum mehr als die Hälfte der zur Welt kommenden Kinder aufziehen, erwachsen werden sehen zu können. Die Gräber waren voll mit Neugeborenen, die den ersten Geburtstag nicht erlebten. Trotzdem kann *Konstanze* von diesem Vorwurf nicht gänzlich entlastet werden. Wenn es galt, eine Reise mit *Wolfgang* zu unternehmen, so tat sie es, auch wenn sie ein erst kürzlich geborenes Kind unter fremder Obhut zurücklassen mußte. Um *Wolfgangs* willen? Wohl ebenso sehr um der Freuden der Reise willen, die Abwechslung in den oft schwer gewordenen Wiener Alltag brachte; um der unterhaltsamen Menschen willen, die in fremden Städten kennen zu lernen waren, der Komplimente, die sie empfangen würde. Und die anzunehmen sie stets gerne bereit war.

Das Jahr 1788 bricht an. Es wird nicht viele wichtige Ereignisse in den äußeren Ablauf von *Mozarts* Leben bringen. In der »Wiener Zeitung« erscheint ein Subskriptionsangebot auf *Mozarts* neue Kammermusik. Wäre er kein so unheilbarer Optimist – echte Optimisten sind immer unheilbar – so hätte ihm längst auffallen müssen, wie stark die Beliebtheit seiner Kompositionen zurückging. Es hätte wohl kaum des Verweises von Verleger *Hofmeister* bedurft: »Schreib populärer, sonst

kann ich nichts mehr von Dir drucken und bezahlen!« Es gab selbst in der »Musikstadt« Wien nicht genug echte Kenner, um *Mozarts* täglich reifer und schöner werdende Werke in befriedigender Anzahl abzusetzen.
Am 7. Mai dieses Jahres kam, ein halbes Jahr nach dem Prager Erstlingstriumph, »Don Giovanni« auf die Bühne des Wiener Hofburg-Theaters: eine neue Enttäuschung reihte sich den allmählich ins Unzählbare fortschreitenden Bitternissen an, die Wien *Mozart* bereitete. Blättern wir in *da Pontes* – mehr als 30 Jahre später veröffentlichten – Memoiren; in ihnen gedenkt der einstige Hofdichter, den längst ein unbarmherziges Schicksal durch Europa und bis Amerika gejagt hatte, oft und liebevoll *Mozarts*, dem er ja – er muß es 1825 schon sehr klar erkannt haben – seinen eigenen Nachruhm verdanken würde. *Da Ponte* erzählt, wie begeistert der Prager Opernimpresario ihm, der die Premiere, Wiener Verpflichtungen wegen, nicht miterleben konnte, davon berichtete; wie der Kaiser ihn rufen ließ, ihm 100 Zechinen schenkte und dabei den Wunsch äußerte, »Don Giovanni« bald in Wien hören zu können. Dann berichtet er wörtlich: »Don Giovanni gefiel nicht! Alle Welt, *Mozart* ausgenommen, war der Ansicht, das Stück müsse umgearbeitet werden. Wir machten Zusätze, änderten mehrere Stücke, und zum zweiten Male: Don Giovanni gefiel nicht! Dies hinderte den Kaiser aber nicht zu äußern: ›Dieses Werk ist himmlisch; es ist noch schöner als ›Die Hochzeit des Figaro‹, aber es ist kein Bissen für meine Wiener . . .‹ Ich erzählte *Mozart* diese Worte, der mir, ohne sich irremachen zu lassen, antwortete: ›Laßt ihnen nur Zeit, ihn richtig zu beißen . . .!‹«
Im Sommer dieses Jahres 1788 vollbrachte *Mozart* die fast unglaubliche Leistung, innerhalb von knappen zehn Wochen drei seiner schönsten und größten Sinfonien zu komponieren. Es sollten die letzten seines Lebens sein: die in Es-Dur (K-V d. h. Köchel-Verzeichnis No. 543), die er am 26. Juni als vollendet in sein Werkverzeichnis einträgt; die in g-Moll (K-V 550), am 25. Juli beendet, und die in C-Dur, genannt »Jupiter« (K-V 551), deren Schlußstrich am 10. August gezogen wird. Das erstaunlichste aber ist, daß *Mozart* diese drei Werke ohne äußerliche Veranlassung schrieb. Barock und Rokoko – die »Klassik« der Musikgeschichte – schrieb selten anders als »auf Bestellung«. Oder um sich bei einem großen Herrn in Gunst zu

setzen und so zu einer »Ehrengabe« oder gar zu einer festen Anstellung zu kommen. Nichts von alledem stand *Mozart* im Sommer 1788 bevor.

Am 11. Oktober erfolgt in Frankfurt am Main die erste deutschsprachige Aufführung von »Figaros Hochzeit«. Ohne die Anwesenheit oder auch nur Verständigung des Komponisten; es war nicht üblich, Autoren einzuladen, wenn es sich nicht um die berühmtesten ihres Fachs handelte. Und es gab noch keine Honorare oder Tantiemen für ein Werk, das man spielte. Das Zeitalter der finanziellen Beteiligung der Urheber an ihren Werken war noch längst nicht angebrochen.

Aus den Dokumenten des Jahres 1788 wollen wir, um *Mozarts* Lage zu jener Zeit so weit als möglich zu dokumentieren, zwei recht entgegengesetzte herausgreifen. Das eine ist ein Brief, den er an seinen Freimaurer-Logenbruder, den Wiener Kaufmann *Michael Puchberg* richtet. An diesen Adressaten werden in den folgenden Jahren immer mehr Briefe gehen, verschieden im Wortlaut, aber einhellig im Inhalt: »Liebster Bruder! Ihre wahre Freundschaft und Bruderliebe macht mich so kühn, Sie um eine große Gefälligkeit zu bitten: – ich bin Ihnen noch 8 Dukaten schuldig – überdies daß ich dermalen außer Stande bin, Sie Ihnen zurückzuzahlen, so geht mein Vertrauen gegen Sie so weit, daß ich Sie zu bitten wage, mir nur bis künftige Woche (wo meine Academien im Casino anfangen) mit 100 Gulden auszuhelfen. Bis dahin muß ich notwendigerweise mein Subscriptions-Geld in Händen haben und kann Ihnen dann ganz leicht 136 Gulden mit dem wärmsten Dank zurückbezahlen. Ich nehme mir die Freiheit, Ihnen hier mit 2 Billets aufzuwarten, welche ich Sie (als Bruder) bitte, ohne alle Bezahlung anzunehmen, da ich ohnehin nie im Stande sein werde, Ihnen Ihre mir bezeugte Freundschaft genugsam zu erwidern. Ich bitte Sie nochmals meiner Zudringlichkeit wegen um Vergebung und verharre nebst Empfehlung an Ihre würdige Frau Gemahlin mit aller Freundschaft und Bruderliebe Ihr ganz ergebenster . . .«

Das Gegenstück zu diesem Brief bildet ein Schreiben des großen Meisters *Joseph Haydn*. Der weilte nun immer häufiger in Wien, wo sein Herr, der *Fürst Esterhazy*, einen prächtigen Palast besaß, in dem er länger dauernde Zeiträume verbrachte. Der Zeitpunkt, in dem ein neuer junger Fürst das berühmte

Eisenstädter Orchester auflösen und den durch dreißig Jahre hochverdienten *Haydn* in Ruhestand versetzen wird, ist nicht mehr sehr fern. Haydns Freundschaft mit Mozart gestaltet sich nun eng und enger; sie ist auf gegenseitiger tiefer Bewunderung aufgebaut. Anläßlich des letzten Besuches, den Vater *Leopold Mozart* bei seinem Sohn und dessen Gattin in Wien gemacht hatte, war ein wenig Balsam auf des ehrgeizigen Salzburger Vizekapellmeisters Wunden gefallen, der seinen genialen Sohn längst nicht in der Stellung angetroffen hatte, die er sich für ihn stets erträumt hatte. Doch *Haydn*, der große, von allen verehrte, weltberühmte Meister hatte ihm versichert, *Wolfgang* sei der größte Komponist, den die Welt trüge. Und brachte diese Meinung ein wenig später auch noch zu Papier: »Der große *Mozart*, der schwerlich jemand anderen zur Seite haben kann ... Könnte ich jedem Musikfreund, besonders aber den Großen, die unnachahmlichen Arbeiten *Mozarts* so tief und mit einem solchen musikalischen Verstand, mit einer so großen Empfindung in die Seele prägen, als ich sie begreife: so würden die Nationen wetteifern, ein solches Kleinod in ihren Mauern zu besitzen ... Mich zürnt es, daß dieser einzige *Mozart* noch nicht bei einem kaiserlichen oder königlichen Hof engagiert ist ...«

Puchberg reagierte auf *Mozarts* Bittbrief und schickte die gewünschten 100 Gulden. Wir wissen es, denn er vermerkte auf *Mozarts* Schreiben als ordnungsliebender Kaufmann dessen Erledigung. Ungefähr zwei Wochen später erhält er einen neuerlichen Brief seines Logenbruders: »... Die Überzeugung, daß Sie mein wahrer Freund sind und daß Sie mich als einen ehrlichen Mann kennen, ermuntert mich, Ihnen mein Herz aufzudecken und folgende Bitte an Sie zu tun. Ich will ohne alle Ziererei nach meiner angeborenen Aufrichtigkeit zur Sache selbst schreiten. – Wenn Sie die Liebe und Freundschaft für mich haben wollten, mich auf 1 oder 2 Jahre mit 1 oder 2 Tausend Gulden gegen gebührende Interessen zu unterstützen, so würden Sie mir auf Acker und Pflug helfen! Sie werden selbst sicher und wahr finden, daß es übel, ja unmöglich zu leben sei, wenn man von Einnahme zu Einnahme warten muß! Wenn man nicht einen gewissen, wenigstens den nötigen Vorrat hat, so ist es nicht möglich, in Ordnung zu kommen. Mit nichts macht man nichts. – Wenn Sie mir diese Freundschaft tun, so

kann ich 1., da ich versehen bin, die nötigen Ausgaben zur gehörigen Zeit, folglich leichter entrichten, wo ich jetzt die Bezahlungen verschieben, und dann eben zur unbequemsten Zeit meine ganze Einnahme oft auf einmal hinausgeben muß. 2. kann ich mit sorgloserem Gemüt und freierem Herzen arbeiten, folglich mehr verdienen. Wegen Sicherheit glaube ich nicht, daß Sie Zweifel haben werden! Sie wissen so ungefähr wie ich stehe – und kennen meine Denkungsart . . .!«
Auf dieses Schreiben *Mozarts* hat *Puchberg* vermerkt: »Den 17. Juni 1788 Gulden 200 gesendet.« 200 statt der 1000 oder gar 2000, die *Mozart* erbeten und wohl auch erhofft hatte. Der Kaufmann glaubt nicht an eine dauernde »Sanierung« des Künstlers durch Bereitstellung eines größeren Betrags. Auch in Zukunft wird er auf *Mozarts* Bittbriefe, die sehr bald zu wahren Bettelbriefen werden, nur mit einem Teil des Geldes antworten, das jener erbittet. Und doch werden bei *Mozarts* Tod mehrere tausend Gulden an Schulden aufgehäuft sein. Dann wird *Puchberg*, um der völlig mittellos zurückbleibenden Witwe zu helfen, auf die Begleichung verzichten.
Im Wiener »Magazin der Musik« steht 1788 zu lesen: »*Kozeluchs* Arbeiten erhalten sich und finden allenthalben Eingang, dahingegen *Mozarts* Werke durchgehend nicht ganz so gefallen . . .« Mancher Leser wird sich erstaunt fragen: Wer war jener *Kozeluch*, der hier im gleichen Atem mit *Mozart* genannt, ja in gewissem Sinn über ihn gestellt wird? Nun, *Leopold Anton Kozeluch*, vier Jahre älter als *Mozart*, in Wien lebender böhmischer Musiker war beileibe kein schlechter Komponist. Drei Dutzend Sinfonien, 13 Klavierkonzerte, viele Opern, zahlreiche Kammermusik entstammen seiner Feder, Stücke musikantischer Handschrift, leichter Eingängigkeit und ausgezeichneter Technik. Sie fanden »allenthalben Eingang«, während Mozart . . . War seine Musik zu »schwer«? Kein Kaiser, kein König, kein Fürst setzte ihn in den ihm gebührenden Rang. Niemand verhalf ihm zu einer Stellung, die seinem Genie auch nur halbwegs entsprochen hätte. Dabei gab es, leicht gerechnet, ein Dutzend musikalischer Posten in Wien, mehrere hundert in Europa, von denen ihr Inhaber mit gewisser Sicherheit sein Auskommen gefunden hätte.
So brach das Jahr 1789 an. Für *Mozart* ein Jahr tiefen Elends, aber auch der »Così fan tutte«. Und für die Welt ein Jahr tiefer

Erschütterungen. Am 14. Juli stürmt das Volk von Paris die Zwingburg des Bourbonenregimes und der verhaßten Aristokratie: die Bastille. Das Flammenzeichen für die Revolution war gegeben. Es war der zweite große Schlag gegen die erbeingesessenen Herren der Welt: 13 Jahre vorher hatten die Vereinigten Staaten von Nordamerika sich von England gelöst und mit einer freiheitlichen, flammenden Verfassung den Unterdrückten der Erde ein Signal gegeben. In beiden welterschütternden Ereignissen hatten die Freimaurer ihre Hand im Spiel gehabt, hatten die Ideale aufgestellt, die beiden voranleuchteten. Und Mozart war Freimaurer, träumte von einer »Herrschaft der Besten, Gerechtesten, Weisesten«. In Österreich, in Wien war von den großen Ereignissen kaum ein fernes Echo zu spüren. Fest gegründet stand das Reich der Habsburger, ein Vielvölkerstaat, der Sprachen und Religionen unter seinem Banner vereinte, in dem Adel und Oberschicht viel weniger despotisch und korrupt waren als in Paris. Man liebte Vergnügungen, die hier nicht wie in Paris auf Kosten wehrloser Untertanen gingen, liebte Musik, die auch dem Volke Freude bereitete. Musik bei Hof – Kaiser, Erzherzöge, Prinzen sind Komponisten, Dirigenten, Pianisten, Geiger, Sänger –, Musik in den Palästen der Aristokratie, Musik in den Theatern, in den Kirchen, in den Gasthäusern, den Vergnügungsstätten rund um die Stadt. Eine musikalische Stadt, ein musisches Volk.

Trotzdem sucht *Mozart* im Frühling 1789 aus der musischen Stadt auszubrechen, die ihm so gar nicht hold ist. Sein Schüler und Gönner Fürst *Carl Lichnowsky* unternimmt eine Reise nordwärts und nimmt Mozart in seiner Kutsche mit. Prag, Dresden, Leipzig sind die ersten Stationen. Mozart konzertiert am sächsischen Hof, spielt die Orgel in der Leipziger Thomaskirche, an der ein halbes Jahrhundert früher *Johann Sebastian Bach* gewirkt hatte. In Berlin gerät er am 19. Mai zufällig in eine Aufführung seiner »Entführung aus dem Serail«. Darüber gibt es ergötzliche Anekdoten, von seiner Korrektur einiger falscher Noten angefangen, bis zum jubelnden Erkennen seiner Person, die unscheinbar und im Reiseanzug durchaus nicht der eines berühmten Komponisten gleicht. Am preußischen Hof wird er ehrenvoll aufgenommen, beschenkt und gefeiert. Aber »Vakanz« gibt es hier keine; es gibt nirgends eine, wo *Mozart* anklopft. Und auf den Gedanken, diesem Genie eine zu schaffen, kommt niemand. Die in viele Bücher eingegangene Geschichte, Preußens König habe ihm einen glänzenden Posten geboten, den er aber ausschlug, um seinen »guten *Kaiser Joseph* nicht zu verlassen«, ist eine Mär und viel zu lächerlich, um ein weiteres Wort an sie zu verschwenden. Gerade das war es doch, was er in der Fremde gesucht hatte!

In seinen Briefen an die geliebte *Konstanze* in Wien erzählt er von den Ereignissen der Fahrt. Sie klingen gutgelaunt, wie immer, wenn er ihr schreibt und ihr die Schwere seiner Lage, die Sorgen und Nöte verheimlichen will, die ihn quälen und oft sogar ängstigen. Nur um sie zeigt er sich rührend besorgt. Sie weilt im nahen Baden zur Kur, ist ein wenig kränklich, angegriffen von vielen Schwangerschaften und Entbindungen. Wie sehr er sich mit ihr und allem, was sie betrifft, selbst in seiner schwierigen Lage befaßt, wird aus diesen Briefen rührend klar: »... Liebes Weibchen, ich habe eine Menge Bitten an Dich: 1. bitte ich Dich, daß Du nicht traurig bist; 2. daß Du auf Deine Gesundheit achtest und der Frühlingsluft nicht trauest; 3. daß Du nicht alleine zu Fuß – am liebsten gar nicht zu Fuße ausgehst; 4. daß Du meiner Liebe ganz versichert sein sollst – keinen Brief habe ich Dir noch geschrieben, wo ich nicht Dein liebes Porträt vor mich gestellt hätte. 6. et ultimo[1] bitte ich Dich, in Deinen Briefen ausführlicher zu sein; ich möchte gerne wissen, ob Schwager Hofer den Tag nach meiner Abreise gekommen ist? Ob er öfter kommt, so wie er mir versprochen hat; und ob die Langischen[2] bisweilen kommen? Ob an dem Porträt fortgearbeitet wird? Wie Deine Lebensart ist? Lauter Dinge, die mich natürlicherweise sehr interessieren ...«

Hier wollte *Mozart* den Brief wahrscheinlich abschließen. Aber er hat noch etwas auf dem Herzen, etwas sehr Wichtiges, und so setzt er die Aufzählung seiner Bitten fort. Und da er irrtümlicherweise auf Punkt 4 gleich hat Punkt 6 folgen lassen, beziffert er nun: »... 5. bitte ich Dich nicht allein auf Deine und meine Ehre in Deinem Betragen Rücksicht zu nehmen, sondern auch auf den Schein. Sei nicht böse über diese Bitte. Du mußt mich eben deswegen noch mehr lieben, weil ich auf Ehre halte. Nun leb wohl, liebste, beste! Denke, daß ich jede Nacht,

[1] Lateinisch: und zuletzt
[2] Der Hofschauspieler Lange hat Aloysia, Constanzes Schwester und Mozarts große Liebe aus Mannheimer Tagen, geheiratet.

ehe ich ins Bett gehe, eine gute halbe Stunde mit Deinem Porträt spreche, und so auch beim Erwachen. Übermorgen, am 18., reisen wir ab. Du schreibst nun immer nach Berlin poste restante. O stru! stri! – Ich küsse und drücke Dich 1095060437 082 mal (hier kannst Du Dich im Aussprechen üben) und bin ewig Dein treuester Gatte und Freund ...«

»Echtester Mozart« werden die Kenner sagen: zärtlich, besorgt, spielerisch, spitzbübisch. Und nicht weniger typisch ist der Brief, der zwei Tage später in Wien anlangt und von der unbändigen Freude auf das Wiedersehen diktiert scheint: »... Das erste aber ist, daß ich Dich beim Schopf nehme; wie kannst Du denn glauben, ja nur vermuten, daß ich Dich vergessen hätte? – Wie würde mir das möglich sein? – Für diese Vermutung sollst Du gleich die erste Nacht einen derben Schilling auf Dein liebens-küssenswürdiges Ärschgen haben, zähle nur darauf. Adieu ...«

Das ist *Mozart*, der sinnenfrohe, der immer Verliebte. Das ist aber auch der Rokokomensch *Mozart*. Diese sinnenfrohe, spielerische Liebe ist ein Merkmal jener Epoche, die wir als »Rokoko« in den Ablauf der geschichtlichen und damit kulturellen Perioden einordnen. In der Musik haben wir uns angewöhnt, sie als »Klassik« zu bezeichnen, zumeist sogar als »Wiener Klassik«, da sich in der Kaiserstadt an der Donau ihre größten Vertreter zusammenfanden: *Haydn, Mozart,* der junge *Beethoven.* Vielleicht kommt das Wort »Rokoko« vom französischen »rocaille«, dem Geröll, der Muschel; wohl weil als typisches Ornament jener Zeit die geschwungenen und geheimnisvoll symmetrischen Gebilde von Muschelwerk in Architektur wie Malerei stilbildend auftreten. Was beim Namen nicht so ganz sicher erscheint, bei der Herkunft ist es das: das Rokoko stammt aus Frankreich (»rococo«). Es ist, wie Kunstwissenschaftler nachgewiesen haben, keine einheitliche Richtung, sondern zerfällt in sich wiederum in mehrere Abschnitte, denen aber doch viel Gemeinsames anhaftet. Die Parallelen in der Musik sind offenkundig. Das Ornament der bildenden Künste entspricht den Verzierungen in der Musik, Leichtigkeit, natürliche Ordnung, Symmetrie, ausgewogene Harmonie erscheinen als immer wiederkehrende Merkmale. Die Musikgeschichte spricht von der Epoche zwischen *Bachs* Tod – 1750 – und *Beethovens* Durchbruch zur revolutionären

Persönlichkeit – 1800 – als von der des »Rokoko« oder der »Klassik«.
Mozart, der Rokokomensch, der Rokokokünstler. Natürlich war er das, denn jeder Mensch, jeder Künstler vor allem, ist Kind und Ausdruck seiner Epoche. Deutlich wird das in erster Linie bei den Vertretern der Oberschicht. Sie verkörpern den »Zeitgeist«, in dem sie geboren und erzogen werden. Zur Oberschicht gehört nicht nur die Aristokratie und das reiche Großbürgertum jener Zeit; auch alle anderen Menschen, die in irgendeiner Form von jenen abhängen, in ihrem engen Umfeld leben, müssen dazugerechnet werden. So auch *Mozart*. Von Kind an steht er in enger Verbindung mit den Herrschenden: der Vater dient dem Salzburger Hof, und er selbst wird nach dessen Mode gekleidet, nach dessen Zeremoniell in die Lebensformen eingeweiht. Seine frühen Kunstreisen führen ihn in Europas Schlösser und Paläste, er muß sich benehmen wie ein kleiner Prinz. Er muß französisch und italienisch sprechen, die Mode-, aber auch Umgangssprachen des österreichischen Adels sind. Nach seinem vehementen Bruch mit dem Salzburger Fürsterzbischof tritt *Mozart* zwar aus dessen Dienst, nicht aber aus der Randschicht der Oberklasse, in der ihn sein Talent angesiedelt hat: er bleibt auch in Wien in der Nähe des Hofes, erhält kaiserliche Aufträge, zählt Schüler aus der hohen Aristokratie, sieht seine Kompositionen aus der Oberschicht unterstützt, spielt in den Palästen vor deren Vertretern. Auch in der Freimaurerloge steht er, ohne daß ihm dies auffiele, mit der Oberschicht in Verbindung: zwar gibt es hier sehr betont keine Klassenunterschiede, aber die hohe Geistigkeit, das Bildungsniveau, die Umgangsformen, das soziale Denken, die hier gepflegt werden, setzen Erziehung und Kenntnisse voraus, wie der »niedere« oder »gewöhnliche« Stand jener Zeit sie nicht aufbringen konnte. *Mozart* geht stets nach der Mode gekleidet, die selbstverständlich – überall und zu allen Zeiten – eine Angelegenheit der Oberschicht ist. Er trägt die Rokoko-Haartracht und die bunten Gewänder der Epoche. Zum kindlichen Galarock, den er als Kind anlegte zu Empfängen und Konzerten (und in dem er, mit einem kleinen Degen an der Seite, porträtiert ist und in *Goethes* Erinnerung fortlebte) gehörte die völlige Beherrschung jener Lebensformen, die den Stil des Rokokomenschen ausmachte. Er war ein richtiger

»Kavalier« und blieb es bis zuletzt in der Öffentlichkeit, auch wenn seine wirtschaftliche Lage ihn längst ins Kleinbürgertum verwiesen hätte – oder noch tiefer.

Aus der ein wenig reservierten Schönheit, der gelegentlich marmornen Kühle des Barocks läßt das beginnende Rokoko gegen die Mitte des 18. Jahrhunderts – in Frankreichs Malerei sogar schon ein wenig zuvor – einen Ton des »Affekts« hören, des Gefühls, der Empfindung, der im Falle der Übertreibung, der Künstelei leicht zur »Affektiertheit« ausarten kann. Das Rokoko erfüllt die dynamische, weitlinige, öfters monumentale Größe des Barocks mit Liebenswürdigkeit, mit Zärtlichkeit, mit Spielfreude, läßt Herz und Gefühl und Menschlichkeit durch die vorher manchmal etwas harte Oberfläche durchschimmern. Doch täte man dem Rokoko unrecht, wollte man in ihm nur eine Verniedlichung des Barocks sehen. »Die Genußkultur des Rokokos steht in ihrem Sensualismus und Ästhetizismus zwischen barocker Repräsentation und romantischer Gefühlsseligkeit in der Mitte«, stellt *Arnold Hauser* (in seiner bedeutenden »Sozialgeschichte der Kunst und Literatur«) fest und setzt hinzu, das Rokoko sei »die letzte Phase einer Gesellschaftskultur gewesen, in der das Schönheitsprinzip unbeschränkt herrscht, der letzte Stil, in dem Schön und Künstlerisch noch gleichbedeutend ist« –, ein Satz, über den nachzudenken sich lohnt.

Die Oberschicht des Rokokos hatte, wie jede Oberschicht einer Epoche, ihren deutlich erkennbaren Lebensstil, ihre Etikette, ihr Zeremoniell. Ihnen verdankt das Rokoko sein formales Selbstverständnis, seine Eleganz, seine Leichtigkeit in den äußeren Dingen des Lebens, seine gesellschaftliche Beweglichkeit. Lauter Dinge, die sich unschwer in der Musik wiederfinden lassen. Alle Gefühle sind vorhanden, aber in vorgeschriebene Formen gebannt. Man schreit nicht, man weint nicht öffentlich, man verweist Temperamentsausbrüche ins Boudoir. Man hat Freude am »Spiel« in jeder Form, mimt Schäfer und Schäferin in einer fiktiven »Natur«. Man tändelt und kost, »spielt« die Liebe in raffiniertesten Gesellschaftsformen durch, tanzt in Bewegungen feinster ästhetischer Vollendung. Man stellt das wirklich Bewegende nicht zur Schau, macht es zwischen vier Wänden, unter vier Augen ab. *Mozarts* Musik entspricht dem Lebensstil des Rokokos in vollendeter Weise.

Auch *Mozarts* Leben ist – natürlich – ein Leben im Rokoko. Dem entspricht unter anderem der Zusatz zum früher zitierten Brief an Konstanze. *Mozart* bittet seine geliebte *Stanzi*, auch auf den »Schein« zu achten. Sie geht, wie überliefert ist, bei Gesellschaftsspielen gern bis an eine Grenze, die dem – nicht nur in der Musik – formbewußten *Mozart* ein wenig gefährlich scheint. Oder nahm *Konstanze* es mit der ehelichen Treue wirklich nicht ganz so genau? Es ist des öfteren behauptet worden. Bei *Mozart* herrscht über diesen Punkt kein Zweifel: man weiß, daß er während seiner Ehe auch anderen Frauen körperlich sehr nahe kam. Ja, eigentlich nur während seiner Ehe: von früheren Liebesverhältnissen *Mozarts* ist nie etwas bekannt geworden. Sie sind eher unwahrscheinlich, wie auch aus dem Brief geschlossen werden kann, den er zur Begründung seiner raschen Eheschließung mit *Konstanze* dem Vater gegenüber ins Treffen führt: daß in ihm »die Natur so laut spreche« wie in anderen Männern auch, die größer sind und kräftiger scheinen als der zarte, kleine *Wolfgang Amadeus*. Die Angelegenheit mit dem »Bäsle« war wohl nur eine pubertäre Spielerei – wenn auch mit starkem erotischen Einschlag – die Anbetung *Aloysias* ziemlich sicher erfolglos. Erst bei seiner *Stanzi* erlebt er Gefühle und Wonnen – wie er selbst es auch in seinen Briefen nennt –, die letzte Sinnlichkeit und tiefste Hingabe in seine Musik zaubern.
Nun, mit »Così fan tutte« wird das Problem der Treue in ganz vordergründiger, deutlichster Form an ihn herangetragen. *Lorenzo da Ponte* behauptet – wie so viele »Lebenskenner« vorher und nachher –, es gäbe sie gar nicht, sie sei eine Fiktion, ein »Phönix aus Arabien«, von dem alle sprächen, den aber niemand je gesehen habe (wie es in »Così fan tutte« heißt). Anderthalb Jahrhunderte später wird *Hugo von Hofmannsthal*, großer Dichter und nicht weniger feiner Psychologe im Dienste der Musik als Librettist von *Richard Strauss*, in »Ariadne auf Naxos« das Problem der Treue als schwerstes und tiefstes von allen zu schildern unternehmen. *Mozart* nimmt es nicht so tragisch (wenn auch sicher nicht so zynisch wie sein Textdichter *da Ponte*). Ob er dabei an *Konstanze* denkt? Ob ihr manchmal ein wenig freies Betragen ihm dabei durch den Kopf geht? Er hält sie zweifellos für treu. Aber das tut wohl fast jeder Mann – Masochisten ausgenommen. Denn sonst müßte er ja an sich

selbst zweifeln, fast mehr noch als an seiner Geliebten. *Konstanze* hat nach seinem Tode manchmal davon gesprochen, daß sie ihrem *Wolfgang* manche »Stubenmädelei« verziehen habe. Wir wissen aber, daß es manchmal mehr als der Hang zu »Stubenmädeleien« war, der *Mozart* in die Arme anderer Frauen trieb. So etwa die Leidenschaft für mehrere hübsche und hochbegabte Sängerinnen oder für elegante und interessante Damen der Gesellschaft. Doch an die wollte *Konstanze* sicher nicht gerne erinnert werden –, oder sie hatte diese Abenteuer ihres Gatten wirklich so »verdrängt«, daß sie sich ihrer nicht mehr erinnerte. Gerade aber den »Stubenmädchen«, die sie offensichtlich nicht hoch einschätzte – schon der Ausdruck »Stubenmädelei« beweist es – verdankte *Mozart* ungewöhnlich viel: welche hochbedeutsame Rollen spielen Stubenmädchen in seinen Opern! Susanne in »Figaros Hochzeit«, Despina in »Così fan tutte«, zwei nicht nur textlich hervorragend gezeichnete, sondern von *Mozart* musikalisch besonders liebevoll bedachte Rollen: zwei »Stubenmädchen« – aber was für welche! Keine verheiratete Frau würde sie in ihrem Hause anstellen; aber manche Mutter heranwachsender Söhne wäre dazu – besonders in Rokokozeiten – klug und gern bereit . . .
Am 4. Juni 1789 war *Mozart* von seiner Fahrt nach Norden heimgekehrt. In seinen letzten Briefen von der Reise hat er *Konstanze* aufmerksam gemacht, sie dürfe sich nur auf ihn freuen, nicht auf »Reichtümer«; wie immer kam er mit leeren Taschen heim. Schnell nimmt die wirtschaftliche Lage einen nun immer bedrohlicheren Zustand an. *Konstanze* ist wieder schwanger, fühlt sich schwach und leidend, muß immer öfter und länger zur Kur nach Baden. *Mozart* fährt, so oft er kann, zu ihr. Am 29. August dieses Jahres wird in Wiens Hoftheater »Figaros Hochzeit« wieder aufgenommen, zwei Jahre nach der Uraufführung und deren mittelmäßigem Erfolg. Dieses Mal findet das Werk offenkundig mehr Beifall: es steht weitere zehn Male bis Jahresende auf dem Spielplan. Kein überwältigender Erfolg – ein solcher pflegte sich in nahezu pausenlosen Aufführungen während vieler Monate zu äußern, so wie es zum Beispiel bei *Martin y Solers* »Cosa rara« zur selben Zeit der Fall war –, aber doch eine kleine Genugtuung für den künstlerisch tief deprimierten Komponisten.
War dieser »Erfolg« ausschlaggebend für den neuen Auftrag,

den *Kaiser Joseph II.* gegen Ende des Jahres 1789 *Mozart* erteilte? Es gibt eine seit bald zweihundert Jahren festgefahrene Lesart, laut der eines Morgens bei einer Audienz oder den täglichen Empfängen der höheren Beamten des Palastes durch den Monarchen, dieser seinem Hofdichter *Lorenzo da Ponte* sehr amüsiert eine angeblich in Kreisen des aristokratischen Offizierskorps vorgefallene Affäre erzählt und ihn aufgefordert habe, daraus ein Lustspiel zu formen, das *Mozart* vertonen könne.

Dazu wären einige Bemerkungen angebracht. Vor allem, daß eine recht ähnliche Geschichte schon in *Boccaccios* »Decamerone« zu finden ist (der überhaupt als glänzendstes Kompendium aller erotischen Themen gelten darf und daher eine unerschöpfliche Quelle für Dramatiker und Librettisten ist). Auch eine 1785 in Wien gespielte Oper von *Antonio Salieri* (»La grotta di Trofonio«, mit Text von *da Pontes* heftigstem Konkurrenten und Gegner *Casti*) enthält einige auffallende Parallelen zur angeblich »wahren Begebenheit«; zwei Liebespaare werden durch die Einwirkung eines Zauberers durcheinander gebracht und sogar charakterlich verändert. Natürlich kann etwas ähnliches sich auch in Wiener Gesellschaftskreisen abgespielt haben und zu Ohren des Kaisers gekommen sein –, immer vorausgesetzt, daß eine so völlig unglaubwürdige Geschichte sich überhaupt irgendwo abgespielt haben kann. *Heinrich Eduard Jacob* sucht ihrer Unwahrscheinlichkeit auf den Grund zu gehen und stellt die durchaus mögliche Vermutung auf, das Ganze sei auf einem Maskenball geschehen.

Mozart wußte jedenfalls von nichts, bis *da Ponte* ihn vom Auftrag des Kaisers für die gemeinsame Oper unterrichtete. Der Hofdichter, trotz seines geistlichen Gewandes – er führte den Titel eines Abbé, lebte aber durchaus weltlich – ein Menschen- und wie er glaubte Frauenkenner hohen Ranges, erzählte dem Komponisten wohl bereits seine eigene Version des Vorfalls. Wir müssen nach den Gepflogenheiten der Zeit annehmen, daß *Mozart*, als er an die sofortige Vertonung ging, kaum das fertige Libretto gelesen haben dürfte; er wird es, wie immer, bruchstückweise von *da Ponte* erhalten und ebenso vertont haben. Immer wieder ist unter den Biographen *Mozarts* die Frage aufgetaucht: wie konnte er nur ein so »unmögliches« Textbuch komponieren? Nun, ein kaiserlicher Auftrag war ein

Kaiser Joseph II.

Befehl. Man hätte ablehnen können, aber das konnte *Mozart* in seiner Lage sich unter keinen Umständen leisten. Hätte er ein anderes Sujet vorschlagen können? Sicher nicht. Den Kaiser amüsierte die Geschichte ganz offensichtlich. Und *da Ponte* war von ihr entzückt.

Da wollten zwei junge Offiziere ihre Bräute, zwei Schwestern aus gutem Hause, auf die Probe stellen. Auf Rat eines klugen Freundes – ob mit Wette oder ohne – stellen sie sich, als zögen sie in den Krieg, kehren aber verkleidet in das Haus der Mädchen zurück und machen als »reiche Albaner« den Mädchen den Hof: jeder der Braut seines Freundes. Sie haben Erfolg damit. Natürlich haben sie Erfolg, das ist ja der »Sinn« der Geschichte, zu zeigen, das Weib sei von Natur aus treulos. Daß die Männer es in diesem Falle noch viel mehr sind, wird nicht gesagt, ja nicht einmal gedacht. Aber sie sind »großzügig« und verzeihen. Alles endet »gut«.

Eine so geringe Meinung von den Frauen wäre bei *Joseph II.* nicht überraschend. Der »Toleranzkaiser«, der um die Liebe seines Volkes werbende Monarch hatte viel Pech mit Frauen gehabt. Seine Gemahlin, die schöne *Isabella von Parma* starb nach nur dreijähriger Ehe, und erst dann erfuhr der Kaiser durch eine dumme Indiskretion, daß sie ihn nie geliebt hatte. Auf Befehl der Mutter – *Maria Theresia*, einer »großartigen Frau« *(Hugo von Hofmannsthal)* – mußte er nochmals heiraten: *Josefa von Bayern*; sie soll so häßlich und unappetitlich gewesen sein, daß er die Flucht ergriff und nie zu einem Zusammenleben mit ihr zu bringen war. Zu einer dritten Eheschließung nach *Josephas* frühem Tod war der Kaiser nicht mehr zu bringen. Die Wiener Polizei hingegen hatte die unangenehme Aufgabe – *H. E. Jacob* erzählt es – den Kaiser auf geheimen nächtlichen Ausflügen zu bewachen, wenn er die Prostituierten Wiens aufsuchte. Eine Geschichte wie die des Zu-Fall-Bringens zweier Mädchen durch verkleidete »Verführer« wäre demnach dem Kaiser durchaus als Bestätigung seines denkbar niedrigen Konzepts der Frauen gelegen gekommen. Doch spricht ein sehr gewichtiger Grund gegen diese Kombinationen: *Joseph II.* war um jene Zeit – die Auftragerteilung an *da Ponte* und *Mozart* müßte sich ungefähr im November 1789 ereignet haben – ein schwerkranker Mann. Er dürfte kaum mit seinem Hofdichter über ein komisches Opernsujet gesprochen haben. Seine letzten Gedanken auf dem Krankenbett, das sein Totenbett werden sollte, galten sicherlich tieferen Fragen seines Reiches. Die kaiserlichen Heere standen tief auf dem Balkan im Kampf gegen die Türken. Seine Schwester *Marie Antoinette*, die ihm als Königin von Frankreich schon viele Sorgen bereitet hatte, war von den Revolutionären in einen schimpflichen und zugleich bedrohlichen Zustand von Gefangenschaft gesetzt worden, der seinen heiligsten Prinzipien von Legitimität, Gottesgnadentum, aber auch Humanismus und Staatsräson aufs heftigste zuwiderlief.

Wie immer, ein kaiserlicher Auftrag lag vor. Ob er den Stoff mit einschloß, wird nicht mehr festgestellt werden können. Ob der Stoff auf einer wirklichen Begebenheit beruhte, ebenso wenig. Es ist auch gleichgültig. Der Kaiser dürfte im Gespräch mit *da Ponte* sicherlich die Anregung gegeben haben, *Mozart* als Komponisten zuzuziehen. Seit »Le nozze di Figaro« waren mehr als drei Jahre vergangen. Schließlich führte *Mozart* einen kaiserlichen Titel, und *Joseph II.* schätzte seine Musik, wie er mehrfach hervorgehoben und gezeigt hatte. Eile tat not. Der Monarch fühlte seine Kräfte schwinden. Die Oper sollte bald auf die Bühne. *Mozart* war, wie *da Ponte* ihm sicherlich gern erzählt hatte, ein Schnellkomponierer. Kammermusikwerke in einem einzigen Tag, Sinfonien in kurzen Wochen, Opern in gezählten Monaten; es war kaum faßbar. Und mehr noch: daß da ein Mensch im Kopf alles fertig entwerfen konnte, vollständig bis zur letzten Note jedes Instruments, und diese Komposition danach, wann immer es ihm paßte, einfach aus dem Kopfe niederschreiben, so als diktiere eine höhere Macht – nein, das überstieg nicht nur des Kaisers Vorstellungsvermögen. Aber es war so. Gut, so sollte *Mozart* wieder einmal eine Aufgabe erhalten, der Komponist der neuen Oper werden.

Zum ersten Mal schuf *Lorenzo da Ponte* – wie fast alle Librettisten seiner Zeit ein glänzender »Bearbeiter« fremden Gedankenguts, ein gewiegter »Verwerter« von Gelesenem und Gehörtem – einen Operntext aus eigener Phantasie für *Mozart.* Mochten die Figuren in gewissem Sinne vorgegeben sein – wahrscheinlich waren es nur die der vier Liebenden –, so oblag doch die Führung und Gestaltung der Komödie *da Pontes* Einfällen. Bei der »Hochzeit des Figaro« hatte er »Le mariage de Figaro« des Franzosen Pierre-Augustin *Caron,* genannt *de Beaumarchais* als Vorlage verwendet, ein glänzendes Theaterstück, dem er lediglich die politischen Spitzen zu nehmen hatte, um ein vollendetes Buffo-Libretto zu liefern. Für »Don Giovanni« hatte es viele Vorbilder gegeben, so daß er Szenen aus verschiedenen Dramen entlehnen und neu zusammenfügen konnte: die so berühmt gewordene »Registerarie« des Leporello hatte er sogar wörtlich aus einem fremden Werk übernommen, und für die Höllenfahrt des Bösewichts gab es Modelle genug. Nun aber, bei »Così fan tutte« galt es, Neues zu schaffen. Die Angaben, die der Kaiser – wenn überhaupt – *da Ponte* gemacht haben konnte, waren spärlich; es war innerhalb eines recht vagen Rahmens eine vollendete Komödie zu ersinnen. Oder hatte *da Ponte* vielleicht selbst von dem angeblich »wahren« Vorfall gehört, stellte dieser vielleicht einen zum Stadtgespräch erhobenen Skandalfall aus hohen Kreisen dar? Um so vorsichtiger mußte er dann zu Werke gehen, um niemanden zu verletzen oder Männer bloßzustellen, die dem ohnedies nicht überall beliebten Hofpoeten gefährlich hätten werden können. Zuerst also: die Handlung weit fort zu verlegen. »Figaro« und »Don Giovanni« spielten in Spanien, einem geradezu glänzenden Land für Opern! Dort durften, nach mitteleuropäischer Ansicht, die unwahrscheinlichsten Dinge passieren, dort loderten der Liebe und Leidenschaften Flammen höher als im kühlen Norden, von dorther aber waren vor allen Dingen keine Proteste zu erwarten. Ja, es war sogar als sicher anzunehmen, daß in diesem geradezu opernlosen Lande niemand etwas davon erfahren würde, wenn man ihm absurde Vorkommnisse andichtete. Im übrigen war gerade bei *Mozarts* beiden italienischen Opern die Wahl Spaniens als Schauplatz keineswegs auf das Konto *da Pontes* zu buchen: dort hatten sowohl *Beaumarchais* seinen »Figaro« wie der Dichter des Ur-Don Juans, *Tirso de Molina,* sein Drama angesiedelt. Natürlich lag es *da Ponte* ganz fern, daran etwas zu ändern.

Wieder Spanien? Nein, einmal eine Abwechslung. Italien! Nicht das nördliche, nicht Venedig und die Lombardei, die ja zum Habsburgerreich gehörten. Süditalien! Da schlugen die Flammen der Leidenschaft ebenso hoch, da waren Männer flink mit dem Degen und begeistert mit Verführungskünsten bei der Hand. Also: Neapel! Vielleicht mit dem symbolisch rauchenden Vesuv auf den Dekorationen. *Mozart* war Italien sicherlich sehr recht: er erinnerte sich wohl gerne seiner drei Reisen dorthin . . . Lang war das her, beinahe 20 Jahre. Er war ein Knabe gewesen, der »gestrenge Herr Papa« hatte ihn geleitet. Der *Padre Martini* in Bologna hatte ihn zum italienischen Opernkomponisten gemacht. Der war nun auch schon tot, die letzten goldenen Tabatieren und Schmuckstücke, die Mozart zum Zeichen seiner Triumphe heimgebracht, längst ins Leihaus oder unwiderbringlich zu dunklen Händlern gewandert, das Dekret der Aufnahme in die Philharmonische Akademie von Bologna, jenes des päpstlichen Ordens längst verblaßt. Manchmal mußte er sich wohl fragen, ob jener strahlende Bub und Jüngling wirklich er gewesen war. Er jener Welteroberer, jenes überall ehrfürchtig bestaunte Wunderkind . . .? Der Orden, der mußte vielleicht noch irgendwo in der Wohnung

PRINCEPS CAETERIQUE
ACADEMICI PHYLHARMONICI.

Omnibus, et ſingulis praeſentes Literas lecturis, felicitatem.

QUamvis ipſa Virtus ſibi, ſuiſque Sectatoribus glorioſum comparet Nomen, attamen pro majori ejuſdem majeſtate publicam in notitiam decuit propagari. Hinc eſt, quod hujuſce noſtrae PHYLHARMONICAE ACADEMIAE exiſtimationi, & incremento conſulere, ſingulorumque Academicorum Scientiam, & profectum patefacere intendentes, Teſtamur
ſub die Menſis Anni inter Academiae noſtrae
adſcriptum fuiſſe. Tanti igitur Coacademici virtutem, & merita perenni benevolentiae monumento proſequentes, haſce Patentes, Literas ſubſcriptas, noſtrique Conſeſſus Sigillo impreſſo obſignatas dedimus.
Bononiae ex noſtra Reſidentia die Menſis Anni

Princeps.

Ernennungsurkunde Mozarts zum Mitglied der Accademia Filarmonica in Bologna (26. Dezember 1770)

sein; er brauchte ihn nicht, denn ihn zu tragen gab es kaum noch je eine Gelegenheit für ihn. Und zudem wußte *Konstanze* bestimmt nicht, wo er lag.

Es gab wenig Zeit, über alles das nachzusinnen. Aber doch, sich über das Libretto ein wenig den Kopf zu zerbrechen? Oder vielleicht nicht? Es wird für immer ein Rätsel bleiben, wie *Mozart* sich widerstandslos einem solchen Stoff verschreiben konnte. Und zweifellos mit Begeisterung! In »Così fan tutte« steckt doppelt so viel Musik wie in der »Entführung aus dem Serail«, mehr als in den an sich großen Partituren von »Figaro« und »Don Giovanni«. Hätte *Mozart* keinen Spaß an der Sache gefunden, so hätte er sie mit einer guten Anzahl von Arien und Duetten zum genau gleichen Ende bringen können. Aber er fand Spaß daran. War dies möglich? Nun machte ihm ja das Komponieren an sich Spaß, einen »Heidenspaß«, wie man in Wien sagte, da man Christen so viel Spaß gar nicht zugestehen durfte. Wie konnte *Mozart* sich mit einer solchen Geschichte anfreunden? Nicht daß sie unglaubwürdig war, müßte dagegen gesprochen haben. Wer verlangte von einer Oper in damaliger Zeit Glaubwürdigkeit, Wahrscheinlichkeit, Logik? Nein; daß hier mit Liebe und Treue gespielt wurde, daß die Frauen – die er doch liebte und verehrte – als durchwegs und von Natur aus treulos, wankelmütig, betrügerisch hingestellt wurden –, das hätte ihn abschrecken müssen. Die vielleicht einzig mögliche Erklärung dafür, daß *Mozart* begeistert mitmachen konnte, ist nicht der kaiserliche Auftrag, nicht das so dringend benötigte Honorar, nicht der Arbeitseifer *da Pontes*, für dessen Zynismus ein solches Buch natürlich eine willkommene Gelegenheit bedeutete. Die einzig denkbare Erklärung für die sofortige und anscheinend bedingungslose Zustimmung *Mozarts* war wohl, daß er die ganze Abgründigkeit des Stoffes nicht erkannte, nicht erfaßte, nicht durchdachte, ja, sie sich nicht einmal vorstellen konnte. Was er allein sah, waren die glänzenden, urmusikalischen Situationen, die es in Musik zu kleiden galt. Die Liebesszenen – bei denen er vielleicht nicht immer klar wußte, welche »echt« und welche fingiert, gestellt, gespielt waren. Zudem gab es Auftritte, wie sie dem alten Rüstzeug der italienischen »Opera buffa« entnommen waren: der falsche Arzt, der falsche Notar, die Verkleidungen an sich. Er steckte voller Melodien, wie stets. Und so umkleidete er die Szenen mit seinen Melodien, ohne sich in jedem einzelnen Augenblick genau Rechenschaft abzulegen, ob die Gefühle, die sie auszudrücken hatten, echt oder unecht waren. Oder verstand er die Komödie vielleicht so, daß die beiden Männer im rasenden Zuge ihres Verführungsspiels selbst nicht mehr sicher anzugeben wüßten, ob sie noch spielten oder wirklich für die neue Angebetete entflammten? Ahnte Mozart, daß da schwierigste Probleme angesprochen waren? Er goß seine intuitiv ihm aus Geist und Herzen strömende Musik darüber aus: mochten andere sich den Kopf zerbrechen. Oper war nicht zum Kopfzerbrechen da. Nur zum Genießen schöner, reich fließender, nie versiegender, wohltuender Musik aus meisterhaften Kehlen voll bezaubernden Schmelzes ...

Wir wissen nicht, wie lange, wie intensiv *Mozart* an »Così fan tutte« gearbeitet hat. Ob ihn *Konstanzes* neuerliche Niederkunft am 16. November wesentlich unterbrochen oder gestört oder gar aufgehalten hat? Es war ihr fünftes Kind und starb noch am gleichen Tage der Geburt, nachdem es schnell auf den

Namen *Anna* notgetauft worden war. Das (bis dahin einzige am Leben gebliebene) Kind, *Carl Thomas*, war gerade fünf Jahre alt geworden. Wer kümmerte sich um ihn, wer nahm sich seiner an? Man kann sich den Haushalt vorstellen – aber man läßt es besser bleiben. Vielleicht half eine von *Konstanzes* Schwestern ein wenig aus: Sophie wahrscheinlich, die in *Mozarts* letzten Tagen viel um ihn und die dann völlig zusammenbrechende *Konstanze* sein wird. Sie liegen gar nicht mehr fern; *Mozart* ist zwar noch nicht 34 Jahre alt, aber das Leben gönnt ihm nur noch zwei.

Am letzten Tage dieses Jahres 1789 lädt *Mozart* zwei ihm sehr nahestehende Freunde in seine Wohnung (auf dem Judenplatz No. 245 in Wiens Innenstadt): Logenbruder *Puchberg* und *Joseph Haydn*. Er veranstaltet eine Opernprobe: die ihm wohlgesinnten Menschen sollen Teile aus der neuen Oper hören. Es ist das einzige Mal, daß er etwas derartiges tut. Ist er so erfreut über seine neue Arbeit, daß er sie so rasch wie möglich vorzuführen wünscht? Wir wollen es annehmen, obwohl eine Nebenabsicht im Spiele zu sein scheint: seine Einladung an Puchberg beinhaltete gleichzeitig die Bitte um ein neues Darlehen – das wievielte war es? –, und da konnte es von Vorteil sein, den Gönner nicht nur mit der überaus gewichtigen Meinung *Haydns* zu konfrontieren, sondern ihm auch Einblick in das Werk zu gewähren, das ihm demnächst das vom Kaiser zugesprochene Honorar von 200 Dukaten bringen sollte. Im Einladungs- und Bittbrief an den »verehrten OB« (Ordensbruder) steht auch, das erbetene Geld sei zur dringenden Bezahlung von »Apotheken und Doctores« bestimmt. Das entsprach zwar bestimmt der Wahrheit, war aber nur ein Bruchteil der Schulden, die einer Begleichung harrten.

Puchberg entsprach *Mozarts* Bitten: er kam zur Opernprobe und er half mit einem Geldbetrag aus. Von den vorgeschlagenen 400 Gulden zog er etwa ein Drittel ab und erleichterte mit der immer noch ansehnlichen Summe *Mozart* den Jahreswechsel. Im Billet, das der Komponist dem Kaufmann geschickt hatte, stand übrigens noch ein weiterer Satz, der Aufmerksamkeit verdient: *Mozart* werde *Puchberg*, wenn er zur musikalischen Stunde in sein Haus käme, von den »Kabalen *Salieris* erzählen, die aber alle schon zu Wasser geworden sind«. Wir haben nie etwas darüber erfahren, so daß die Frage berechtigt sein dürfte, ob es diese »Kabalen« wirklich gegeben hat? *Vater Leopold* hatte immer und überall Intrigen gegen seinen Sohn gewittert, dessen Genie die Neider anscheinend massenweise auf den Plan rief. Und mancher Verdacht dürfte voll berechtigt gewesen sein. Nun aber, da *Mozarts* Stellung wahrhaftig niemanden mehr zu Eifersucht herausfordern konnte, ist an solche Umtriebe gegen ihn und seine Werke viel schwieriger zu glauben. Doch muß als sicher angenommen werden, daß es in Wien einen ziemlich gnadenlosen Kampf um einen musikalischen Platz an der Sonne der Kaisergunst gegeben haben dürfte. Die Italiener hielten sich nicht nur – mit Recht – für die »Erfinder« der Oper, sondern auch für deren einzige wahre Apostel und Meister, worüber um jene Zeit Zweifel durchaus möglich sein konnten. Ihre Stellung zu *Mozart* war zweischneidig: der war zwar ein »teutscher« Komponist, aber er komponierte auch italienische Opern, sprach das Idiom Dantes kaum weniger geläufig als sie selbst und stand mit manchem von ihnen auf gutem Fuß. So auch mit *Antonio Salieri*, dem namhaftesten unter den italienischen Maestri in Wien. Ob und was *Salieri* gegen »Così fan tutte« geplant haben mag, vermag niemand mehr festzustellen. Bei *Mozarts* folgendem Werk, der deutschen »Zauberflöte« wird er entzückt sein oder so tun, wird es in höchsten Worten als Meisterstück loben und *Mozart*, der ihn in eine Loge geladen hat, gar nicht genug Komplimente machen können. War er italienischen Werken *Mozarts* gegenüber nicht so unvoreingenommen? Sollte er da wirklich den »Konkurrenten« gefürchtet haben? Es hieße doch wohl zu niedrig von diesem immerhin sehr guten Musiker und in vielen Fällen – so bei *Schubert* – uneigennützigen Lehrer denken.

Bei dieser neuen Oper wäre eine zu auffallende Intrige zudem kaum möglich gewesen: *Mozart* erfüllte einen Auftrag des Kaisers, in dessen Gunst *Salieri* in hohem Maße stand. Vielleicht gab es eine ungreifbare Stimmungsmache gegen das Werk. *Mozart* nahm sie vielleicht selbst nicht zu ernst, aber es erschien ihm wohl nicht ungünstig, *Puchberg* zu zeigen, wie ungerecht er in Wien verfolgt werde.

Wer *Mozarts* Arbeitsweise kennt, wird zweifeln, daß »Così fan tutte« am Silvestertag des Jahres 1789 bereits vollständig komponiert war. Bei allen seinen früheren Opern hatte er ja stets lustig bis zum Tag vor der Premiere fortgeschrieben. Man

mußte ihm letzte Stücke manchmal – so bei »Don Giovanni« – gerade noch tintennaß aus der Hand reißen, um sie wenigstens ein einziges Mal vor der Uraufführung durchspielen zu können. Es ist kaum anzunehmen, daß es dieses Mal anders war. Ja, es konnte gar nicht anders sein. Nimmt man als gegeben, daß der kaiserliche Auftrag Anfang November oder eventuell Ende Oktober 1789 erfolgt sei, so muß man wohl dem Textdichter zumindest einige Tage, vielleicht eine Woche zubilligen, bevor er seinem Komponisten die ersten vertonbaren Verse oder Szenen übergeben kann. Also wären bis zum 31. Dezember allerhöchstens acht Wochen Kompositionszeit vergangen, eine allzu kurze Zeitspanne für ein derart umfangreiches Werk. Wer aber glaubt, *Mozart* habe sich in diesen Wochen ausschließlich mit »Così fan tutte« befaßt, irrt. Nachdem er im September eines seiner herrlichsten Kammermusikwerke beendet hatte – das Klarinettenquintett für *Anton Stadler*, der dieses Instrument meisterhaft blies, aber es leider ebensogut verstand, seinem leichtgläubigen Freunde *Mozart* mehrmals Geldbeträge aus der Tasche zu ziehen, die er nie zurückgab – und anschließend drei Sopranarien als Einlagen zu fremden Werken schrieb, wie es damals üblich war, komponierte er im Dezember, als er eigentlich mit ganzer Kraft an »Così fan tutte« hätte arbeiten müssen, »nebenbei« 12 Menuette und 12 Deutsche Tänze für Orchester (sie tragen die Nummern des Köchel-Verzeichnisses 585 und 586) in zyklischer Form, sowie einen einzelnen Kontertanz, den er »Der Sieg vom Helden Coburg« überschrieb; in ihn verarbeitete er ein Marschlied, das den *Herzog von Coburg* und seinen Sieg über die Türken verherrlicht. Bei allen diesen »kleineren« Werken ist anzunehmen, daß *Mozart* für sie kleine Honorare empfing, auf die zu verzichten ihm kaum möglich gewesen wäre. Zudem wußte er, daß er stets noch termingerecht – wenn auch fast immer buchstäblich in letzter Minute – seine großen Werke hatte abliefern können. Immerhin: am Silvestertag des Jahres 1789 waren bereits genug Stücke aus »Così fan tutte« fertig, um den geehrten Gästen einige schöne Musikstunden bieten zu können.
Die erste Orchesterprobe der neuen Oper fand am 21. Januar 1790 statt. Wieder hatte *Mozart*, recht ungewohnt, *Haydn* und *Puchberg* dazu geladen. Und hatte bei dieser Gelegenheit *Puchberg* abermals um 100 Gulden gebeten, die er auch erhielt.

Das Sängerensemble, das für *Mozarts* Oper aufgeboten worden war, muß als hervorragend bezeichnet werden. Es war zum guten Teil mit *Mozarts* Stil schon vertraut, da es bei den vorangegangenen italienischen Opern aus seiner Feder mitgewirkt hatte: *Adriana Ferraresi del Bene* sang die Fiordiligi, *Aloisia Villeneuve* die Dorabella, die Soubrette *Bussani* die Despina, *Vincenzo Calvesi* den Ferrando, *Francesco Benucci* (der ein glänzender Figaro gewesen war) den Guglielmo, und der Gatte der Despina, *Francesco Bussani* den »alten Philosophen« Don Alfonso.
Wie ein so schwieriges und so stark auf Ensemblewirkung gestelltes Opernwerk in fünf Probentagen mit Orchester gut einzustudieren sei, bleibt ein Geheimnis jener Zeiten. Ob diese Premiere allerdings unseren heutigen Anforderungen genügt hätte, muß sehr bezweifelt werden. Es hat nichts mit Überheblichkeit zu tun, wenn wir annehmen, daß seit damals die Ansprüche um ein Mehrfaches gestiegen sein müssen. Fast alle Opern *Mozarts* der Reifezeit gelten uns heute als »schwierig«; ganz besonders die italienischen von »Idomeneo« über »Figaro«, »Don Giovanni« und »Così fan tutte« bis zu »Titus«. Und damals gab es noch nicht einmal einen Dirigenten im heutigen Sinne! Der »maestro concertatore« saß am Cembalo und lenkte von dort aus den musikalischen Ablauf, mehr mit Kopf und Augen als mit den Händen. Man muß also annehmen, die Sänger seien ihrer Partien nachtwandlerisch sicher gewesen. Konnte das nach so kurzer Vorbereitungszeit der Fall sein? Hier liegt ein echtes Problem alter Aufführungspraxis vor, ein Geheimnis, das nie mehr zu lösen sein wird. Lernten die Musiker damals schneller? Oder begnügte man sich mit einer mehr oder weniger »ungefähren« Wiedergabe?
Die Uraufführung der »Così fan tutte« fand im Wiener Hoftheater am 26. Januar 1790 statt, am Vorabend von *Mozarts* 34. Geburtstag. Die Aufnahme scheint zwiespältig gewesen zu sein. Vom ersten Abend an schieden sich die Ansichten: begeisterten Verfechtern der (vor allem musikalischen) Vorzüge des Werkes standen erbitterte Gegner seiner moralischen und dichterischen Seite gegenüber. Im Kapitel über die Rezeptionsgeschichte dieser Oper wird davon ausführlich die Rede sein.
»Così fan tutte« stand unter keinem glücklichen Stern. Es gab vier Wiederholungen: am 28. und 30. Januar, am 7. und

11. Februar. Am 20. Februar starb *Joseph II.* Es folgte eine mehrmonatige Hoftrauer, während derer die Theater in ganz Österreich geschlossen blieben. Am 6. Juni wurde »Così fan tutte« wieder aufgenommen und erlebte dann noch vier Aufführungen am 12. Juni, 6. und 16. Juli sowie am 17. August. Insgesamt also zehn. Später verschwand es sang- und klanglos vom Spielplan. Zehn Aufführungen stellen keinen Erfolg dar. Doch: welches Bühnenwerk Mozarts hat in Wien wirklichen Beifall errungen? Man muß die beiden deutschen Singspiele heranziehen, um echte Erfolge feststellen zu können: »Die Entführung aus dem Serail« und »Die Zauberflöte«. Die italienischen Opern brachten ihm durchwegs Enttäuschungen. Weder »Le nozze di Figaro« noch »Don Giovanni« noch »Così fan tutte« machten tieferen Eindruck, von »Idomeneo« ganz zu schweigen (»Titus« wurde erst nach Mozarts Tod in Wien gespielt). Erst die Nachwelt, die Geschichte hat diese Fehlurteile korrigiert. Schneller bei »Figaro« und »Don Giovanni«, sehr spät erst bei »Così fan tutte«.

Zur Wirkungsgeschichte von »Così fan tutte«
oder: Seltsame Schicksale einer Mozartoper

Aus groß mach' klein, aus schwarz weiß, aus eckig rund – da kann doch nur Zauberei im Spiele sein? O nein: auch ein längerer Zeitablauf genügt hierfür. Die Rezeptionsgeschichte der Oper »Così fan tutte« ist ein lebendiges Beispiel. Zwei Jahrhunderte nach der Wiener Uraufführung vom 26. Januar 1790 lauten die Urteile kluger, theaterverständiger, psychologisch erfahrener Menschen diametral entgegengesetzt den Meinungen, die viele Jahrzehnte über diese letzte »opera buffa« Mozarts abgegeben wurde. Man könnte fast sagen, daß der große Umschwung in der Beurteilung des Werks mit dem 20. Jahrhundert anbrach –, und das wäre kein Zufall. Spätere Geschichtsschreibung wird zweifelsfrei feststellen, daß mit diesem vielgelästerten, vielgerühmten 20. Jahrhundert eine gänzlich neue Periode der Menschheit begann, eine innere Umformung, die der gewaltigen äußeren in nichts nachstand, wobei jedermann nachsinnen kann, welche der beiden die primäre, welche die Folgeerscheinung war. Nun drängt sich die Frage auf, ob *Lorenzo da Ponte* und *Mozart* ihrer eigenen Zeit so weit vorauseilen konnten, ein Werk im 18. Jahrhundert zu schaffen, das erst im 20. verstanden würde? Lassen wir sie ohne Beantwortung; denn für sie wären die spitzfindigsten Überlegungen notwendig, die erst noch ein anfechtbares Resultat ergäben.
Immerhin ist des öfteren – und in unserer Zeit mit Erstaunen – festgestellt worden, daß kein anderes bekanntes Opernwerk so heftig umstritten und so viele Male verändert, bearbeitet, umgeschrieben, mit neuem Text versehen wurde wie Mozarts »Così fan tutte«. Eines sei sofort hinzugefügt: an der Musik ist niemals etwas umgearbeitet oder geflickt oder »verbessert« worden, so wie es ununterbrochen beim Text geschah; nur *Lorenzo da Pontes* Libretto war vom ersten Augenblick an Zielscheibe bitterster, bösester Kritik und daher auch aller, zum Teil unglaublicher Veränderungen, mit denen das Werk »gerettet« werden sollte.
Die »Rettung« lag allerdings nahe: die Premiere und die darauffolgenden gezählten neun Wiederholungen stellten keinen Erfolg dar. Die Tagespresse, damals – und noch ziemlich lange –

nicht auf Theater- oder Musikkritik eingestellt, hatte in üblicher Weise das Ereignis in zwei Sätzen abgetan. Immerhin las man von einem »vortrefflichen Werk« mit dem eigentlich überraschenden Zusatz: »Von der Musik ist, glaube ich, alles gesagt, daß sie von Mozart ist.« Es gab also doch Menschen in Wien – und sogar an verantwortlicher Stelle –, die eine Musik von vornherein für vortrefflich hielten, wenn sie von Mozart stammte. Im interessanten Tagebuch, das ein wahrer Musikkenner jener Tage, der *Graf Ludwig Zinzendorf* in Wien führte, steht neben vielen klugen Beobachtungen auch eine Anmerkung über »Così fan tutte«, die »charmant und das Sujet ganz amüsant« genannt wird. Doch sehr bald tönt es anders: »Gegenwärtiges Singspiel ist das albernste Zeug von der Welt, und seine Vorstellung wird nur in Rücksicht der trefflichen Kompositionen besucht«, heißt es 1792 bei einem ungenannten Chronisten.
Es war in der kurzen Zeitspanne seit der Uraufführung üblich geworden, einen immer schärfer werdenden Trennungsstrich zwischen Libretto und Musik zu ziehen. Damit aber erwachte der Gedanke, man könne die letztere »retten«, indem man das erstere »bearbeite«. Bald wird aus den Bearbeitungen etwas viel radikaleres werden: völlige Neudichtung, Ersatz des Textes von *da Ponte* durch irgendwelche anderen usw. Am merkwürdigsten ist es, daß auch anerkannte und bedeutende Theaterleute solche Gewaltkuren für möglich, ja sogar für verantwortbar hielten. Sie vergaßen, daß *Mozart* seine Musik nicht abstrakt erfunden, sondern sehr genau einem bestehenden Vorwurf angepaßt hatte, so wie man ein Kleid einem bestimmten Körper überwirft. Sitzt es, so wird es kaum einem anderen Körper in gleicher Perfektion passen können – sei dieser Körper nun schön oder häßlich, makellos oder voller Mängel. *Mozart* hatte seine Musik *da Pontes* Text übergeworfen; sie von diesem zu lösen und ihn durch einen anderen zu ersetzen, stellt sicher ein Ding der Unmöglichkeit dar. Ganz abgesehen von einem moralischen Standpunkt: es wäre ein nicht zu rechtfertigendes Vorgehen gegen *Lorenzo da Ponte*, ob man dessen Text nun anerkennt oder verurteilt.
Die Berliner »Annalen des Theaters« besprachen im Jahre 1791 ein Stück namens »Liebe und Versuchung«, das die erste Verdeutschung der Oper »Così fan tutte« darstellte, folgendermaßen: »...ein elendes welsches Produkt mit der kraftvoll

erhabenen Musik eines Mozart ...« Das gleiche Blatt berichtet zwei Jahre später über eine Aufführung derselben Bearbeitung in einer anderen Stadt: »Endlich ward dies so oft angekündigte Stück gegeben, und mißfiel gänzlich. Welche Idee muß man vom Geschmacke haben, daß man uns solchen erbärmlichen Unsinn vorsetzt ... Das Publikum erkannte den Wert der vortrefflichen Mozartschen Musik, und ließ den Sängern und Sängerinnen Gerechtigkeit wiederfahren, und – zischte das Stück aus. Wohl dem Schauspieler, der vor einem Publikum auftritt, welches ihn die Jämmerlichkeit jener zweideutigen Wesen nicht entgelten läßt, die am Fuße des Parnasses im Kot herumkriechen ...«

Im Tagebuch des *Friedrich Ludwig Schröder*, das sich viel mit den schönen Künsten befaßt, wird schon am 28. April 1791 eine Prognose gewagt, die sich – allerdings nur kurzfristig – als richtig erweisen sollte: »So machen sie's alle, Singspiel von Mozart komponiert, ist ein elendes Ding, das alle Weiber herabsetzt, Zuschauerinnen unmöglich gefallen kann und daher kein Glück machen wird ...«

Man muß viele Jahre lang weit herum suchen, um die uneingeschränkt positive Meinung eines angesehenen Theaterfachmanns über »Così fan tutte« zu finden. Aber einen gibt es doch, und es ist wahrlich nicht der unbedeutendste: *E. T. A. Hoffmann*. Er, der große Apologet des »Don Giovanni«, er, der das »Requiem« eine »romantisch-heilige Musik« nannte, fand in seiner glühenden, grenzenlosen Mozartverehrung auch anerkennende Worte über *da Pontes* Text, den er »wahrhaft opernmäßig« fand. Das bedeutet nicht, daß er ihn für dichterisch wertvoll gehalten hätte, was bei Operntexten eigentlich nur eine – nicht einmal immer willkommene Zugabe – bedeutet, aber es drückt im Grunde mehr aus: ein Operntext, der »wahrhaft opernmäßig« ist, muß ein »guter Operntext« genannt werden. Sollte *E. T. A. Hoffmann* – der seinen dritten Vornamen *Wilhelm* bekanntlich in *Amadeus* umänderte, um seinem Idol zu huldigen – die Hintergründe dieses dämonischen, teuflischen Librettos schon vor dem Jahre 1800 durchschaut haben? Der Gedanke ist bei dem Schöpfer gespenstischer Gestalten und unheimlicher Situationen wahrlich nicht von der Hand zu weisen.

Vier Städte spielten nach der Wiener Uraufführung vom Januar

1790 das Werk noch zu *Mozarts* Lebzeiten nach. In den meisten seiner Biographien werden nur Prag und Dresden genannt. In der Moldaustadt bewährte sich die Anhänglichkeit des Impresarios *Guardasoni*, der mit »Le nozze di Figaro« und der Uraufführung des »Don Giovanni« riesige Erfolge erzielt hatte. Er spielte »Così fan tutte« im italienischen Original noch im Jahre 1791. Dresden tat ein gleiches. Ob die im selben Jahre verbürgte Aufführung in Leipzig ein Gastspiel der Dresdener oder der Prager Oper war, ist ungewiß. Und ebenfalls im gleichen Jahre noch – es ist *Mozarts* Todesjahr – erklang seine Musik zu diesem Werk in Frankfurt am Main: doch der Text war nicht mehr der gleiche. Die »Bearbeitungen« hatten begonnen. Der erhaltene Theaterzettel besagt: »Mit gnädigster Erlaubnis wird Heute Sonntags den 1ten May 1791 zum Erstenmale aufgeführt werden: LIEBE UND VERSUCHUNG. Ein komisches Singspiel, in zwey Aufzügen, nach Così fan tutti. Die Musik ist von W. Mozart.«[1] Die »Bearbeiter« hießen *C. D. Stegmann* und *H. G. Schneider*, ihre Fassung führt in der Folgezeit mehrere verschiedene Namen: neben »Liebe und Versuchung« auch »So machen's die Mädchen« oder »So machen sie's alle«. Bedeutet dieses »alle« eine Bestätigung des »Fehlers« auf dem Programmzettel Frankfurts, in dem das Original »Così fan tutti« genannt wird, anstatt »Così fan tutt*e*«? Was doch so ein kleiner Endbuchstabe ausmacht! Deutlich hat *da Ponte* auf die Frauen gezielt: *tutte* bedeutet nur den weiblichen Teil der Menschheit, *tutti* aber nicht etwa nur den männlichen, sondern – bei der romanischen Überheblichkeit der Männer – die gesamte Menschheit. Man muß annehmen, daß »tutti« auf dem Frankfurter Programm nur ein Druckfehler ist und keinesfalls eine Umarbeitung des Werks in dem Sinne, daß nun auch die Männer ihr verdientes Teil an schlechten Zensuren bekämen . . .

Im Programmheft der Bayerischen Staatsoper München aus dem Jahre 1978 bringt *Klaus Schultz* eine Zusammenstellung der wichtigsten Bearbeitungen beziehungsweise Neudichtungen, die *da Pontes* Libretto zu »Così fan tutte« erfuhr. Auf die bereits erwähnte, in Frankfurt gespielte Fassung folgte 1792 in Berlin »Eine macht's wie die andere oder Die Schule der

[1] Zitat in Originalorthographie

Liebhaber« (wobei der zweite Teil wörtlich aus dem zweiten Teil des Originaltitels von *da Ponte* gewonnen ist: *Così fan tutte ossia La scola degli amanti* – vorausgesetzt, daß man *amanti* nur auf die Männer beziehen will – »Liebhaber« – und nicht »der Liebenden« vorzieht, wie die üblichere Verdeutschung lautet). In den folgenden Jahren tauchen als Bearbeiter einige Namen auf, die in der Operngeschichte eine gewisse Rolle gespielt haben. *C. F. Bretzner*, der ohne zu wollen zum eigentlichen Textautor von *Mozarts* »Entführung aus dem Serail« wurde (und dagegen heftig protestierte!) arbeitete »Così fan tutte« vielleicht sogar mehrmals um: zumindest taucht seine Bearbeitung unter vielfachen Titeln auf: »Die Wette oder Mädchenlist«, »Die Wette oder Mädchenlist und Liebe« (Hamburg 1796), »Mädchenlist«, »Weibertreue oder Die Mädchen sind von Flandern«, »Weibertreue«, »Die zwei Tanten aus Mailand oder Die Verkleidungen«. Es lohnt sich nicht, auf derartige Rettungsversuche einzugehen. Nur eines sei hervorgehoben: da von »Mädchenlist« die Rede ist, muß der Text eine einschneidende Veränderung durchgemacht haben, denn vorher waren die Männer die Listigen, die Mädchen die Dummen. Der Grundgedanke des Stückes hatte wirklich einen wahren Umsturz erlebt: Despina verriet Wette und Komplott der Männer ihren Damen, worauf diese zum Schein mitspielen. Nun sind sie also gar nicht mehr wankelmütig und untreu, sondern tun nur so, um die Männer bloßzustellen. Eine glänzende Lösung –, nur schade, daß dann *Mozarts* Musik völlig unglaubwürdig wird: wenn Dorabella nachgiebiger, Fiordiligi aber unwandelbar treu und fest bleibt, so lange es nur menschenmöglich scheint, so ist *Mozarts* Musik, die dieses Geschehen getreulich vertont, falsch geworden, sobald die beiden Mädchen nur noch Komödie spielen. Dann treten zu den schon vorhandenen noch weitere Probleme hinzu, die selbst an den Wert von *Mozarts* Musik rühren müßten. Und das darf unter keinen Umständen geschehen.

Im Jahre 1806, 15 Jahre nach der erwähnten Erstaufführung in deutscher Sprache, spielt Frankfurt nun die *Bretznersche* Fassung unter dem Namen »Die Wette oder Mädchenlist«, wozu noch vermerkt ist: »Nach dem Italienischen neu bearbeitet. Die Musik ist vom Kapellmeister Mozart.«

Schon der *Mozart*-Biograph *Hermann Abert* hat den »Così fan tutte«-Bearbeitungen einen größeren Abschnitt gewidmet. Er erwähnt unter anderem den Verlauf in den beiden wichtigen Theaterstädten Wien und Berlin. In der Uraufführungsstadt Wien erfolgte die erste deutschsprachige Wiedergabe 1794 – vier Jahre nach der italienischen Uraufführung – in der Übersetzung von *Ludwig Giesecke* (»Die Schule der Liebe«); damit taucht dieser Name neuerlich im Zusammenhang mit *Mozart* und der Operngeschichte auf: es war lange Zeit hindurch ein Streitpunkt, ob als Textautor der »Zauberflöte« *Emanuel Schikaneder* oder eben jener *Gieseke* oder *Giesecke* anzusehen sei, der Inspizient und gelegentlich auch Darsteller an *Schikaneders* altberühmtem »Theater auf der Wieden« war. Das Wiener Hoftheater spielte dann 1804 die »Mädchentreue« genannte Fassung (eines ungenannten Bearbeiters) und 1814 folgte im »Theater an der Wien« – das im gleichen Jahr *Beethovens* dritte Fassung des »Fidelio« endlich zum Siege führte – »Die Zauberprobe«, eine Bearbeitung von *G.F. Treitschke*, der auch *Beethovens* endgültiger »Fidelio«-Librettist war. Diese hielt sich aber nicht lange, Wien scheint schon 1819 zur früheren Fassung zurückgekehrt zu sein.

Berlin spielte »Così fan tutte« deutsch schon am 6. August 1792 unter dem Titel »Eine macht's wie die andere«; hernach 1805 in der Bearbeitung *Bretzners* als »Weibertreue oder Die Mädchen sind von Flandern« (wo also die besonders ungetreuen Frauen eine geographische Ortung erfahren). 1820 gibt es an der Spree eine Neufassung von *C.A. Herklots* mit dem nicht sinnlosen Titel »Eine verfängliche Wette«. Im Königstädtischen Theater der preußischen Hauptstadt stand »Così fan tutte« anscheinend länger auf dem Spielplan als sonstwo: 1831, 1832 und 1835 gibt es eine neue Bearbeitung eines Herrn *von Lichtenstein*, hierauf 1846 eine Neufassung von *L. Schneider* unter dem Titel »So machen's alle«.

Um nur einen kleinen Ausschnitt aus den zumeist sinnlosen bis haarsträubenden Veränderungen zu geben, die das Werk durchmachte, zitieren wir einige Zeilen aus *Hermann Aberts* Biographie: »... Treitschke machte in seiner ›Zauberprobe‹ Alfonso zu einem Zauberer und Despina zu einem Luftgeist. Krebel läßt die beiden Männer ihre Wette erst nach der Rückkehr von einer langen Reise unternehmen, ehe sie den Bräuten wieder unter die Augen treten. Despina nimmt die Kur (der

»Selbstmörder«) selbst, ohne Verkleidung vor, und zum Schluß erscheint ein wirklicher Notar, den sie nachher für ihren Liebhaber ausgibt. Der Gang der Handlung ist dabei ganz verändert, und fast alle Musikstücke sind verstellt und aus ihrem Zusammenhang gerissen. Herklots vollends läßt in seiner ›Verhängnisvollen Wette‹ die Mädchen gar nicht durch ihre Liebhaber, sondern mit deren Einverständnis durch zwei Freunde auf die Probe stellen; der Diener Pedrillo tritt als Arzt und Notar auf. Bei Lichtenstein verrät die Kammerzofe ihren Damen von vorneherein Alfonsos ganzen Plan, so daß die Männer hier die Genasführten sind, und ähnlich verfuhr der Engländer Arnold. Bei L. Schneider erfolgt dieser Verrat erst im zweiten Akt, und die Mädchen heucheln von da an Schwäche, um die Geliebten zu bestrafen. Ernster als diese das Kunstwerk mit grober Hand zerstörenden Gewaltkuren sind andere Vorschläge zu nehmen, so der von Ulibischeff, der die zweite Wahl der Mädchen als endgültig betrachten möchte, weil damit ein doppeltes Unrecht gut gemacht würde und auch nach altem Operngesetz schließlich der Tenor die Primadonna, der Bariton aber die seconda donna bekäme (was freilich für die opera buffa durchaus nicht stimmt). Auch G. Bernhard (Gugler) läßt in seiner Bearbeitung ›Sind sie treu?‹ (Stuttgart 1858) jeden Liebhaber seine eigene Geliebte prüfen, wobei allerdings ebenfalls einige Umstellungen von Musikstücken notwendig geworden sind. Am radikalsten gehen endlich die Bearbeiter zu Werke, die der Musik einen ganz neuen Stoff unterlegen, so Barbier und Carré, die bei Shakespeare (›Love's Labour's Lost‹) und neuerdings Karl Scheidemantel, der bei Calderon eine Anleihe macht (›Die Dame Kobold‹, Dresden 1909)...«

Aus vielen weiteren deutschen und europäischen Städten wäre noch im Zusammenhang mit »Così fan tutte« Interessantes oder Seltsames zu berichten. Prag spielte die Oper nach 1791, als *Guardasoni* sie in italienischer Sprache gegeben hatte, 1808 deutsch als »Mädchentreue« und 1823, ebenfalls deutsch als »Zauberprobe«. Dann folgten 1831 Aufführungen in tschechischer, 1839 wieder in italienischer Sprache. Leipzig sah das Werk, nach der erwähnten sehr frühen Aufführung, 1805 deutsch als »Weibertreue«, 1830 als Gastspiel der Italienischen Oper Dresden. Breslau verwendete 1795 die Übersetzung *Bretzners*; Stuttgart nannte das Werk 1796 »Die Wette oder

Mädchenlist und Liebe«, 1816 »Die Mädchen sind Mädchen« in einer Bearbeitung von *Krebel.* In Weimar betreute *Goethe*, Staatsminister und Beauftragter des herzoglichen Theaters, seinen Schwager *C. A. Vulpius* (dem er auch, reichlich überflüssigerweise, eine »Bearbeitung« der »Zauberflöte« für die geplante Aufführung nahegelegt hatte) mit einer Neufassung, die 1797 mit dem Titel »So machen es alle, alle« gespielt wurde. Paris sah das Werk dreimal im Original: es wurde im Théâtre Odéon 1811, 1817 und 1820, anscheinend mit starkem Erfolg, von einer italienischen Operntruppe aufgeführt. Erst 1863 machten sich die außerordentlich prominenten Librettisten und Theaterautoren *Jules Barbier* und *Michel Carré* daran, *Mozarts* Musik die früher erwähnte *Shakespeare*-Komödie unter dem Titel »Les peines d'amour perdues« (etwa: Verlorene Liebesmüh) zu unterlegen. London spielte 1811 das Original, 1828 eine englische Bearbeitung von *Arnold.* Wenig gewogen war Italien der italienischen Oper »Così fan tutte« – wie überhaupt dem Werk *Mozarts. Abert* erwähnt, daß die Mailänder Scala das Werk 1807 mit Erfolg, dann 1814 ohne Erfolg spielte; daß Neapel es 1815, Turin 1816 gab. Die älteren Aufführungen im Mutterland der Oper lassen sich wahrscheinlich an zwei, sicherlich aber an vier Händen abzählen.

Natürlich sind mit den von uns aufgeführten Bearbeitungen Fassungen und Titel noch lange nicht erschöpft. Einige seien noch genannt: »Der Weiberkenner oder Wer hat die Wette gewonnen?« »Frauentreue«, »Die Guerillas« (!), »Winzer und Sänger« (»ein Pasticcio mit Musik aus Così fan tutte und Idomeneo!«), »Sind sie treu?« . . . Zu den Bearbeitern gehörte auch, was der Erwähnung wert scheint, der große Theatermann *Eduard Devrient*, der in *Richard Wagners* Biographie eine Rolle spielt und aus dem Karlsruher Theater lange Zeit eine der besten Bühnen deutscher Zunge gemacht hat.

Schließlich sei noch einer bemerkenswerten Statistik gedacht, die *Susanne Vill* (für das zitierte Programmheft der Münchener Staatsoper) bearbeitet hat. Sie stellt die Aufführungsziffern von »Così fan tutte« in fünf führenden Opernhäusern des deutschen Sprachraums während zweier sehr verschiedener Perioden zusammen: von 1790 bis 1900 und vom Ende des Zweiten Weltkriegs durch dreißig Jahre bis 1975, und vergleicht sie mit denen der beiden (vergleichbaren) Opernwerken

Mozarts: »Figaros Hochzeit« und »Don Giovanni«. Im ersten Zeitabschnitt liegt »Così fan tutte« sehr klar hinter den beiden Schwestern: in Berlin, Dresden, Hamburg und Wien führt »Don Giovanni« klar vor »Figaros Hochzeit«, in München erreichten diese beiden Opern fast genau die gleiche Aufführungszahl. »Così fan tutte« aber erzielte in Berlin nur ein Achtel, in Dresden ein Viertel, in Hamburg gar ein Elftel, in München ein Fünftel, in Wien ein wenig mehr als ein Fünftel der Zahlen des »Don Giovanni«: ein gewaltiger Abstand also. Ganz anders präsentiert die Statistik sich für die neuere Zeit:

	(West-) Berlin	Dresden	Hamburg	München	Wien
Così fan tutte	183	219	199	129	128
Le nozze di Figaro	302	221	364	194	509
Don Giovanni	143	106	162	371	310

»Così fan tutte« hat deutlich aufgeholt, hat hier und dort eine der Vergleichsopern sogar überholt. Sie ist »Repertoireoper« geworden.

»Così fan tutte« im Wandel der Zeiten

URTEILE BEDEUTENDER MUSIKER UND MUSIKKENNER VON 1861 BIS 1935

Auszug aus der »Deutschen Musik-Zeitung«. Wien, 4. Mai 1861, geschrieben von Alfred Freiherrn von Wolzogen:
»... Daß ein abgeschmacktes Textbuch auch die musikalisch kostbarste Oper in der öffentlichen Meinung um so mehr zu ruinieren imstande ist, als das in die Oper gehende Publikum – leider! – zum größten Teile fast immer aus Personen zu bestehen pflegt, denen die Musik dabei nur als das Nebensächliche erscheint: für diese betrübende Wahrheit bietet vor allem Mozarts ›Così fan tutte‹ einen recht eklatanten Beweis dar. So lange die reizende Oper existiert, hat sie den Musikfreunden stets als ein wahres Juwel gegolten, ist immer aufs Neue wieder zu gediegeneren Hausmusik-Unterhaltungen hervorgesucht und manches Stück daraus, namentlich die herrlichen Ensembles, auch im Konzertsaal oft genug gehört worden.
Nur auf der Bühne wollte sie mit der ›Entführung‹, ›Figaro‹, ›Don Juan‹ und ›Zauberflöte‹ niemals recht Schritt halten; ja, es gab sogar eine lange Zeit, wo sie selbst seltener noch als ›Idomeneo‹ und ›Titus‹ über die Bretter ging, weil man eben an dem, beiläufig gesagt, einzigen Libretto des da Ponte, welches ganz aus seiner eigenen, wie man sieht, ziemlich dürftigen Phantasie geschöpft, noch größeren Anstoß nahm, als an den altfranzösisch und altitalienisch konventionellen Arbeiten des Abbate Giambattista Varesco, Metastasio und seines Retoucheurs Mazzola, zu denen Mozart die ›Idomeneo-‹ und ›Titus‹-Musik geschrieben. Was hilft es, daß E. T. A. Hoffmann in seinen ›Serapionsbrüdern‹ (I.2.1. gesammelte Schriften, I. S. 120ff) den verachteten Text von ›Così fan tutte‹ für wahrhaft opernmäßig erklärt hat, daß Phantasus in einem ›musikalischen Briefwechsel‹ (s. Berliner musikal. Ztg. von 1805, S. 293ff) sogar für die Zartheit der darin herrschenden Ironie eine Lanze bricht: das Urteil des Referenten für Bertuchs ›Journal des Luxus und der Moden‹ (Jahrgang 1792, S. 504) ist doch allezeit maßgebend geblieben, und dieser Mann schrieb über die erste Aufführung der Oper in Berlin folgendes nach Weimar: ›Es ist wahrlich zu bedauern, daß unsere besten

Komponisten meist immer ihr Talent und ihre Zeit an jämmerliche Sujets verschwenden. Sollte wohl der Geschmack des Publikums, unter dem der Komponist lebt, an der Wahl seiner in Musik zu setzenden Stücke schuld sein? Gegenwärtiges Singspiel ist das albernste Zeug von der Welt, und seine Vorstellung wird nur in Rücksicht der vortrefflichen Komposition besucht . . .!‹«

Auszug aus einem Artikel Eduard Hanslicks (1875): ». . . Diese Oper braucht eine positive Nachhilfe, und kann sie nur in dem Feuer des südlichen Temperaments finden. Jeder der Darstellenden muß die Kraft in sich fühlen, dem Werke in schwachen Momenten die Todesgefahr der Langeweile fernzuhalten; im Zusammenspiel vollends muß diese Kraft sich verdoppeln. Die grenzenlose Plattheit des Textbuches ist es, was Mozarts lieblicher Musik zu ›Così fan tutte‹ überall den Garaus macht. Die Bildung unserer Zeit kann beim besten Willen damit keinen Vergleich mehr schließen. Warum gibt man ›Così fan tutte‹ nicht mehr? So hört und liest man klagen zu jeder Zeit und überall, wo es nur in Deutschland eine große Opernbühne gibt. Alle acht oder zehn Jahre fühlen denn auch regelmäßig die Direktionen ein klassisch Rühren und wagen wieder einmal den Versuch mit der Weibertreue. Bei der ersten Vorstellung geht alles gut: es wird applaudiert, gerufen, gelobt, und im Zwischenakt versichert ein Nachbar den andern seines Wonnegefühls über diese herrliche Musik. Aber selten geschieht es, daß einer dieser Lobredner das Bedürfnis fühlt, sich ›Così fan tutte‹ ein zweites oder drittes Mal anzuhören, und nach wenigen Vorstellungen spielt die Oper vor leeren Bänken. Così fan tutte! rufen nun ihrerseits die Theater-Direktionen. So machen es alle, alle die musikalischen Bildungspächter, welche ›Così fan tutte‹ auf den Lippen und ›Lohengrin‹[1] oder ›Faust‹[2] im Herzen tragen! Ihnen zuliebe wendet man Zeit und Mühe auf diese Oper (wie schwer sind drei Primadonnen[3] zusammenzuführen für Proben und Aufführungen!) und nach vier bis fünf Wiederholungen geht kein Mensch mehr ins Theater.

Così fan tutte! Die Klage ist tatsächlich berechtigt; in Wien, in

[1] Hanslick nennt, mit bemerkenswerter Objektivität, »Lohengrin« seines Erzfeindes Richard Wagner als eine der Lieblingsopern des Wiener Publikums.

[2] »Faust« (deutsch manchmal »Margarethe«) von Charles Gounod

[3] Interessanterweise zählt Hanslick die Rolle der Despina dazu.

Eduard Hanslick (1825–1904),
der namhafte Wiener Musikkritiker

Berlin und anderwärts hat man stets dieselbe Erfahrung gemacht. Die trefflichste Aufführung in Wien seit dreißig bis vierzig Jahren war unstreitig die italienische im Jahre 1858 ... und trotzdem brachte sie es nur mühsam zu einigen Wiederholungen. Noch weniger vermochten die deutschen Aufführungen das Publikum nachhaltig zu interessieren. Ich halte ›Così fan tutte‹ auf der Bühne nicht mehr für lebensfähig, trotz der reizenden Einzelnummern, welche einzeln, im Konzertsaal, so bezaubernd wirken. Die Ursache liegt teils im Publikum, teils in dem Werke selbst. In uns: denn während des raschen Lebens- und Verbrennungs-Prozesses, den die Musik seit Mozart durchgemacht, haben wir neue gesteigerte Bedürfnisse angenommen, sind durch Beethoven, Weber und ihre Nachfolger an eine stärkere, schärfere und lebhaftere Musik in der

Oper gewöhnt worden.[1] Das ist ein Naturprozeß, mit dem sich nicht rechten läßt. Mozart selbst hat uns in ›Don Juan‹, ›Figaro‹ und der ›Zauberflöte‹ ungleich packendere Musik von höchster dramatischer Lebendigkeit gegeben;[2] man kann doch unmöglich dasselbe Publikum, welches diesen Opern heute noch mit unersättlichem Entzücken zuströmt, für unmündig erklären, wenn es bei einem schwächeren Werke seines Lieblings kühl bleibt. Wir sind schuld, oder die Zeit ist es, daß viele ehedem wirksame Partien in ›Così fan tutte‹ uns heute veraltet und formalistisch klingen. Aber eine andere, tiefliegende Schuld ruht in dem Werke selbst und wurde gleich bei dessen Erscheinen aufs Bestimmteste empfunden und ausgesprochen. Der Referent für Bertuchs ›Journal des Luxus und der Moden‹ schrieb im Jahre 1792 über die erste Aufführung dieser Oper in Berlin folgendes: ›Es ist wahrlich bedauerlich, daß unsere besten Komponisten meist immer ihr Talent und ihre Zeit an jämmerliche Sujets verschwenden . . .‹[3] In der Tat, gibt es einen dürftigeren Stoff für eine ganze Oper, als die Wette zweier Offiziere, die Treue ihrer Bräute verkleidet zu erproben? Gibt es eine abgeschmacktere Zumutung an den Köhlerglauben der Zuschauer, als die fortdauernde Blindheit der beiden Heldinnen, welche ihre Liebhaber, mit denen sie eine Viertelstunde zuvor noch gekost, nicht erkennen, ja ihr eigenes Kammermädchen unter einer Allonge-Perücke ohne weiteres für den Arzt, dann für den Notar halten? Da Pontes Original-Libretto ist geistlos und impertinent, weil es den beiden Männern gelingt, ihre Geliebten zu täuschen und binnen wenigen Stunden treulos zu machen. Die Verzeihung, welche schließlich die Untreue dieser beiden Närrinnen deckt und welche damit gerechtfertigt wird, daß alle Frauen sich gleichen, ist eine noch viel gröbere Impertinenz als die früheren. Um dem abzuhelfen, hat man später das Libretto dahin umgearbeitet, daß die beiden Schwestern rechtzeitig die Falle entdecken, und um ihre Liebhaber zu strafen, sich bloß stellen, als ließen sie sich von den Fremdlingen berücken. Diese (von L. Schneider in Berlin herrührende) Bearbeitung wird nach dem Vorgang der meisten deutschen

[1] Hier nennt Hanslick den wohl in erster Linie angesprochenen Wagner nicht.
[2] Hier stimmt er mit Wagner völlig überein.
[3] Der ganze Text ist am Ende des vorher abgedruckten Artikels nachzulesen.

Bühnen auch in Wien benützt. Solche an sich recht glückliche Wendung der Fabel hat aber die große Inkonvenienz zur Folge, daß sie zu der musikalischen Charakteristik des zweiten Aktes nicht paßt, indem die Mädchen jetzt nur affektieren,[1] nur zum Scheine äußern müssen, was Mozarts Musik im vollen Ernste meint. Es sind noch zahlreiche andere Umarbeitungen und Veränderungen dieser Oper ... unternommen worden, die wohl einzelne Äste beschneiden oder stützen, allein nicht das Grundübel beheben können, das an der Wurzel sitzt und dem Baume den Lebenssaft aussaugt... War nun auch Mozart mehr als irgendeiner der Mann dazu, aus einer poetischen Wüste einen musikalischen Garten zu zaubern, so ist doch die Qualität des Librettos von weit größerem Einflusse auf ihn gewesen, als man gewöhnlich annimmt. Läßt sich doch in allen seinen Opern verfolgen, wie auf den Höhepunkten der Dichtung auch seine Musik sich zu größerer Gewalt erhebt. Die allzu nachsichtige Sorglosigkeit Mozarts bei der Annahme von Operntexten fand doch auch ihre Nemesis.[2] Unstreitig hat in ›Così fan tutte‹ der stete Verkehr mit dem Flachen, Unwitzigen und Herzlosen der Dichtung Mozarts musikalische Schöpferkraft beeinflußt und unter ihre normale Höhe herabgedrückt. Damit soll weder der vollendeten Schönheit einzelner Nummern in dieser Oper etwas genommen werden, noch dem unvergleichlichen Hauch von Anmut, der auf dem Ganzen ruht. Es soll lediglich gesagt sein, daß diese Komposition, welche Mozart in Zenith seiner Kraft und seines Ruhmes zwischen dem ›Don Juan‹ und der ›Zauberflöte‹ schuf, nach ihrer dramatischen Bedeutung diese Nachbarschaft nicht vermuten ließe. Überhaupt liegt in der Chronologie der Mozartschen Opern etwas so Wunderliches, sowohl was die Gattungen, als was den künstlerischen Wert betrifft, daß sie eingehende Betrachtungen verdiente. Modernen Musikphilosophen wird es freilich ein Leichtes sein zu beweisen, warum gerade auf ›Don Juan‹ die Weibertreue und auf die ›Zauberflöte‹ der Titus folgen mußte. – Diese größten Gegensätze – sie werden als tiefe, im Kunstbegriffe selbst ruhende Notwendigkeit demonstrieren, was in ganz zufälligen Umständen oder in der individuellen Sorglosigkeit und naiven

[1] spielen, vortäuschen
[2] vergeltende Gerechtigkeit (griechische Göttin)

Auffassung Mozarts seinen Grund hatte. Daß die Oper ›Così fan tutte‹ von einem Ende bis zum andern von Wohllaut, Grazie und Klarheit leuchtet, heißt nur mit anderen Worten sagen, daß sie *mozartisch* sei. Sie ist dies in vollem Sinne (wenngleich nicht in der höchsten Steigerung) in den größeren Ensembles. Namentlich das erste Finale ist ein Gebilde von Meisterhand, reizend in der Melodie, bescheiden – geistreich in der Begleitung, von treibender Lebendigkeit des Ausdruckes. Das kleine Quintett in F-Dur und das Terzett ›Soave sia il vento‹ sind musikalische Blüten von frühlingsmäßigem Duft und Schmelz. Ein tieferer, seelenhafter Zug zeichnet sie aus, etwas aus dem idyllischen Zauber der schönen, meerbespülten Villa, welcher von den Dekorationen verraten und offenbar nur durch die abgeschmackten Bewohner verscheucht wird. Neben den größeren Ensembles bilden die Arien und Duette den schwächeren Teil; viele davon sind rein konventionelle, konzertmäßige Ausfüllungen stereotyper Formen, sowohl im pathetischen als im Buffo-Stile. Bei der melodiösen Anmut des ganzen Werkes und der ansehnlichen Zahl schöner Einzelnummern wäre der Erfolg von ›Così fan tutte‹ gesichert, wenn der zweite Akt sich nur auf der Höhe des ersten erhielte. Leider fällt er dramatisch wie musikalisch ab . . .«

Anläßlich der bahnbrechenden Wiederaufnahme des Werkes 1897 in München schrieb Oskar Merz:

». . . Bei all den Veränderungen, denen die Meisterwerke Mozarts im Verlaufe von nun über hundert Jahren ausgesetzt waren, hatte sich doch ihrer keines so vielerlei und so tief eingreifende Einstellungen gefallen lassen müssen als ›Così fan tutte‹. Diese Oper pflegte meist geradezu als Stiefkind der Mozartschen Muse angesehen zu werden; sie galt fast allgemein als eine Art Exzeß ihres Schöpfers nach der leichtsinnigen Seite hin. Selbst die in der Wolle gefärbten ›Konservativen in der Musik‹ zucken bedauernd die Achseln über den ›frivolen Text‹ und einer der Wortführer jener wunderlichen Assekuranz-Gesellschaft für Auffindung und Erhaltung des ›Musikalisch-Schönen‹, der es vor etwa einem Menschenalter zu großem Ansehen und beträchtlicher Berühmtheit gebracht hatte,[1] stand nicht an, das Original-Libretto als ›geistlos und imperti-

[1] gemeint ist Eduard Hanslick, der Autor unseres vorgehenden Artikelzitats

nent‹ zu bezeichnen. Das wurde nun in allen Muckergemeinden schließlich zum Dogma erhoben: ›Così fan tutte‹ war den anderen Mozartschen Produkten des ›Dramma giocoso‹ nicht ebenbürtig! Man war eigentlich recht vergnügt darüber, das herausgefunden zu haben; denn seit jeher hat man Gefallen daran gehabt, wenn sich Gelegenheit gab, den ›Großen‹ in der Kunst etwas am Zeug zu flicken. Dies ist noch immer mit Eifer besorgt worden. In dem Falle von ›Così fan tutte‹ tat man es um so lieber, als es dem galanten 19. Jahrhundert in der Tat etwas gegen den Strich ging, sehen zu sollen, wie es ›den beiden Männern gelingt, ihre Geliebten zu täuschen und binnen wenigen Stunden treulos zu machen‹. Man übersah, daß das einzige, was wirklich unhöflich erscheint, die im Übermut des Sieges von Alfonso daran geknüpften Worte ›Così fan tutte‹ – so sind sie alle – doch nichts weiter sind als die Äußerung des im Momente des Gelingens triumphierenden Impresario der ganzen Handlung, des alten Lebemanns Don Alfonso, der eben mit dieser oberflächlichen und einseitigen Auffassung des Wesens der Frauen recht komisch erscheint. Daß die zwei jungen Offiziere in ihrer Erregung die bedenkliche Sentenz des ›Philosophen‹ dann gläubig nachsprechen, ist doch auch nicht gar so schlimm. Viel schlimmer waren alle die Versuche, die von den Hütern des ›Ewig Wahren und Schönen‹ in der Folge unternommen wurden, um den Text salonfähig zu machen, ihn durch Sinnänderung und -verkehrung zu ›veredeln‹. Einer der vielen diesbezüglichen Versuche (Treitschke, ›Die Zauberprobe‹, Wien 1814) ging so weit, den alten Praktikus Alfonso in einen Zauberer und das leichtfertige Kammerkätzchen Despina in einen Luftgeist zu verwandeln; während zwei andere (›Die Wette oder Mädchenlist und -liebe‹, von einem unbekannt gebliebenen Autor und ›So machen's Alle‹ von L. Schneider, Berlin 1846) zwar auf der Erde blieben, aber durch Despina das Spiel der Liebhaber an die beiden Damen verraten und nun diese, die auf solche Weise zu ›Lustigen Weibern von Ferrara‹ geworden, ihrerseits die Freier foppen ließen, so daß am Schlusse die Männer als die Genarrten herauskamen und alle die niedlichen Pointen der Partitur, die auf den betreffenden Teil der Handlung Bezug hatten, verlorengingen, völlig abgesehen davon, daß nun die Musik nicht mehr wahre Empfindungen, sondern nur Verstellung, ganz entgegen den Intentionen des Komponisten, zum Ausdruck zu bringen hatte. War das nun besser? War nicht vielmehr die Unzartheit, mit der die Mädchen auf den beleidigenden Scherz eingehen, noch schlimmer als ihre ursprünglich gedachte weibliche Schwachheit, so fragt Mozarts Biograph Otto Jahn mit Recht... Jetzt, am Ende unseres Jahrhunderts, scheint man wieder eher befähigt zu sein, künstlerische Originale ihrem Wesen nach aufzufassen, Wahrheit und Natur auch in extremen Fällen zu ihrem vollen Recht gelangen zu lassen, als es während des Verlaufs dieser von seltsamer Prüderie übertünchten Kulturperiode der Fall war. Deshalb dürfen die, die in Mozart nicht nur den Heros, sondern ebenso den fröhlichen, sinnlichen Sohn seiner Zeit sehen, heute unbefangen auch vor sein Werk ›Così fan tutte‹ hintreten und sie werden an dem recht lustig aufgebauten, musikalisch überreichen Scherz ihre helle Freude haben. Solche ›Wilde‹ sind schließlich doch bessere Menschen als die himmelnden Schwärmer, die den Kultus Mozarts in Erbpacht zu haben vorgeben und alles daraus fernzuhalten suchen, was an das einfach Menschliche des großen Meisters gemahnen könnte. Jene Unbefangenen werden sich vielmehr gewiß gerne der Meinung anschließen, daß ein Libretto, mit dem Mozarts heiterer und liebenswürdiger Genius, fast am Schluß seiner Laufbahn, sich Monate befaßt hat, um es in Musik zu setzen, innerlich doch auch noch etwas anderes sein muß als ›geistlos und impertinent‹... Und so ist es auch: ein heiteres, lebensvolles Spiel, das seine Wirkungen freilich nur in innerlichen, psychologisch fesselnden Vorgängen und nicht in Mord und Totschlag sucht; auf einer allerdings nicht gerade bedeutenden Grundlage, aber mit großem Geschick aufgebaut und mit packenden Kombinationen der in den Charakteren liegenden Gegensätze erfüllt; ein farbenreiches Lustspiel mit köstlichen Einfällen und einer unvergleichlichen, herrlichen Musik – so steht ›Così fan tutte‹ in seiner ihm jetzt hier wieder gewonnenen Gestalt, die geradezu eine Wiedergeburt zu nennen ist, vor uns, unbeschadet der nicht unbekannten Äußerung Wagners[1] ... Aber die Musik zu diesem letzten italienischen ›Dramma giocoso‹ des Meisters enthält so viel herrliche, echt dramatische Inspirationen, daß man sich ihm gegenüber nicht

[1] in diesem Band schon mehrfach zitiert

auf den Standpunkt der ›Entsagenden‹ stellen mag, die mit eigentümlicher Pietät kurzer Hand ›die besten Stücke‹ daraus in den Konzertsaal verweisen, sondern viel mehr bestrebt bleiben muß, das Werk seinem Bestimmungsorte, dem Theater, zu erhalten, und einer so vortrefflichen Aufführung gegenüber, wie unsere gegenwärtige es ist, rückhaltlos künstlerische Freude äußern darf. Wie könnte man sich auch besser musikalisch unterhalten als da, wo eines der Mozartschen Meisterwerke, dieser Grundpfeiler der ›Musik als Empfindungsausdruck‹, wahrhaft lebensvoll zur Wirkung gelangt? Wirklich lebendig aber kann dramatisch gedachte und empfundene Musik nur dann sein, wenn sie zu den Situationen und Vorgängen, zu denen sie geschrieben ist, erklingt. Deshalb mußte dem Werk vor allem seine Originalgestalt wiedergewonnen werden...«

Ein Dutzend Jahre später – 1910 – hat der Cembalist (und somit Rezitativbegleiter) der eben kommentierten Münchener Aufführung von 1897, Richard Strauss, seinen Standpunkt so niedergelegt:

»... Des großen Mozarts letzte Opera buffa ›Così fan tutte‹ hat mancherlei Schicksale erlebt und ist unter allen dramatischen Werken des Meisters von Bühnenleitern und Publikum bis jetzt eigentlich immer als Stiefkind behandelt worden. Das allgemeine Durchschnittsurteil über ›Così fan tutte‹ dürfte ungefähr dahin lauten, daß diese Oper, trotzdem sie eine Reihe hervorragender schöner Musikstücke ... enthalte, im ganzen ein schwächeres Werk Mozarts sei. Sogar Richard Wagner meinte, daß an dem schlichten Textbuch Mozart besonders im zweiten Akt die sonst so elastischen Schwingen etwas erlahmt seien. Wenn ich Richard Wagners Urteil auch dahin teile, daß die Fabel an sich nicht besonders geistreich ist, so möchte ich doch darauf aufmerksam machen, daß man, von der etwas unmöglichen Voraussetzung der Handlung abgesehen, der psychologischen Entwicklung des Textbuches, besonders im Hinblick auf die damalige Zeit keineswegs jegliches Interesse absprechen kann. Werke von großen Meistern, die im dramatischen Aufbau oder im Text selbst Schwächen aufweisen, waren von jeher willkommene Opfer ›denkender‹ Bühnenleiter und Regisseure. Die harmlosen unter ihnen begnügen sich damit, derlei Werke, die keine Kassenerfolge versprechen, einfach gar nicht zu geben, die gefährlicheren unter ihnen pflegen so ein Werk zu bearbeiten, was man in der Theatersprache ›retten‹ nennt. Bei ›Così fan tutte‹ speziell haben sich die Kapellmeister nach alter Theatermanier bisher meistens damit geholfen, diejenigen Nummern und Secco-Rezitative einfach wegzustreichen, die dem bei Mozartschen Opern ausnahmsweise auch das Theater besuchenden Musikfreunde also nicht auf der Höhe des eigentlichen Mozart stehend erschienen waren. Besonders in den Secco-Rezitativen, die als nur zur Handlung gehörig, dem genannten Musikfreunde nicht den erwünschten Ohrenschmaus bereiteten, wenn sie auch gerade in ›Così fan tutte‹ von Mozart mit der größten Sorgfalt behandelt und mit den liebenswürdigsten Feinheiten ausgestattet sind, hat der Blaustift energisch gewütet. Herr Eduard Devrient, dessen Übersetzung von ›Così fan tutte‹ übrigens meist recht gut ist und von Hermann Levi für die Münchner Aufführung noch teilweise benützt worden ist, war oberflächlich genug, den Versuch zu machen, ob er die einzelnen musikalischen Schönheiten des Werkes für tugendhafte Musikfreunde dadurch retten könne, daß er mit einer eingreifenden Umarbeitung des Textes die anstößig frivole Rokokohandlung ins Gegenteil verkehrte. Bei Devrient erfahren zu Beginn des zweiten Aktes die beiden Damen durch Despina, daß sie das Opfer einer Wette ihrer beiden Liebhaber werden sollten ... Bei Devrient spielen nun auch die beiden Damen, die von Mozart und seinem Dichter, abgesehen von einer großen Übertreibung in der Kundgebung ihrer Gefühle, doch durchaus ernsthaft behandelt sind, auch ihrerseits mit den Liebhabern Komödie. Daß durch diese Veränderung die ganzen Ausbrüche des sentimentalen Gewissens der Fiordiligi als Ironie herauskommen, genierte Herrn Devrient nicht. Er war leichtsinnig genug, die feine Unterscheidung gar nicht zu bemerken, die der Tondichter Mozart im Gefühlsausdruck der je nach Maßgabe ihres besonderen Charakters sich im Kampfe der Gewissen durchaus ernsthaft gebenden Damen und demjenigen der nur Komödie spielenden beiden Herren, die in hohlpathetischen Liebesschwüren und falschen Verzweiflungsausbrüchen die Treue ihrer Verlobten auf die Probe stellen und zum Schlusse, durch Despinas Künste unterstützt, wirklich zu Fall bringen, so genial durchgeführt hat. (Bei diesen hohlpathetischen Liebesschwüren sei nebenbei ganz besonders auf die höchst originelle und äußerst humoristische Verwendung der Trompeten aufmerksam gemacht.) Herr Devrient war ferner unter anderem oberflächlich genug, eine Arie der Fiordiligi (›Come scoglio‹, Fest wie Felsen . . . B-Dur) von Dorabella singen zu lassen, als ob man bei der enormen Charakterisierungskunst Mozarts einfach Gefühlsäußerungen zweier Personen beliebig vertauschen könne und als ob der feine Psychologe Mozart den Charakter der sentimentalen und gewissenhaften Fiordiligi nicht ganz genau von der munteren, leichter erregbaren und praktischeren Dorabella geschieden hätte. Dorabella ist die erste, die den falschen Schwüren des zweiten Liebhabers unterliegt, sie ist aber zugleich diejenige, deren Abschiedsschmerz und Kummer über den drohenden Verlust des angeblich in den Krieg ziehenden Verlobten sich gleich zu Anfang mit einer von Mozart geradezu köstlich komponierten, bis jetzt natürlich stets gestrichenen Arie (›Smanie implacabili‹, Furchtbare Qualen . . . Es-Dur) in einer Weise übertrieben kundgibt, daß der aufmerksame Zuschauer, der nicht bloß als Zuschauer, der nicht bloß als Musikfreund älterer Ordnung im Theater sitzt und unbekümmert um seelische Vorgänge der handelnden Personen und derlei durch Richard Wagner erst in die Oper verpflanzte, den reinen Ohrenschmaus durch ihre Inanspruchnahme des Denkvermögens erschwerende Überflüssigkeiten seinen Gehörorganen durch unaufhörliche Konsonanzen geschmeichelt wissen will – unschwer erkennt, daß eine sich derart ungeheuerlich gebärdende Leidenschaft recht leicht in ihren Zielen wankend gemacht werden und ganz umschlagen kann . . . Eine allerdings noch kleine Gemeinde erfreut sich heute schon an dem Reiz einer intimen, psychologischen, konsequent durchgeführten und sorgfältig abgetönten Handlung ohne große Haupt- und Staatsaktionen, an der künstlerischen Bearbeitung eines ganz bestimmten Ausdrucksgebietes, wie es der von Mozart in ›Così fan tutte‹ mit feinster Ironie behandelte humoristisch-pathetische, parodistisch-sentimentale Stil ist, der sich später erst wieder in den ›Meistersingern‹, im ›Barbier von Bagdad‹[1] und in Verdis ›Falstaff‹ findet. Mozart die Gelegenheit zur Darstellung dieses eigentümlichen Stils gegeben zu haben, ist ein großes Verdienst

[1] Oper von Peter Cornelius (1824–74), uraufgeführt 1858.

Der sehr zweifelhafte »Sieg« rückt in greifbare Nähe:
Dorabella (Lilian Benningsen) leistet Guiglielmo (Hermann Prey)
keinen Widerstand mehr. Bayerische Staatsoper, 1959

Lorenzo da Pontes, des Dichters vom ›Così fan tutte‹-Text, der, von einigen Unwahrscheinlichkeiten abgesehen, unter den Opernbüchern seiner Zeit, wie schon Otto Jahn[1] hervorhebt, eine ziemlich hohe Stelle behauptet und gerade nach der Seite der sorgfältigen Durchführung einer rein psychologischen Handlung die meisten anderen Texte der Mozartschen Opern, ›Figaro‹ ausgenommen, um ein Bedeutendes überragt. In der Anwendung dieses ganz bestimmten Ausdrucks seiner Worttonsprache (hier das sehr übertrieben große, beinahe komisch wirkende, aber durchaus ernst empfundene Pathos der beiden Damen, dort die hohlen Phrasen der beiden verkleideten Liebhaber, die, während sie mit ihren besiegten Bräuten selige Liebesduette singen, innerlich vor Wut über die Untreue ihrer Verlobten beinahe vergehen) hat Mozarts Charakterisierungskunst ihre höchste Blüte erreicht. ›Così fan tutte‹ stellt nicht nur ein Unikum der Mozartschen dramatischen Meisterschöpfungen, sondern eine Perle der gesamten Lustspielliteratur vor Richard Wagners ›Meistersingern‹ dar. Was war wohl nun der Grund, warum ›Così fan tutte‹ bis jetzt nicht die allgemeine Anerkennung gefunden hat wie ›Figaro‹, ›Don Giovanni‹ und ›Die Zauberflöte‹? Vielleicht kam in einer Zeit, wo den rein musikalischen Bedürfnissen des Publikums zufolge die Sänger ihr ganzes Augenmerk auf die schwierige Darstellung des musikalischen Stils der Oper allein richteten, dieser eigentümlich parodistische Stil des Mozartschen Lustspiels dramaturgisch nicht in der von Ton- und Textdichter beabsichtigten Weise zur Geltung. Die diesen Stil am schärfsten ausdrückenden Nummern, die Es-Dur-Arie der Dorabella im ersten Akt, die B-Dur-Arie des Ferrando und die G-Dur-Arie des Guglielmo im zweiten Akt, mit großen verbindenden, höchst reizvollen Rezitativen, waren stets gestrichen, man hat sie offenbar rein musikalisch für minderwertig erachtet, während sie doch nach der charakteristischen Seite hin desto interessanter und wertvoller sind. Von der im Grunde sehr naheliegenden Erkenntnis geleitet, daß der geniale Mozart doch wohl besser wußte, was er mit dem Werk gewollt hat als Herr Eduard Devrient, und daß es vielleicht bis jetzt doch mehr am Vortrage und an der szenischen Darstellung gelegen, wenn ›Così fan tutte‹ nicht die von

[1] Bedeutender Mozartbiograph (1813–69)

ihren Autoren beabsichtigte Wirkung hatte, haben die Leiter der damaligen Münchner Neueinstudierung[1] bei Zugrundelegung des genauen Mozartschen Originals, durch eine peinlich korrekte, geradezu musterhafte Textübersetzung von Hermann Levi unterstützt, eine Aufführung zu erzielen angestrebt, die den oben erwähnten humoristisch-pathetischen, parodistisch-sentimentalen Stil möglichst vollkommen zur Darstellung brachte und nicht nur die Verehrer der absoluten Musik durch möglichst gute Ausführung der herrlichen Musikstücke erfreuen, sondern auch die Freunde reizvoller Bühnenwirkungen durch Darbietung eines in seinem musikalisch-dramatischen Stil höchst eigentümlichen Theaterstückes interessieren sollte. Die Erfolge haben uns damals recht gegeben. Wenn es an unseren Operntheatern mit rechten Dingen zuginge, müßte ›Così fan tutte‹ im Repertoire aller deutschen Bühnen zum mindesten jetzt den Ehrenplatz erhalten, den es schon immer verdient hat. Aber wie viele Ehrenplätze stehen daselbst heute nicht leer . . .«

Zuletzt sei ein bedeutender englischer Musikschriftsteller und Mozartkenner, Eric Blom, zitiert, dessen 1954 deutsch erschienener Mozartbiographie (Büchergilde Gutenberg, Zürich) wir einige Zeilen entnehmen, die den schon in den letzten Beiträgen deutlich gewordenen Umschwung bestätigen, aber ebenfalls neue Argumente ins Spiel bringt:

». . . Nach ›Don Giovanni‹ entführt uns ein Zauber in eine völlig andere Welt: die von ›Così fan tutte‹. Eigentlich kann man es keine richtige Welt nennen, eher eine Marionettenschau. Denn es wäre lächerlich anzunehmen, die unnatürlichen Wesen und noch unnatürlicheren Situationen dieser höchst gekünstelten Intrige sollten ernst genommen werden; noch absurder wäre es, Mozart und Da Ponte vorzuwerfen, sie hätten es getan, was natürlich nicht der Fall war. Die Philister des 19. Jahrhunderts gaben vor, an der Fabel Anstoß zu nehmen . . . So wurde denn dieses bezaubernde Werk entweder ganz von der Bühne verbannt, oder man unternahm den katastrophalen Versuch, es mit einem gesäuberten Text zu verse-

[1] Richard Strauss bezieht sich auf die im vorigen Beitrag kommentierte Wiederaufnahme von »Così fan tutte« in Münchens Residenztheater (1897). Regie führte der Intendant Ernst von Possart, es dirigierte Hermann Levi (der auch die Übersetzung hergestellt hatte), am Cembalo saß R. Strauss.

hen; dies war eine Folge der Verquickung künstlerischer und moralischer Werte, einer der größten Sünden jenes Jahrhunderts, und Ruskin[1] fungierte als Hohepriester bei diesen Orgien ästhetischer Perversion. Das Komischeste daran ist, daß es sich tatsächlich um ein äußerst harmloses, leichtes, heiteres Stück handelt, das nichts so ernsthaft Anstößiges enthält wie etwa Susannas Verfolgung durch den Grafen in ›Figaro‹. Auch ist es unverständlich, daß irgend jemand von dieser unwahrscheinlich reizenden, kunstvollen Musik unberührt blieb. Denn wieder einmal vollbrachte Mozart das Wunder, eine Partitur zu schreiben, die in sich von der ersten bis zur letzten Note einheitlich ist, von der man aber unmöglich auch nur eine Nummer in irgendeines seiner anderen Werke einfügen könnte. Stimmung und Duft sind neu und einzigartig, Künstlerschaft ist ihre Basis. Was sollte es sonst sein? Aber wer hätte darüber hinaus eine so einzigartig liebenswürdige Musik hervorgebracht außer Mozart, dem größten Könner und größten Künstler zugleich, der je der Musik dienstbar war? Bei alledem sind seine handelnden Figuren von äußerster Wahrhaftigkeit – der Wahrhaftigkeit ihres Bühnenlebens; mehr kommt ihnen nicht zu. Mozart erreicht dies mit Hilfe der Parodie, die jedoch stets mit großem Geschmack und Mitgefühl verwendet wird. Wenn er seine Geschöpfe auslacht, wird er nie grausam, er nimmt der Satire den Stachel, indem er sich zugleich über die musikalische Manieriertheit seiner Zeit – seiner eigenen – lustig macht. Das Leitmotiv (Co-sì-fan-tut-te) ist nichts als ein Witz, mit dem er die immer wiederkehrenden Kadenzen der italienischen Oper, auch seines eigenen ›Figaro‹ glossiert, der tatsächlich voll dieser Formel ist. Despina bleibt durchaus in der italienischen *servetta*-Tradition;[2] Don Alfonso ist der zu einem Mozartschen Philosophen gewordene Baß*buffo*, weder moralisch noch unmoralisch, ein Zyniker mit mehr Verständnis und Mitgefühl als irgendein wichtigtuerischer Sittenrichter. Bei Mozart selbst versagt dieses Verständnis nie. Wenn er die beiden treulosen Mädchen genügend lächerlich gemacht hat – Fiordiligi in einer pompösen Nummer von der Art der italienischen Gleichnisarie, in der sie ihre unwandelbare Treue einem

[1] John Ruskin (1819–1900), englischer Sozialreformer und Kunstkritiker
[2] servetta: das typische Kammermädchen der italienischen Buffo-Oper

Felsen im brandenden Meere vergleicht (man beachte die wunderbare tiefe Trompetenfigur, die man vielleicht als Symbol des Felsens ansehen kann); Dorabella mit einer großartigen, komisch-tragischen Arie, in der sie eine Erschütterung zur Schau stellt, an die nicht einmal sie selber glaubt – dann bedenkt er die beiden im zweiten Akt mit der zärtlichsten, mitfühlendsten Musik. Fiordiligi hat hier wieder eine große Arie von auserlesener, kunstvoller Schönheit (›Per pietà, ben mio, perdona‹, O verzeih Geliebter . . . E-Dur) mit wunderbaren Hornpartien,[1] als sanften Trost für die qualvolle Entdekkung, daß sich ihr stolzes Herz einer unerwünschten Liebe zuneigt. Auch Dorabellas liebenswürdige Tändelei mit einer – nicht gar so unerwünschten – neuen Liebe wird mit gleichem Verständnis kommentiert, denn der Amoralist in Mozart kommt gar nicht auf den Gedanken, sie könne dessen weniger würdig sein. Und so hört diese Verschwendung zarter Schönheit an Dorabella nicht einmal dann auf, wenn sie gegen das Ende hin in einen Ton verfällt, den Mozart ironisch jenem der gewissenlosen Dienerin Despina angleicht. Ironie ist auch die vorherrschende Note in den Rollen der Liebhaber, Ferrando und Guglielmo, obwohl sie von sehr verschiedener Wesensart sind, die ständig beibehalten wird: der eine ernst, der andere heiter, um es kurz und bündig auszudrücken . . .«

[1] Diese Hornpartien (in einem Werk, dem Beethoven aus moralischen Gründen ablehnend gegenüberstand) bildeten zweifellos sein musikalisches Vorbild bei der Gestaltung der großen Arie der Leonore in »Fidelio«.

Gedanken und Bemerkungen zu »Così fan tutte«

1. »Così fan tutte« ist Mozarts drittletzte Oper. Sie stammt aus seinem vorletzten Lebensjahr. Im letzten schrieb er bekanntlich noch je eine italienische Oper (»La clemenza di Tito«) und ein deutsches Singspiel (»Die Zauberflöte«), von denen die erstere nur schwachen Beifall, das zweite stürmischen Jubel erntete. Mozarts originaler Untertitel zu »Così fan tutte« lautete – übrigens genau so wie bei »Le nozze di Figaro« und »Don Giovanni« – »Dramma giocoso«: ein Begriff, der nicht ganz einfach ins Deutsche zu übertragen ist. Bei deutschen Aufführungen wird oft »Komische Oper« dafür gesetzt, gerade so wie bei der »Hochzeit des Figaro«, während diese Bezeichnung unserem Geschmack nach zu »Don Giovanni« nicht recht passen will. Paßt sie zu »Così fan tutte«? Im äußeren Ablauf bestimmt: Die anscheinend heitere Parodie ist stets gegenwärtig, auf Grund einer Wette wird ein »Spiel« veranstaltet, zuletzt geht alles »gut« aus, niemand stirbt, den Schluß bildet ein Hochzeits- und Freudenmahl der hierfür von Anfang an vorgesehenen Personen. Also eine »komische Oper«, ein »musikalisches Lustspiel«, eine Komödie. Oder doch nicht?
2. Gegen das »Lustspiel«, die »Komödie« sprechen sehr gewichtige Einwände. »Così fan tutte« ist nur dem Anschein nach »lustig«. Ob man es in Wahrheit sehr ernst oder traurig oder gar tragisch nennen will, bleibe dem Betrachter überlassen. Da lieben einander zwei Paare, halten ihren Bund für fest gegründet und glauben keinen Augenblick daran, daß er, außer durch den Tod, getrennt werden könne. Den jungen Männern erscheint es völlig undenkbar, an der Treue ihrer Bräute auch nur im entferntesten zu zweifeln. Wäre es nicht zu jenem, eigentlich leidigen, weil überflüssigen Kaffeehausstreit zwischen den beiden jungen Offizieren und dem »alten Philosophen« über ein generell doch kaum lösbares Problem wie das der Frauentreue gekommen, der Verlauf dieser doppelten Liebesbeziehung wäre denkbar einfach und erfreulich: baldige

Hochzeit, »normale« Ehen; zufriedene Gattinnen, nette, manchmal zu kleinen Seitensprüngen geneigte Ehemänner, Gewohnheit, Routine, langsames Erkalten der vorläufig noch leidenschaftlichen Zuneigung, Altern, gründliches Einanderkennen oder das, was man gemeinhin dafür hält. Aber der Kaffeehausdisput findet statt. Da behauptet der lebenskluge Don Alfonso, Frauen könnten nicht treu sein. Er verurteilt sie deswegen keinesfalls; er ist ja ein »Philosoph«, der mit den Erscheinungen nicht polemisiert, sondern sie sich zu erklären sucht: Frauen besitzen eben einfach die Disposition zur sogenannten »Treue« nicht. Die jungen Männer brausen verständlicherweise auf. Mag ihr Freund hundertmal recht haben – das Prinzip interessiert junge Offiziere in Süditalien nicht –, auf ihre Bräute ist diese angebliche Erkenntnis unter keinen Umständen anwendbar. Da spricht nicht nur Liebe aus den jungen Männern, sondern in mindestens ebensolchem Maße auch Eitelkeit. Natürlich halten sie sich für unwiderstehlich (wie im späteren Verlauf des Stückes noch sehr deutlich werden wird), natürlich wissen sie, daß es auch ungetreue Frauen geben kann; aber wer würde sie, Ferrando und Guglielmo, zwei Prachtexemplare der Schöpfung, Musterbeispiele des Mannestums jemals betrügen? Sie sagen es nicht. Sie widersprechen Don Alfonso nur mit dem entgegengesetzten Argument: Fiordiligi und Dorabella seien so wundervolle Frauen, daß auch nur der leiseste Verdacht einer Treulosigkeit sie aufs grausamste, unverdienteste kränken müsse.

3. Ein Wort gibt das andere. Don Alfonso erklärt die weibliche Treue für etwas ähnlich Inexistentes wie es der »Phönix aus Arabien« sei, von dem man oft spreche, den aber niemand gesehen habe –, weil es ihn einfach nicht gibt. Auch auf die Gefahr hin, hier etwas vielen Lesern Bekanntes zu wiederholen, seien zwei Worte über diesen altägyptischen Sagenvogel in Erinnerung gerufen. Er stürzt sich in die Flammen, um aus ihnen neu, verjüngt hervorzugehen; so wird er zum Symbol von Auferstehung und Unsterblichkeit, von den Menschen oft zur Namensgebung auch trivialer Dinge wie Städte oder Hotels gebraucht und mißbraucht. Daß eines der schönsten Musiktheater der Welt,

das Opernhaus von Venedig so benannt ist (Teatro Fenice) sei nur nebenher erwähnt; es wurde oft ein Raub der Flammen (wie alle alten Theater), erstand aber jedes Mal strahlender, so daß es seinen Namen nicht ganz zu Unrecht führt. Doch zurück zu »Così fan tutte«. Don Alfonsos Vergleich der nicht existierenden Frauentreue mit dem ebenfalls nicht existierenden Phönix ist eines Philosophen würdig. Lorenzo da Ponte war ein gebildeter und keineswegs geistloser Mann. Doch Ferrando und Guglielmo geraten in wilde Erregung: Fiordiligi sei ein Phönix, Dorabella nicht minder. Alfonso lächelt: gleich zwei an einem Ort? Das sei doch wohl der Wunder zuviel. Worauf gründen die beiden Freunde denn ihr felsenfestes »Wissen« um die Treue ihrer Bräute? Daß sie ihren Verlobten jetzt, in der ersten Begeisterung des Verliebtseins völlig zugewendet und ohne Gedanken an andere Männer lebten, sei doch kein Beweis. Dinge und Menschen kenne man doch nur dann wirklich, wenn man sie erprobe, auf möglichst harte Proben stelle! Die jungen Männer wollen keine Spitzfindigkeiten hören, sie sind beleidigt worden, also: heraus mit den Degen. Don Alfonso denkt als vernünftiger Mensch nicht daran, Meinungsverschiedenheiten durch Kraftproben aus der Welt schaffen zu wollen. Dem Toben der jungen Männer setzt er schließlich einen Vorschlag entgegen. Die Mädchen sollten auf eine solche Probe gestellt werden. Dazu wird eine Wette abgeschlossen, um den Reiz des Spiels zu erhöhen.

4. Und das Spiel beginnt. Die Offiziere bedenken in ihrer schnell in Begeisterung umschlagenden Wut gar nicht, daß sie da auf eine geradezu diabolische Wette eingehen; eine Wette, die sozusagen das Gegenteil jeder »normalen« Wette darstellt. Denn: je besser sie spielen, desto sicherer verlieren sie. Ja, selbst wenn sie die Wette gewinnen, verlieren sie etwas sehr Wesentliches, was ihnen als Männern (und gar noch italienischen Männern) keineswegs gleichgültig bleiben kann: sie verlieren den Glauben an die eigene Männlichkeit, an die Verführungskunst, an die Unwiderstehlichkeit, die sie sich – im Unterbewußtsein – zweifellos zuerkennen. Denn sie gewinnen, wenn es ihnen nicht gelingt, als fremde Versucher ihre Bräute zu erobern.

Wird das durch 100 Zechinen aufgehoben? Durch die Freude, unwandelbar getreue Geliebte zu besitzen? Da stellt, ohne es auch nur mit Worten anzudeuten, der große Zyniker Lorenzo da Ponte insgeheim eine schwierige Frage. Don Alfonso verlangt von den beiden jungen Männern bedingungslosen Gehorsam gegenüber den von ihm gestellten Spielregeln. Sie geloben es und – tappen auch hier in eine ausweglose Falle. Ist das Alfonsos Absicht, oder fällt die ganze Geschichte ihm in der Bedrängnis, eine unerfreuliche Situation zu beenden, im Augenblick ein, ohne daß er selbst die Folgen überblicken kann? Weiß Alfonso – also Lorenzo da Ponte – in welchen Teufelskreis er seine Freunde da hetzt?

5. Denn: je besser sie spielen, desto sicherer verlieren sie! Zeigen sie sich so unwiderstehlich, wie sie es – als Männer – zweifellos wollen, so gerät die gerade von ihnen so fest behauptete Treue der Mädchen in Gefahr. Sie verlieren die Wette, also die 100 Goldstücke, aber darüber hinaus erleben sie den Zusammenbruch ihrer kleinen Welt. Für eine ungetreue Braut hat der Mann – besonders der italienische – kein Verständnis, keine Verzeihung, keine Schonung übrig. Also werden sie mit ihrem Geld auch noch die Geliebten verlieren, an denen sie im Augenblick zweifellos sehr hängen. Spielen sie aber schlecht, so vergehen sie sich gegen ihre »Soldatenehre«, bei der sie Alfonso vorbehaltloses und bestes Mitmachen bei dem von ihm erfundenen »Spiel« gelobt haben.

6. Und nun kommt natürlich alles wie es kommen muß. Dem Zyniker Lorenzo da Ponto – und seinem Selbstporträt Don Alfonso – gelingt es natürlich, das »Spiel« nach dem von ihm angestrebten Ziel zu lenken. Er und seine Komplizin Despina, nicht weniger zynisch, berechnend und schlau, stellen den Mädchen Falle auf Falle, ja scheuen vor Nötigung und Erpressung nicht zurück, die eigentlich bei ehrlichen Wetten nicht angewendet werden sollten: der fingierte Selbstmordversuch der beiden »fremden« Verehrer kann nur wirkungslos gemacht werden, wenn die beiden Mädchen sich bereit finden, die Köpfe der beiden Selbstmörder zu stützen, ja, in ihren Schoß zu legen. Sollten sie die »Fremden«, die ihnen bis dahin noch ziemlich gleich-

Aus der Salzburger Festspielaufführung 1974:
Gundula Janowitz, Brigitte Fassbaender, Hermann Prey, Peter Schreier; hinten: Rolando Panerai

gültig sind und sie noch zu keinem Erlahmen ihrer Treue gebracht haben, vielleicht sterben lassen? Sie sind doch keine Unmenschen. Gäbe es ein oberstes Schiedsgericht für Wetten, es müßte einen solchen Rekurs als unfair ausschließen.

7. Doch in diesem »Spiel« ist anscheinend alles erlaubt. Gerade wie im Leben – würde Alfonso (da Ponte) erwidern, würfe man ihm das vor. Sind Fiordiligi und Dorabella auch keine Unmenschen, wie wir feststellten, so sind sie – wer wollte das auch verlangen? – ebenfalls keine Übermenschen. Sie beginnen sich an den Komplimenten zu freuen, nette Züge an den »Fremden« zu entdecken. Selbst im Polareis hinterläßt die dauernde Sonnenbestrahlung des kurzen Sommers ihre Wirkung! Das Interessante, ja vielleicht das einzig Interessante an diesem »Auftauen«, das tief in der menschlichen Natur begründet erscheint, ist etwas ganz anderes: als die beiden Schwestern einander – scherzhaft noch und spielerisch – die Bewerber »zuteilen«, schwanken sie nur wenig oder gar nicht. Dorabella wählt mit großer Zielstrebigkeit . . . Guglielmo. Nicht Ferrando, ihren Verlobten! Ist das ein einfacher dramatischer Trick da Pontes, um die unwahrscheinliche Geschichte doch um eine Spur glaubhafter zu machen? Immerhin ist es noch eher denkbar, daß die Mädchen den Liebhaber ihrer Schwester nicht erkennen, als wenn es sich um den eigenen handelte. Oder liegt hier eine sehr gezielte Absicht da Pontes vor? Natürlich macht dieses »kreuzweise« Verlieben den Stoff um vieles pointenreicher. Der Ehrgeiz, aber auch die Neugier des »fremden« Verführers wird wesentlich gestärkt gegenüber der sicherlich weniger reizvollen Verführung der eigenen Braut; der Verführer schaltet bedeutend freier, wenn es sich nicht um die eigene Braut handelt, bei der er fürchten müßte, sich viel leichter zu verraten, da er ja um viele intime Details besser Bescheid weiß. Aber das Gelingen dieser Liebesaktion wirft Probleme und Fragen auf, deren Beantwortung das Textbuch später – einfach lustspielartig oder ängstlich? – aus dem Wege geht.

8. Denn zuletzt kehren die Bräute zu ihren früheren Verlobten zurück. Nicht freiwillig, davon kann keine Rede sein.

Sie werden gar nicht gefragt. Im 18. Jahrhundert wurden Frauen selten oder nie gefragt, es wurde – wenn sie nicht gerade Kaiserinnen waren, wie Maria Theresia, oder Maîtressen von Königen, wie die Pompadour – über sie bestimmt. Für Ferrando und Guglielmo gibt es überhaupt keinen Zweifel, daß mit Aufdeckung der Karten und Beendigung des »Spiels« alles zu seinem früheren Zustand zurückzukehren habe.
Aber da tauchen einige Zweifel auf, die – gerade da sie im Stück nicht mehr erwähnt werden – kaum verschwiegen werden dürfen. Dorabella hat Guglielmo zum Verehrer gewählt, Fiordiligi sich nicht ungern mit Ferrando eingelassen. Beiden Männern gelang es, die recht gut verteidigten Festungen zu erobern. Müssen die beiden Frauen nicht das unabweisbare Gefühl haben, in ihnen die »richtigen«, die Männer fürs Leben gefunden zu haben? Bei den vorherigen, den ursprünglichen kann dieses Gefühl kaum so stark gewesen sein, denn sonst wären sie ihnen nicht untreu geworden ... Und nun sollen sie doch zu jenen zurück? Die Männer werden ähnliches in ihrem Innern durchmachen. Sie haben sich möglicherweise im Zuge ihrer Verführungsbemühungen in deren Objekt verliebt (womit dann ihr »überzeugendes« Spiel wenigstens eine kleine moralische Rechtfertigung erhielte) und könnten nun gar nicht mehr so sicher sein, daß die früheren Auserwählten die einzigen Richtigen seien. Die Frage, welches die bessere Paarung wäre, die ursprüngliche oder die sich aus dem »Spiel« ergebende, wird in den nun zu schließenden Ehen kaum unterdrückt werden können ...

9. Eines steht fest: ohne die Gedankengänge, die hier angedeutet sind, ohne Untersuchungen mit Hilfe – oft recht moderner – Psychologie, ist »Così fan tutte« ein unglaubwürdiges, oft geradezu läppisches, an den Haaren herbeigezogenes Lustspiel, das niemand ernst nehmen kann. So durchdacht aber, wie wir versuchen, in unserem Buche anzudeuten, gewinnt diese Oper ungeahnte, wahrhaft fesselnde Dimensionen. Die unwahrscheinliche Komödie wird zum Problemstück. Natürlich drängen sich von hier an weitere Fragen auf: war diese Problematik vom ersten Augenblick an eingeplant? Das heißt: wußte Lorenzo da

Ponte, welche tieferen Interpretationsmöglichkeiten er andeutete, in welche Abgründe er Spieler wie Hörer führte? Wer diesen Mann in seinem langen Leben verfolgt, sich die Vielfalt seiner Tätigkeiten vor Augen führt, die Menschenkenntnis, die er in ihnen erwerben mußte, in Betracht zieht, den angeborenen Zynismus richtig bewertet und die glänzend entwickelten Geistesgaben gebührend einschätzt, wird wahrscheinlich zum Schluß kommen, daß da Ponte recht wohl wußte, zu welchem ungeheuren Problemkomplex sich diese »einfache« Geschichte auswachsen könnte, die ihm angeblich der »Frauenfeind« Joseph II. erzählt hatte. Er hat möglicherweise nie mit jemandem darüber gesprochen, erwähnt diese Fragen auch in seinen Memoiren mit keinem Wort. Warum? Wäre im Jahre 1829 – vierzig Jahre nachher! – nicht der Moment gekommen gewesen, sich gegenüber zahllosen Angriffen dieses »dummen« Textbuches wegen vor der Nachwelt zu verantworten und zu zeigen, wie intelligent, wie teuflisch gescheit dieses Libretto im Grunde war? Auch dies ist eine Frage, die – von »Così fan tutte« aufgeworfen – kaum je eine eindeutige Antwort erfahren kann.

10. Die überwiegende Zahl heutiger Musikliebhaber aber wird eine andere, durch dieses Opernwerk angeregte Frage tiefer bewegen: hat Mozart gewußt oder auch nur geahnt, was er da komponierte? Liest man die in jüngeren Zeiten immer stärker aufgestellte Vermutung, er sei nicht nur nicht unkritisch seinen Stoffen gegenüber verfahren – wie früher sehr oft behauptet wurde –, sondern ganz im Gegenteil, äußerst bewußt und mit starker persönlicher Anteilnahme, ja sogar Mitarbeit, so wird die Erklärung seines Vorgehens gegenüber dem Libretto von »Così fan tutte« äußerst schwierig. Mozart war imstande, freudige Musik zu schreiben, traurige, nachdenkliche, innige, spielerische, scherzhafte, ironische, übermütige, lustige und sicherlich noch vielerlei Musik mehr; aber gemeine, diabolische Musik aus seiner Feder ist nie bekannt geworden (nicht einmal im »Don Giovanni«, in den sie am ehesten gepaßt hätte)! Geht man zu weit, wenn man annimmt, Mozart habe im Grunde gar nicht geahnt, welche Probleme im Stoff von »Così fan tutte« und in da Pontes Textbuch

steckten? Sein Leben, sein Charakter sind hundertmal studiert, durchforscht, analysiert worden. Mögen auch Lücken im Gesamtbild verblieben sein – kein Mensch ist voll erkenntlich aus den Zeugnissen, die von ihm verbleiben –, seine »Naivität« (im schönsten Sinne eines völlig intuitiven Durchs-Leben-Gehens) ist nie ernsthaft in Frage gestellt worden. Er war kein reflexiver Typus, als welchen man wohl Beethoven ansprechen müßte, kein selbstquälerischer wie Berlioz, kein krankhaft sensibler wie Schumann, kein egozentrisch rücksichtsloser wie Wagner. Aber er war so begnadet, daß ihm für jede Aufgabe unmittelbar Musik zuströmte aus unbekannten Welten. Er mag das Libretto von »Così fan tutte« schwach gefunden oder sich darüber amüsiert haben; mag nachgedacht haben, ob er es zurückweisen könne und erkannt, daß dies nur in einer fast selbstmörderischen Attitüde geschehen konnte, da er damit die einzige feste Einnahme, die ihm und den Seinen für einige Monate Lebensunterhalt bieten konnte, freiwillig aufgegeben hätte. Er mag einzelne Situationen des Textbuches amüsant und vor allem musikträchtig empfunden haben. Niemand weiß und wird je wissen, ob er sich über Fragen, welcher Augenblick des »Spiels« von echten und welcher von fingierten Gefühlen getragen wird, oder wo die Ironie ende und der Ernst beginne, wirklich erschöpfend den Kopf zerbrochen haben mag. Der kluge Wiener Musikschriftsteller Eduard Hanslick hat – fast hunderte Jahre nach der Uraufführung und hunderte Jahre vor uns – gemeint, der Vorwurf, Mozart habe – so wie Cimarosa es zwei Jahre später in »Il matrimonio segreto« getan – hier »alles in Rosenwasser getaucht«, nicht ganz unberechtigt sei. Zugegeben: für den Geschmack des späteren »Naturalismus« und heutigen Realismus ist manches in Mozarts Partitur einfach »zu schön«, zu melodiös, zu dissonanzenlos, wenn man an die psychisch komplizierten, oft zerquälten Momente denkt, die damit untermalt werden. Aber den schwersten Fehler begeht, wer ein Kunstwerk aus dem Jahre 1790 mit heutigen Maßstäben und Erkenntnissen beurteilt.

11. Gerade das aber rückt eine andere Frage in den Vordergrund. Wie ist es möglich, daß ein so perfektes Rokoko-

stück in der Spät-, der Nachromantik und gar im fortschreitenden 20. Jahrhundert auf so starkes, geradezu neubewertendes Interesse stößt? Der neue Blick auf »Così fan tutte« ging von einigen Aufführungen zu Ende des 19. Jahrhunderts aus, nicht zuletzt von der Münchener im Jahre 1897. Ernst von Possart führte Regie, Hermann Levi dirigierte. Levi war immer noch Hofkapellmeister, obwohl sein Förderer, König Ludwig II. von Bayern, längst in den Fluten des Starnberger Sees ertrunken war. Levi hatte Wagners »Parisfal« 1882 in Bayreuth, bei der von der ganzen Welt mit Spannung beobachteten Uraufführung geleitet. In späteren Jahren hatte, neben seiner nie verleugneten Verehrung für Wagner, vor allem Mozart sein Entzücken erregt, und er hatte einige von dessen Werken – so auch »Così fan tutte« – in ein lange Zeit gespieltes Bühnendeutsch übersetzt, von dem selbst in späteren, ja heutigen Fassungen immer noch einiges zu finden ist. Große Musiker des 20. Jahrhunderts haben sich in nahezu völliger Übereinstimmung begeistert von Mozart und auch, ohne Einschränkung, von »Così fan tutte« gezeigt. Ein Artikel von Richard Strauss aus dem Jahre 1910 beweist das, gerade weil er polemisch gegen »Bearbeiter« und schlechte Übersetzer gehalten ist, aufs beste. Sein Textdichter, Hugo von Hofmannsthal (mit dem er die meisten seiner großartigen Opern von »Elektra« über den »Rosenkavalier«, »Ariadne auf Naxos«, »Frau ohne Schatten« bis »Arabella« schrieb) äußert in einem Brief an Strauss (am 13. August 1916) eine interessante Meinung: »Gelegentlich sah ich mir die Textbücher von ›Figaro‹, ›Così fan tutte‹ etc. an. Ich hoffe, mit Nutzen. Warum letzteres nie Erfolg hatte, verstehe ich recht gut. Es ist ja fast kein Satz im ganzen Stück ernst gemeint, alles Ironie, Täuschung, Lüge, das kann die Musik nicht ausdrücken (außer ausnahmsweise), und das Publikum hält es nicht aus . . .«

12. Heutige Theatermenschen hohen Formats begeistern sich für »Così fan tutte«, einschließlich des Librettos. Ganz ohne Ahnherrn sind auch sie nicht: wir haben E.T.A. Hoffmann, den großen Dichter, der auch Zeichner, Maler, Komponist, Bühnenbildner und Regisseur war, in dieser Eigenschaft erwähnt. Zu seiner Zeit hätte kaum jemand

sein Urteil unterschrieben, er fände dieses Werk »mit dem Ausdruck ergötzlicher Ironie« eine »herrliche Oper«. Heute hingegen ist diese Meinung verbreiteter als man denkt. Die Aufführungsziffern – wir veröffentlichen sie an anderer Stelle – sprechen dafür. Viele gute Theaterleute haben dazu beigetragen. Eines von ihnen sei hier besonders gedacht, bevor wir zur Neuzeit übergehen: Ernst Lert, dessen lange Laufbahn als Regisseur an großen deutschen sowie österreichischen Bühnen und an der Mailänder Scala dann in seiner Tätigkeit an der New Yorker Metropolitan Opera gipfelte, schuf ein in vielen Punkten wertvoll revidiertes Mozartverständnis. Er zog 1917 »aufschlußreiche und erhellende Parallelen von den neuen Erkenntnissen der Psychologie zu den inneren Vorgängen in den Figuren von »Così fan tutte«, wie Federik Mirdita richtig schreibt. Mirdita selbst, einer der bahnbrechenden Mozartkenner und -regisseure (der bis jetzt vor allem österreichische Bühnen mit beispielgebenden Inszenierungen ins Weltinteresse rückte) hat über »Così fan tutte« fesselnde Gedanken niedergelegt. Einige davon seien hier wiedergegeben: »Schon im Wettenprolog wird die Spielidee signalisiert, die da heißt ›Maske-Verkleidung-Verstellung‹ und die sehr bald zu den zentralen Fragen führt: Was ist wahr, wann ist was wahr, wer ist wann und wie wahr in diesem Stück . . .? ›Ist das jetzt echt oder gespielt‹? fragt nicht nur der Betrachter in manchen Situationen, fragen nicht nur die Gestalter der Aufführung; die Figuren des Spiels scheinen sich diese Fragen manchmal genauso verzweifelt zu stellen, denn auch ihr Koordinatensystem gerät im Verlauf der Handlung aus dem Lot. Über diese Fragen kann nicht mit Harmlosigkeit hinweggelächelt werden, dazu sind sie zu zwingend . . . Dazu kommt noch, daß Mozart keine Entscheidungen in der Art jener ausschließlichen und anorganischen Entweder-Oder-Alternativen anbietet, die mitunter klare Fronten zwischen Echt und Unecht, zwischen Gut und Böse zu schaffen scheinen, im Grunde aber einer wirklichkeitsfremden und zutiefst inhumanen Weltsicht entspringen, sondern daß er (wie in fast allen seinen späteren Opern) das Prinzip des Sowohl-als-auch anwendet und darin das gleichzeitige Bestehen und Wirken konträr definierter Werte und Regungen anerkennt, das der menschlichen Seele nun einmal eigen ist. Auch hierin sind Mozart und Shakespeare verwandt: Daß aus genauestem Wissen um die Disparatheit menschlichen Wesens die Fähigkeit abgeleitet wird, Bühnenfiguren komplex und scheinbar widersprüchlich zu zeichnen und so zu echten lebendigen Menschen zu machen ... Das Gefüge der Realitätsstufungen, an sich schon zentrales Problem aller Theaterarbeit, ist hier besonders sorgsam zu beachten. Während die beiden Mädchen ihren Gefühlen, seien diese exaltiert, schwärmerisch oder natürlich, stets echten Ausdruck geben, wird die Sache bei den Offizieren ab dem Moment differenzierter, zu dem sie sich in Exoten verkleiden. Denn jetzt spielen sie nicht nur mit Mienen, Worten oder Handlungen, jetzt tragen sie auch noch Verkleidungen, und damit haben sie sich gleich auf eine ganz andere Realitätsebene gestellt: ›Maske‹ ist immer Verfremdung, auch Magie, ist Täuschung, aber auch Schutz und Stärkung der eigenen Person. ›Wer seine Identität im Kostüm verbirgt, macht den ersten Schritt zur Libertinage‹, sagt Lichtenberg, und wir sehen ja, wie das verstellende Kostüm die beiden Liebhaber zu Eskapaden ermutigt, deren sie als Offiziere nie fähig gewesen wären. Das unter der schützenden Verkleidung erstarkte Selbstgefühl setzt allerdings nicht nur vorher tabuierte Begierden frei (die Braut des Freundes, die Schwester der eigenen Braut), es verhilft den Offizieren auch zu freierem Blick und zur Sicherheit, neue Partnerbeziehungen (welcher Art immer) einzugehen. Mit dem, eigentlich als Übertrumpf ausgespielten Aufgeben der Verkleidung am Ende, hat man sich aber dieser Sicherheit wieder beraubt, findet auch, infolge mutwillig zerstörten Gleichgewichts, nicht mehr in die Ausgangssituation zurück, weiß nicht weiter. Erobern läßt sich's leichter mit einer Maske, leben kann man nicht mit ihr«.

13. Die komische Oper oder musikalische Komödie »Così fan tutte« hat einen Untertitel von Lorenzo da Pontes Hand: »... ossia La Scola degli Amanti«, zu deutsch: »...oder Die Schule der Liebenden.« Da alles an diesem Stück Ironie ist, dürfte auch dieser Teil des Titels nicht gerade ernst gemeint sein. »Così fan tutte« als Lehrstück? Der

Gedanke des »Lehrens« wurde gegen Ende des 18. Jahrhunderts ganz groß geschrieben; es ist die Epoche der »Aufklärung«, der Vernunft, der *ratio,* des Rationalismus. Meint da Ponte wirklich, diese Oper lehre etwas? Versteht Don Alfonso seine Aufgabe so? Zuletzt, als es an ihm ist, Schlußworte zum nun entschiedenen Spiel zu sprechen, hebt er hervor, daß (wenn er auch 100 Zechinen gewann, was er nicht erwähnt) die eigentlichen Sieger die jungen Männer seien, denn sie hätten gewaltig viel gelernt an Erfahrung und Reife. »Eine Wette mit lauter Gewinnern? Dann wohl auch eine mit lauter Verlierern«, meint Mirdita zu diesem Punkt. Ob und wie weit Alfonsos Ansicht hier den Tatsachen entspricht, kann niemand beurteilen. Ist der Preis, den die Männer zahlen, nicht zu hoch für den Zuwachs an Einsicht (wobei gewiß nicht die 100 Goldstücke gemeint sind)? Ibsen hat immer wieder in seinen Dramen die Zerstörung der »Lebenslüge« auf die Bühne gebracht und dabei immer wieder festgestellt, daß die Menschen nach deren Zusammenbruch unendlich viel elender und ärmer sind als zuvor. Ferrando und Guglielmo besaßen eine Lebenslüge, an der sie zärtlich hingen: der Glaube an ihre Geliebten. Nun haben sie »gelernt«, daß es keine Frauentreue gibt, sind sie nun glücklicher? Was haben die Mädchen in diesem »Lehrstück« gelernt? Höchstens, ein andermal vorsichtiger zu sein und nicht den erstbesten unbekannten Männern zu trauen, auch wenn ein zweifelsfreier Freund sie einführt. Andere Lehren können sie kaum ziehen, denn im 18. Jahrhundert wäre ein Schluß undenkbar, in dem die Mädchen etwa sagten: »Wir haben uns überzeugt, daß die neue, auf Grund Eures Spiels zustandegekommene Paarung die richtige ist und nur in dieser Form gedenken wir eine Ehe einzugehen!« Das wäre eine Lösung für das 20. Jahrhundert ... Noch einmal Mirdita: »›Così‹ ist ein Lehrstück, in dem Prozesse vorgeführt werden, in dem aber niemand verurteilt wird. Hierin drückt sich ein Humanitätsbegriff aus, der dem Toleranzgedanken des aufklärerischen 18. Jahrhunderts entspricht; hierin drückt sich aber auch ein diesem Humanitätsdenken vielleicht verwandter Wesenszug Mozarts aus, den wir auch in den anderen Opern verfolgen können: die bedenkenlose Identifikation des Komponisten mit seinen Figuren, auch mit seinen negativen Helden. Liegt hierin keine große menschliche Lehre?«

14. Der echte Dramatiker – also auch der echte Musikdramatiker – identifiziert sich mit allen Gestalten seiner Werke (so wie es natürlich auch der Romancier tut), nicht nur mit den »guten«. Wie langweilig wären die Werke, wenn es nicht so wäre! Das Mittelalter dachte in dieser Beziehung anders: der Teufel war von vornherein als solcher gekennzeichnet und stets der »Verlierer«, wenn er auch vorher noch viel Unfug treiben konnte. Mysterienspiel oder Jahrmarktstheater hatten von Anfang an ihre »Bösewichter«, die als solche gestaltet waren und vom Publikum mit schmähenden oder höhnischen Zurufen bedacht wurden. Erst bei Shakespeare gibt es eine »modernere« Psychologie. Und für Mozart ist es selbstverständlich, daß er seinen Don Giovanni mit mindestens ebenso gespannter und bester Aufmerksamkeit musikalisch umkleidet wie etwa Don Ottavio oder – um bei »Così fan tutte« zu bleiben – in der musikalischen Behandlung keine Unterschiede zwischen »Gerechten« und »Ungerechten« macht, zwischen –, doch halt: wer ist »gerecht«, wer »ungerecht« in »Così fan tutte«? Verdi schließt sein letztes Werk, das musikalische Lustspiel »Falstaff«, mit einer großen Fuge über das Motiv »Tutto nel mondo è burla« (Alles auf der Welt ist letzten Endes nur Spaß, nur Spiel), und es ergibt sich, daß nicht nur Sir John, sondern im Grunde alle »gefoppt«, alle hereingefallen, alle genasführt, alle bloßgestellt sind. Ist das nicht in »Così fan tutte« schon recht ähnlich? Despina braucht allerdings nicht entlarvt zu werden, sie gesteht ihre zynische Weltanschauung von selbst und von Anfang an. Don Alfonsos »Weisheit« aber sollte selbst mit dieser so »glänzend« gewonnenen Wette einen nicht geringen Dämpfer erhalten haben; die Illusionen, die in seinem Auftrag zerschlagen wurden, müßten auch ihn verletzen. Von den vier »Liebenden« reden wir gar nicht, sie dürften am Ende nicht fröhlich und gemeinsam bei Tische sitzen, sondern jeder einzeln in seinem Kämmerlein – und bitterlich weinen über sich selbst und den Lauf der Welt. Mozart aber war generös wie immer: er gab ihnen ohne Ansehen von Person und Ver-

dienst herrliche Musik. Man freut sich, aber es gibt zu denken.

15. Gedanken hat sich auch einer der wichtigen Mozartbiographen des 20. Jahrhunderts, Wolfgang Hildesheimer, gemacht: »Offensichtlich war Mozart fähig, sich die Amoral seiner Helden kreativ zu eigen zu machen – eine Tendenz, die ihm ja auch Beethoven zum Vorwurf machte, der die Meinung vertrat, daß jedem Werk auch inhaltlich ein ethischer Gehalt innewohnen müsse. Wäre es so, so wären wir um einiges ärmer, und die Musik liefe auf Glorifizierung des Wertbeständigen hinaus, anstatt jenseits des Inhalts Werte sui generis zu errichten. Mozart waren solche Überlegungen fremd. Er identifizierte sich mit seinen Gestalten in ihrem momentanen Erleben, er ließ sich von ihnen hinreißen. Hätte er dabei nicht die Skrupel verloren, so wäre der Verlust der unsere. Und er wäre unersetzlich.«

16. Das eigentliche Problem des Werkes – die Treue der Frauen und, in übertragenem Sinn, der Menschen im allgemeinen – wird in dieser Oper so wenig »gelöst« wie es irgendwo und irgendwie künstlerisch oder wissenschaftlich generell gelöst werden kann. Im Grunde handelt »Così fan tutte« keineswegs nur von der weiblichen Treue, sondern zum mindesten indirekt auch von jener der Männer. Denn hier sind es ja die Männer, die zuerst und bewußt und mit vollem Willen bereit sind, untreu zu werden. Natürlich tun sie dies nur auf Grund der Wette, die sie gewissermaßen dazu zwingt! Doch bleibt die Begeisterung auffallend und verdächtig, mit der sie sich ihrer Aufgabe unterziehen. Es macht ihnen Spaß, und zwar immer mehr, je weiter das »Spiel« fortschreitet. Die Frauen werden zur Untreue fast gezwungen – wir haben festgestellt, wie nahe der Erpressung die Spielmethoden der Männer liegen –, die Männer aber tun alles durchaus freiwillig, mit Vergnügen und in voll bewußter und geäußerter Absicht. Schlimmer: sie tun es nach einem verstandesmäßigen Plan, während die Frauen an ihrer schwächsten Stelle, dem echten und ehrlichen Gefühl getroffen werden... Wieder müßten wir sagen: gäbe es irgendwo auf der Erde oder darüber ein oberstes Gericht, um menschliche Handlungen samt den dazugehörigen Gedanken zu richten, wiederum kämen die

Jo Ella Todd (Despina), Soto Papoulkas (Ferrando),
Anton Scharinger (Guglielmo), Ursula Reinhard-Kiss (Fiordiligi)
und Nelly Ailakowa (Dorabella). Salzburger Landestheater, 1982

Männer mit viel schlechteren Noten davon als die Frauen ...

17. Die menschliche Treue hat die Dichter stets interessiert. Goethe behandelt sie – unter anderem – in seinem tiefgründigen, wenn auch nicht leichten Roman »Die Wahlverwandtschaften«. Einen Satz daraus stellt Klaus Schultz seinem vielseitig fesselnden Programmheft der »Così fan tutte«-Aufführung der Münchener Staatsoper (1978) leitmotivisch voran: »Denken Sie sich ein A, das mit einem B innig verbunden ist und durch manche Gewalt nicht von ihm zu trennen; denken Sie sich ein C, das sich ebenso zu einem D verhält; bringen Sie nun die beiden Paare in Berührung: A wird sich zu D, C zu B werfen, ohne daß man sagen kann, wer das andere zuerst verlassen, wer sich mit dem andern zuerst wieder verbunden habe ...« Das wurde 1809 geschrieben, genau zwanzig Jahre nach Lorenzo da Pontes ausgeklügeltem Textbuch zu »Così fan tutte«.
Hundert Jahre nach Goethe befaßt Hugo von Hofmannsthal, der große österreichische Dichter und Librettist Richard Strauss', sich mit der Frage der Treue und ihrer Darstellung auf der Bühne in der Oper »Ariadne auf Naxos«. Im Zuge der gemeinsamen Arbeit erläutert er das Thema in einem schönen Brief an den Komponisten: »Es handelt sich um ein simples und ungeheueres Lebensproblem: das der Treue ... Zerbinetta ist in ihrem Element, wenn sie von einem zum andern taumelt. Ariadne konnte nur *eines* Mannes Gattin oder Geliebte, sie kann nur *eines* Mannes Hinterbliebene, Verlassene sein ...«
Für »Zerbinetta« braucht man nur »Despina« zu setzen, um eine Brücke über die hundertzwanzig Jahre geschlagen zu haben, die »Così fan tutte« und »Ariadne auf Naxos« trennen (oder verbinden). Eine »Ariadne« kommt in da Pontes-Mozarts Oper nicht vor: weder Fiordiligi noch Dorabella können Anspruch auf solchen Vergleich erheben. Es ist wahr: Hofmannsthal zeichnet seine Ariadne als ungewöhnliche Frau, da Ponte die seinen als gewöhnliche Frauen. Doch schon diese Unterscheidung beweist, daß es beide Gruppen gibt. Die erstere, seltener, viel seltener als die zweite, daran besteht kaum ein Zweifel, obwohl es Statistiken über diesen Punkt nicht gibt und nicht geben

kann. Daß es die »ungewöhnlichen« Frauen aber gibt, das ist es, was da Ponte übersehen, vergessen, nicht gewußt oder einfach vernachlässigt hat. Die »absolute« Treue (die allerdings sogar in »Ariadne auf Naxos« zu einem seltsamen, mehrdeutigen Ende geführt wird) gibt es; sie mag selten sein, wie es alles »Absolute« auf dieser Welt ist. Sie hätte vielleicht in die Welt, die da Ponte in »Così fan tutte« anspricht, nicht gepaßt. Niemand kann ihm das verübeln; er hätte vielleicht sein Stück dann nur ein klein wenig anders benennen sollen: das »tutte« stört, das schlicht und einfach »alle«, »alle Frauen« bedeutet, ohne Ausnahme. Hätte »molte« nicht auch genügt, »viele Frauen«? Das wäre allerdings als Titel viel weniger elegant und schlagkräftig gewesen, und dem 20. Jahrhundert muß ja über die Wirksamkeit von Titeln wahrlich nichts gesagt werden. Spricht aus dem »tutte« zugleich Ironie, einfache Komödienthese, oder Frauenverachtung? Letzteres wäre vielleicht einer Untersuchung wert. Da Pontes Meinung vom weiblichen Geschlecht mochte sicherlich auf Grund zahlreicher eigener Erfahrungen – die vom venezianischen Karneval bis zu den »leichten« Mädchen vieler europäischer Städte reichten – nicht besonders hoch sein. Aber man darf nie den Fehler begehen, alle Gestalten eines Dichters autobiographisch oder als persönlich erlebt zu verstehen. Daß Mozart vom Zynismus »Don Alfonsos« (oder da Pontes) so gut wie nichts besaß, ist klar; er hat zwar auch eine nicht zu unterschätzende Reihe von Frauen »näher« gekannt, aber seine Briefe an Gattin Konstanze beweisen, daß er sehr wohl an weibliche Treue glaubte und ihr große Bedeutung im Leben beimaß.

18. Das 20. Jahrhundert hat Mozart nichts abzubitten; schon das 19. hat alles dazu getan, an ihm gutzumachen, was seine eigene Zeit vernachlässigte. Längst ist Mozart in den Musikerhimmel aufgestiegen, von wo seine Sonne, von keinem Wölkchen getrübt, leuchtet, wie es nur wenigen vergönnt ist. Aber an Lorenzo da Ponte gäbe es vielleicht einiges gutzumachen. Er war doch um nicht weniges größer als seine eigene Zeit und die meisten Beobachter in der Nachwelt erkennen konnten. In den jüngsten Jahrzehnten vollzieht sich ein geradezu verblüffender Umschwung. Vom

»elendsten Machwerk«, vom »abgeschmacktesten Textbuch« bis zum psychologisch fesselnden, technisch meisterhaften Libretto ist sein »dramma giocoso«, »Così fan tutte« betitelt, nun aufgewertet worden, er selbst zum besten und seines Komponisten würdigsten Librettisten Mozarts –, wobei er allerdings keine sehr gewichtige Konkurrenz aus dem Felde zu schlagen hat. Über die Meisterschaft des Buches zu »Le nozze di Figaro« ist kein Wort zu verlieren; aber sie geht nur teilweise auf das Konto da Pontes, der ja »lediglich« ein Meisterlustspiel in einen glänzenden Opernstoff zu verwandeln hatte. Viel mehr und Widersprüchlicheres ließe sich über das Textbuch zu »Don Giovanni« sagen (die Frage wurde auch ausgiebig im Band »Don Giovanni« behandelt). Im Widerstreit der Meinungen um Lorenzo da Ponte galt stets »Così fan tutte« als das schwerste Argument für seine geringe Einschätzung, für seine posthume Bewertung als zweitklassiger Schreiberling im routinierten Hofdienst. Aber gerade bei diesem Libretto setzt nun seine schrittweise, heute weit vorangetriebene Neueinschätzung ein. Nicht wenige Sachverständige sehen in ihm einen der wenigen bisher nicht entdeckten Vorläufer der modernen Dramatik. Denkt man »Così fan tutte« durch, wie wir es versucht haben, so ergeben sich tatsächlich verblüffende Anhaltspunkte dafür, daß dieser seltsame Mann ein psychologisches Feingefühl besaß, von dem damals weder Wissenschaft noch Kunst viel verstanden. So wie vieles von dem, was jener kuriose Dr. Mesmer damals praktizierte, in modernste Heilmethoden eingeflossen ist, so war auch der wohl kaum weniger kuriose Lorenzo da Ponte seiner eigenen Zeit in mancher Beziehung um nicht wenig voraus.

19. Keinesfalls darf man sich einbilden, da Ponte und Mozart hätten mit »Così fan tutte« ein Lebens- oder Bekenntniswerk schaffen wollen. Davon kann nicht im entferntesten die Rede sein. Es sollte eine Gelegenheitsoper werden, wie sie zu jenen Zeiten tausendmal in jedem Jahrzehnt entstand; der Leser möge diese Ziffer nicht als Übertreibung ansehen –, wie sonst käme die Statistik der aufgeführten Werke des Musiktheaters bis zum heutigen Tag auf annähernd 60000? Es war ein Auftragswerk, eine Gelegenheit,

das Mozart so dringend nötige Geld für den Lebensunterhalt eines kurzen Zeitraumes zu verschaffen, »Erfolg« zu haben, seine Stellung zu festigen gegenüber den zahlreichen Konkurrenten. An die Nachwelt dachte niemand. Das Sujet war ein Spiel, das ins Rokoko und in die »Aufklärung« gleichzeitig paßte. Daß es zweihundert Jahre lang Polemik heraufbeschwören könnte, ahnte niemand. Mozarts Gedanken über »Così fan tutte« sind nicht überliefert. Daß dieses Werk im Gedächtnis da Pontes so unwichtig werden konnte – er widmet ihm in seinen »Memoiren« nur wenige Zeilen – ist erstaunlich und überraschend. Er dachte sicher auch nicht daran, daß eine anders eingestellte Nachwelt gerade dieses seiner Stücke so genau unter die Lupe nehmen würde. Auch heute wird wohl kaum jemand da Pontes Libretto ein dichterisches oder dramatisches Meisterwerk von Ewigkeitswert nennen, aber auch niemand wird leugnen, daß es genug, übergenug Stoff enthält, um sich lange und genußreich mit ihm auseinanderzusetzen. Und Mozarts Musik? Hat Richard Wagner recht, wenn er schreibt, »Così fan tutte« sei Mozart – aus moralischen, ethischen Gründen – weniger gut geraten als »Figaros Hochzeit«? Darüber wären heute die Meinungen zumindest geteilt. Und geteilt wären sie wohl schon darüber, ob »Figaros Hochzeit« als »moralischer« (oder »unmoralischer«) angesehen werden kann als »Così fan tutte«. Heute stehen wir auf einer ganz anderen Ebene bei der Beurteilung von Kunstwerken; und die »Moral« hat recht wenig damit zu tun.

20. Eines steht für uns unumstößlich fest: »Così fan tutte« ist als Kunstwerk völlig ernst zu nehmen. Keiner der früheren Einwände kann heute noch erhoben werden. Damit ist auch die Zeit der »Fassungen«, Umdichtungen usw. endgültig vorbei. Wir müssen nicht nur die Musik, sondern auch Stoff und Text so hinnehmen, wie sie nun einmal sind. Fragen der »Glaubwürdigkeit« sind zudem ohnedies das letzte, was man an einer Oper kritisieren dürfte. Doch soll damit keineswegs gesagt sein, daß sich dem Theaterleiter, der heute »Così fan tutte« auf die Bühne bringen will, nicht Probleme entgegenstellten –, und keine geringfügigen. Das betrifft einmal den »Stil« der Aufführung, über den zu

diskutieren höchst interessant sein kann; doch würde dies den Rahmen dieses Buches sprengen. Zum zweiten wäre die Frage der Sprache aufzuwerfen, die bei wenigen Werken solche Bedeutung gewinnt und von so entgegengesetzten Standpunkten aus zu betrachten ist. Deutsch oder italienisch? Da Ponte schrieb ein hochelegantes, dabei sehr plastisches Italienisch, in dem er mit überraschender Treue jeder Person ihr wahrhaft »eigenes« Idiom zuzuteilen versteht. Despinas Vokabular ist völlig anders als das Alfonsos –, so wie sie es im Leben sein müßten. Um die Geistesblitze zu erfassen, von denen es in diesem Libretto nur so wimmelt, muß man der italienischen Sprache hervorragend mächtig sein. Hier spricht also vieles für die Verwendung einer Übersetzung bei Aufführungen im deutschen Sprachgebiet, obwohl das schwerste Argument gegen nicht-originale Aufführungen auch hier bestehen bleibt: daß die Musik vom Komponisten auf den fremdsprachigen Text erfunden wurde und deshalb nur diesem wirklich und restlos angepaßt sein kann. Doch soll, gerade bei »Così fan tutte«, der subtile Ablauf des »Spiels« vom Hörer verfolgbar sein, wozu das Textverständnis unbedingt notwendig ist. Richard Strauss fand – 1897 – die Übersetzung des bedeutenden Dirigenten Hermann Levi (es ist derselbe, den Wagner 1882 mit der Uraufführung des »Parsifal« in Bayreuth betraut hatte) voll befriedigend. Sie konnte damals sicherlich dafür gelten. Was galt es nicht alles zu berücksichtigen: Wort- und Sinntreue, Sangbarkeit, natürliche Ausdrucksweise, sinngemäße Betonungen, flüssige Dialogformen, Angemessenheit des Vokabulars für jede der Personen! Dazu noch die möglichst genaue Wiedergabe des Grades der Ironie, den da Ponte in jedem Augenblick spielen lassen wollte. In Levis Übersetzung ist viel von diesen Forderungen verwirklicht. Aber gegenüber anderen, die ihm vordringlicher erschienen, ist mancher der oft sehr witzigen und bewußt verwendeten Reime des Originals verloren gegangen. (Die in unserem Buch abgedruckte Fassung von Rosemarie König versucht, diese Reime wiederherzustellen, sowie jene kleinen Änderungen auszumerzen, die Levi an da Pontes Original in seiner Übersetzung angebracht hatte, was sich vor allem in den

Rezitativen durch Hinzufügung oder Weglassung kleiner Notenwerte ausdrückte). Auf keinen Fall soll eine Übersetzung darauf ausgehen, da Pontes Originallibretto »glaubhafter« zu machen. Ob man »Così fan tutte« als »Marionettenspiel« verstehen will (wie Eric Blom vorschlägt, der meint, man dürfe derartig groteske Situationen Menschen nicht zumuten) oder sich die Handlung als auf einem Maskenball spielend vorstellen kann (was Heinrich Eduard Jacob angemessen findet), bleibt dem Hörer überlassen. Wer den Sinn dieses Spiels verstanden hat, bedarf solcher Hilfsmittel kaum. Denn hier ist »Glaubwürdigkeit« sehr unwichtig geworden –, es geht um ganz andere Dinge. Es ist ein geistreiches Spiel, eine Konstruktion mit menschlichen Eigenschaften und Gefühlen. Gewiß: ein Zyniker spielt da und die konstruierte Handlung hat mit Moral oder Unmoral nichts zu tun. Wollte man die zum Kriterium der Literatur machen: wie wenige der bedeutenden Werke könnten überleben!

Kurze Biographie Mozarts

(unter besonderer Berücksichtigung der um das Entstehungsjahr der Oper »Così fan tutte«, 1790, liegenden Daten).

1718 Großvater Johann Georg Mozart, auch Mozarth, Buchbinder in Augsburg, heiratet Anna Maria Sulzer, Witwe eines Buchbinders.

1719 In Augsburg wird, als Sohn dieses Paares, Vater Leopold Mozart – genau: Johann Georg Leopold – geboren.

1720 In St. Gilgen am Wolfgangsee, in der Nähe Salzburgs, wird Anna Pertl, auch Anna Maria Pertlin oder Bertlin, Mozarts Mutter, geboren.

1737 Leopold Mozart läßt sich in Salzburg nieder.

1747 Leopold Mozart heiratet Anna Maria Pertl.

1751 Am 30. Juli kommt als viertes Kind dieses Paares eine Tochter, Maria Anna Walburga Ignatia, zur Welt, »das Nannerl«, das Mozarts Gefährtin vieler früher Konzertreisen wird.

1756 Am 27. Januar wird als siebentes Kind – zweites unter den überlebenden – Wolfgang Amadeus in Salzburg geboren. Laut Taufurkunde lautet der komplette Name: Johannes Chrysostomus Wolfgang Gottlieb. Der letzte Vorname wurde später sinngemäß in Amadeus, Amadé, Amadeo übersetzt.

1760 Vater Mozart erwähnt die frühesten Kompositionen Wolfgangs.

1762 Am 5. Januar wird Konstanze Weber, zwanzig Jahre später Mozarts Gattin, in Zell im Wiesental geboren (5. Januar). Im Januar erste Kunstreise Wolfgangs mit Vater und Schwester nach München. Im September Reise nach Wien.

1763 Am 9. Juni Aufbruch der ganzen Familie Mozart zu sehr weiter Fahrt: Deutschland und Frankreich bilden die ersten Etappen.

1764 Von Frankreich nach England, wo die überall sehr rege Konzerttätigkeit öffentlich und privat fortgesetzt wird. Auch die intensive Kompositionstätigkeit geht weiter, es entsteht die erste Sinfonie. Begegnung mit Johann Christian Bach, dem jüngsten Sohn des vor 14 Jahren verstorbenen Thomaskantors, der in London eine glänzende Position innehat und Mozart tief beeindruckt.

1765 Von England nach Frankreich und Holland.

1766 Von Holland über Frankreich in die Schweiz, nach Deutschland und endlich am 30. November, 3½ Jahre nach der Abfahrt, heim nach Salzburg.

1767 Uraufführung des Oratoriums »Die Schuldigkeit des ersten Gebots«, deren erster Teil von Mozart stammt (der zweite von Michael Haydn, der dritte von Adlgasser), sowie der kleinen Oper »Apollo et Hyacinthus« von Mozart in Salzburg. Reise nach Wien, Olmütz, Brünn.

1768 In Wien kaiserlicher Auftrag zur *Opera buffa* »La finta semplice«, deren Aufführung durch Intrigen vereitelt wird. Komposition und Aufführung des Singspiels »Bastien und Bastienne« in Wien.

1769 Heimkehr nach Salzburg. Ernennung zum (unbesoldeten) Konzertmeister der fürsterzbischöflichen Hofmusik. Abreise mit dem Vater nach Italien.

1770 Verleihung des päpstlichen »Ordens vom goldenen Sporn« an Mozart. Aufnahme in die von Padre Martini geleitete berühmte »Philharmonische Akademie« von Bologna. Uraufführung, unter Mozarts Leitung, seiner Oper »Mitridate, rè di Ponto« in Mailand (26. 12.).

1771 Heimkehr nach Salzburg, dann zweite Reise nach Italien. Mozart dirigiert seine Oper »Ascanio in Alba« in Mailand (17. Oktober). Heimkehr.

1772 Dramatische Kantate »Il sogno di Scipione« für den Amtsantritt des neuen Fürst-Erzbischofs in Salzburg. Ernennung zum (nun besoldeten) Konzertmeister der Hofkapelle. Dritte Italienreise, Aufführung seiner Oper »Lucio Silla« in Mailand (26. Dezember).

1773 Vergebliche Verhandlungen wegen einer Stelle am Hofe von Toskana. Heimkehr. Reise nach Wien, wo ebenfalls vergebliche Verhandlungen geführt werden. Heimkehr.

1774 Übersiedlung in das neue Salzburger Heim (am heutigen Makartplatz). Opernauftrag aus München.

1775 Reise nach München. Dort am 13. Januar Uraufführung der Oper »La finta giardiniera«. Heimkehr. Uraufführung der Oper »Il rè pastore« am 23. April in Salzburg.

1776 Wachsende Spannungen im Salzburger Dienst. Mozarts Überdruß am dortigen Orchesterspiel kommt in seinen Briefen und Äußerungen deutlich zum Ausdruck.

1777 Erneute große Reise; mit der Mutter fährt Mozart über Augsburg (wo seine Kusine, das »Bäsle«, wohnt, mit der Mozart seit langem im Briefwechsel steht und deren wirkliche Rolle in seinem Leben einige Rätsel aufgibt) nach Mannheim, wo er sich in Aloysia Weber, eine hochbegabte junge Sängerin verliebt. Nur auf dringende Ermahnungen des in Salzburg verbliebenen Vaters entschließt Mozart sich endlich zur geplanten Weiterreise nach Paris.

1778 Am 3. Juli stirbt Mozarts Mutter in Paris und wird dort beigesetzt. Neuerliche Begegnung mit Johann Christian, dem jüngsten und erfolgreichsten Bach-Sohn, der inzwischen aber viel von seiner Stellung im europäischen Musikleben eingebüßt hat. Der Pariser Aufenthalt bringt Mozart nahezu keine greifbaren Erfolge. Die Rückreise erfolgt über Straßburg, Mannheim und München, wo der endgültige Bruch mit Aloysia Weber erfolgt, die inzwischen dorthin engagiert worden ist.

1779 Heimkehr nach Salzburg, wo Mozart zum »Hof- und Domorganisten« ernannt wird.

1780 Mozart spielt verschiedene Male, auch mit seiner Schwester Nannerl gemeinsam, am Fürst-Erzbischöflichen Hof in Salzburg. Am 5. November reist er nach München, für dessen Hof er eine ernste Oper, »Idomeneo, rè di Creta«, zu komponieren übernommen hat. Für diese hält er am 1. Dezember die erste Orchesterprobe ab.
Am 29. November stirbt Kaiserin Maria Theresia in Wien.

1781 Uraufführung des »Idomeneo« in München am 29. Januar, Mozart überschreitet den ihm von Salzburg gewährten Urlaub beträchtlich, wird vom Fürst-Erzbischof nach Wien beordert, wo er am 16. März ankommt und wo die Großen des Habsburgischen Reiches zur Krönung Kaiser Josephs II. versammelt sind. Schnell verschlechtern sich die Beziehungen zwischen seinem Brotgeber und Mozart, der lieber Konzerte auf eigene Rechnung geben möchte, als im Orchester mitzuwirken, das

der Fürst-Erzbischof nach Wien mitgenommen hat. Am 9. Mai kommt es in einer erregten Szene mit dem Kammerherrn Graf Arco zum endgültigen Bruch.
Mozart beschließt, in Wien zu bleiben und zieht in das Haus der Frau Weber, Mutter Aloysias und deren jüngerer Schwester Konstanze. Am 28. Juli erhält Mozart den kaiserlichen Auftrag, ein deutsches Singspiel zu komponieren (»Die Entführung aus dem Serail«). Am Hofe des Kaisers besteht er ein Wettspiel mit dem italienischen Komponisten Muzio Clementi glänzend.

1782 Mozart wirkt in einer Konzertreihe im Wiener Augarten mit. Am 16. Juli erfolgt die Uraufführung seines Singspiels »Die Entführung aus dem Serail« unter großem Jubel des Publikums. Am 4. August heiraten Mozart und Konstanze Weber.

1783 Mozart ist als Konzertpianist stark beschäftigt, seine Lage als »freier Künstler« in Wien läßt sich erfolgversprechend an. Am 17. Juni wird Mozarts und Konstanzes erstes Kind geboren, das aber schon nach zwei Monaten stirbt. Im Juli besuchen sie Vater Leopold, in Salzburg, wo sie bis Ende Oktober bleiben, um dann über Linz, wo konzertiert wird, heimzufahren.

1784 Mozart legt ein »thematisches Verzeichnis« seiner Werke an. Schwester Maria Anna, das »Nannerl«, heiratet nach St. Gilgen bei Salzburg. Ein zweiter Sohn, Carl Thomas (gestorben 1858) wird geboren. Am 24. Dezember tritt Mozart einer Freimaurerloge in Wien bei.

1785 Vater Leopold trifft zu Besuch bei seinem Sohn ein. Bei einem der Hauskonzerte in dessen Wohnung begegnet er Haydn, der Mozart als den »größten Komponisten« bezeichnet. Mozart widmet Haydn sechs Streichquartette.

1786 Am 7. Februar bringt Mozart im Schloß Schönbrunn seine Bühnenmusik zum »Schauspieldirektor« zur Uraufführung. Am 29. April vollendet er die Partitur seiner *Opera buffa* »Le nozze di Figaro« (Figaros Hochzeit), die am 1. Mai im Burgtheater (K. K. National-Hoftheater) erstmals erklingt, ohne besonderen Erfolg zu zeitigen. Anfang Dezember hingegen wird diese Oper bei ihrer Prager Erstaufführung mit stürmischem Jubel auf-

genommen, worauf eine Gruppe von Freunden und Anhängern Mozarts beschließt, ihn nach Prag zu laden.
In Wien gebiert Konstanze (am 18. Oktober) wieder einen Knaben, der aber nur vier Wochen lebte.

1787 Am 8. Januar reisen Mozart und Konstanze nach Prag, sie wohnen am 17. einer überaus erfolgreichen Aufführung von »Le nozze di Figaro« bei. Am 19. Januar glänzend aufgenommenes Konzert Mozarts im gleichen Theater (damals »Gräflich Nostitzsches Theater«, später »Ständetheater«, heute »Kajetan Tyl-Theater«), am 20. eine von Mozart dirigierte Aufführung des »Figaro«. Vertrag des Theaterleiters Pasquale Bondini mit Mozart zur Komposition einer neuen Oper, die Mozart sofort nach der Rückkehr in Wien mit Lorenzo da Ponte, dem Librettisten des »Figaro« bespricht. Beschluß, »Don Giovanni« nach alten dramatischen Fassungen zu bearbeiten und zu komponieren.
Im Frühjahr – angeblich im April – der oft behauptete, aber nie gänzlich bewiesene Besuch des 17jährigen Beethoven in Wien und bei Mozart. Der Tod Vater Leopolds in Salzburg und zwei weitere Todesfälle (des Freundes Graf Hatzfeld und des Arztes Dr. Barisani) gehen Mozart sehr nahe.
Im Oktober Aufbruch nach Prag, wo am 29. Oktober unter allen Anzeichen eines völligen Triumphes »Don Giovanni« uraufgeführt wird.
Im November Rückreise nach Wien. Am 7. Dezember Ernennung (als Nachfolger des kürzlich verstorbenen Gluck) zum »Kaiserlichen Kammerkomponisten«. Geburt des vierten Kindes, einer Tochter (am 27. November), die aber – wie schon zwei der drei anderen Kinder – noch in der Wiege stirbt.

1788 Am 7. Mai findet die Wiener Erstaufführung des »Don Giovanni« statt, mit bedeutend schwächerem Erfolg als in Prag. Am 15. Juni folgt als erste deutsche Stadt Leipzig. Während kurzer zehn Sommerwochen komponiert Mozart – in »freiem« Schaffen, also nicht im Auftrag – seine drei letzten Sinfonien (in Es-Dur, g-Moll, C-Dur, die letzte »Jupiter« genannt, mit den Nummern 543, 550,

551 im Köchel-Verzeichnis von Mozarts Werken). Stetige Verschlechterung von Mozarts wirtschaftlicher Lage; Häufung der Bittbriefe an den Freimaurer-Logenbruder Michael Puchberg.

1789 Mozart unternimmt einen beinahe verzweifelten Ausbruchsversuch aus der Enge seiner Wiener Verhältnisse, reist mit seinem Schüler und Gönner Fürst Carl Lichnowsky nordwärts: über Prag, Dresden (wo er ein Konzert am sächsischen Hof gibt, sowie einen Orgelwettstreit mit dem damals bekannten Virtuosen Johann Wilhelm Hässler in der Hofkirche durchführt), Leipzig (wo er auf der Bach-Orgel in der Thomaskirche spielt) nach Berlin und Potsdam, wo er vom preußischen König ehrenvoll aufgenommen wird, aber keine Anstellung findet.
Nach der Heimkehr wird die Lage in Wien immer drükkender, erneute Hilferufe an Puchberg, Geldaufnahme bei Wucherern, häufige Wege ins Versatzamt. Am 16. November Geburt des fünften Kindes, eines Mädchens, das aber nur Stunden lebt.
Im Oktober oder November: Auftauchen des Planes für »Così fan tutte«; möglicherweise auf Grund der Erzählung des Kaisers zu Lorenzo da Ponte über ein angeblich wahres Geschehnis in der Wiener Gesellschaft, Auftrag, daraus eine Oper zu gestalten, die Mozart vertonen könnte. Jedenfalls arbeitet Mozart zumindest seit Mitte November an diesem Werk. In einem Konzert der Wiener »Tonkünstlersozietät« spielt Mozart mit dem befreundeten Klarinettisten Anton Stadler sein Klarinettenquintett (K. V. 581) zum ersten Mal. Am Silvestertag lädt er den Kaufmann Puchberg und Joseph Haydn zu sich, um ihnen die fertigen Teile aus »Così fan tutte« vorzuführen.

1790 Am 21. Januar findet die erste komplette Orchesterprobe, am 26. die Uraufführung von »Così fan tutte« statt. Der Erfolg ist freundlich. Es folgen vier Wiederholungen, dann werden alle Theater wegen des am 20. Februar erfolgten Todes des Kaisers Joseph II. zum Zeichen der Hoftrauer geschlossen. Danach kommt es zu weiteren fünf Aufführungen von »Così fan tutte«, also insgesamt zehn, bevor das Werk vom Wiener Repertoire verschwindet. Es wird allmählich von mehreren Bühnen des In- und Auslands übernommen – zu Mozarts Lebzeiten noch von Prag, Dresden, Leipzig und Frankfurt –, erlebt aber die verworrenste Aufführungs- und Rezeptionsgeschichte, die wohl je einem Opernwerk zuteil wurde: Überall glaubte man, Mozarts Musik »retten« zu müssen und schuf dazu textliche Bearbeitungen, Fassungen, Umdichtungen usw.; es wurden mehr als 20 solcher Versuche bekannt, die unter mehr als 30 verschiedenen Titeln vor allem im 19. Jahrhundert auf deutschsprachige Bühnen kamen. Aber auch in anderssprachigen Länder (außer in Italien oder auf italienischen Bühnen im Ausland, die natürlich das Original spielten, wenngleich auch hier mit versuchten Änderungen) gibt es die verschiedenartigsten, oft grotesken Fassungen.

Am 23. September unternimmt Mozart nochmals einen Versuch, irgendwo anders als in Wien Fuß zu fassen. Er benützt die Kaiserkrönung Leopolds II. in Frankfurt (zu der er, im Gegensatz zu vielen anderen Musikern, nicht geladen wird), um dort auf eigene Rechnung zu konzertieren; der ideelle Erfolg ist groß, das materielle Ergebnis negativ. Auch Konzerte auf der Rückreise, die über Mainz, Mannheim, Augsburg, München erfolgt, bringen weder Geld noch die ersehnte Anstellung oder auch nur Kompositionsaufträge. Heimkehr nach Wien im November, gerade noch rechtzeitig, um sich von Freund Haydn zu verabschieden, der im Dezember die erste seiner triumphalen Englandreisen antritt.

1791 Letztes öffentliches Auftreten in einem Wiener Konzert (4. März). Mozart wird unbesoldeter »stellvertretender Kapellmeister« des Stephansdoms. Mozart arbeitet mit dem Textdichter Schikaneder an der »Zauberflöte«. Er erhält im Juli von einer »anonymen«, ihm geheimnisvoll erscheinenden, später identifizierten Persönlichkeit den Auftrag zu einem Requiem. Auftrag aus Prag, zu den Krönungsfeierlichkeiten Leopolds zum böhmischen König eine Oper zu komponieren. Uraufführung von »La clemenza di Tito«, schnell für diesen Zweck geschrieben, in Prag am 6. September. Rückkehr nach Wien, letzte Stücke für die »Zauberflöte« komponiert.

Uraufführung der »Zauberflöte« mit stärkstem Erfolg am 30. September im von Schikaneder geleiteten »Theater auf der Wieden« oder »Freihaustheater«. Serienaufführungen, wie bei keinem früheren Werke Mozarts.
Letzte öffentliche Tätigkeit Mozarts: am 15. (oder 18.) November dirigiert er, schon sehr krank, die »Kleine Freimaurer-Kantate« (KV 623) in der Loge »Zur neugekrönten Hoffnung«. Er arbeitet am »Requiem«, von dem Fragmente in seinem Krankenzimmer noch am 4. Dezember von Solisten geprobt werden.
Er stirbt am 5. Dezember gegen 1 Uhr morgens in seiner Wohnung in der Rauhensteingasse und wird am 6. im Stephansdom eingesegnet und auf dem St.-Marxer-Friedhof in einem nicht bezeichneten (Armen- oder Reihen-) Grab, dessen Lage nicht mehr zu ermitteln ist, beerdigt.

Die Bühnenwerke Mozarts

Köchel-verzeichnis	*Titel*	*Entstehungs-jahr*
35	Die Schuldigkeit des ersten Gebotes	1766
38	Apollo et Hyacinthus	1767
50	Bastien und Bastienne	1768
51	La finta semplice	1768
87	Mitridate, rè di Ponto	1770
111	Ascanio in Alba	1771
126	Il sogno di Scipione	1772
135	Lucio Silla	1772
196	La finta giardiniera	1774
208	Il Re pastore	1775
344	Zaide (unvollendet)	1780
345	Thamos. König in Ägypten (Bühnenmusik)	1780
366	Idomeneo, rè di Creta	1781
384	Die Entführung aus dem Serail	1782
422	L'oca del Cairo (unvollendet)	1783
430	Lo sposo deluso (unvollendet)	1783
486	Der Schauspieldirektor	1786
492	Le nozze di Figaro	1786
527	Don Giovanni	1787
588	Così fan tutte	1790
620	Die Zauberflöte	1791
621	La clemenza di Tito	1791